Heike Proff

Dynamische Strategien

Heike Proff

Dynamische Strategien

Vorsprung im internationalen
Wettbewerbsprozess

GABLER

Bibliografische Information Der Deutschen Nationalbibliothek
Die Deutsche Nationalbibliothek verzeichnet diese Publikation in der
Deutschen Nationalbibliografie; detaillierte bibliografische Daten sind im Internet über
<http://dnb.d-nb.de> abrufbar.

Prof. Dr. Heike Proff ist Inhaberin des Zeppelin-Lehrstuhls für Internationales Management an der Zeppelin University, Friedrichshafen.

1. Auflage 2007

Alle Rechte vorbehalten
© Betriebswirtschaftlicher Verlag Dr. Th. Gabler | GWV Fachverlage GmbH, Wiesbaden 2007

Lektorat: Susanne Kramer | Renate Schilling

Der Gabler Verlag ist ein Unternehmen von Springer Science+Business Media.
www.gabler.de

Umschlaggestaltung: Ulrike Weigel, www.CorporateDesignGroup.de
Druck und buchbinderische Verarbeitung: Wilhelm & Adam, Heusenstamm
Gedruckt auf säurefreiem und chlorfrei gebleichtem Papier

ISBN 978-3-8349-0517-8

Vorwort

Arbeiten zu Unternehmensstrategien im strategischen Management betrachten meist den Prozess, in dem nach der Analyse von Unternehmen und Umfeld Wettbewerbsstrategien formuliert und umgesetzt werden. Im Geschäftsbereich sind dies Strategien der Kostenführerschaft, der Differenzierung, hybride Strategien der kostenminimalen Differenzierung oder Produktinnovationsstrategien, im Gesamtunternehmen Strategien des Risiko- und Finanzausgleichs durch Portfoliomanagement, Strategien der Aufgabenzentralisierung und des Kompetenztransfers. Dabei wird eine effiziente Strategieumsetzung unterstellt und angenommen, dass sich die Rahmenbedingungen nicht ändern. Diese traditionellen Unternehmensstrategien sind statisch.

Tatsächlich verändern sich die Rahmenbedingungen. Veränderungen im Unternehmen und im Umfeld beeinflussen die Umsetzung von statischen Strategien. Unternehmen erfahren Risiken und Krisen im Länderumfeld, sinkende Preisaufschläge auf Premienprodukte, Fehlschläge bei der Bearbeitung mehrerer Auslandsmärkte und die Vernichtung von Mehrwert durch Kooperationen im Wettbewerberumfeld sowie eine relative Verschlechterung der Kompetenzen im Vergleich mit direkten Wettbewerbern, Kunden und Lieferanten. Um dennoch die mit statischen Strategien angestrebten Wettbewerbsvorteile zu erreichen, sind dynamische Strategien notwendig: ein systematisches Risiko- und Krisenmanagement, ein effizientes Preispremienmanagement, ein koordiniertes Mehrmarktmanagement und ein systematisches Kooperationsmanagement sowie ein Management der Kompetenzentwicklung im horizontalen Wettbewerb mit direkten Wettbewerbern und im vertikalen Wettbewerb zwischen Herstellern und Zulieferern.

Ziel dieses Lehrbuches ist es, das bislang weitgehend statische strategische Management weiterzuentwickeln und durch eine dynamische Perspektive des strategischen Managements einen neuen Ansatz der Strategiebewertung aufzuzeigen. Es wendet sich an Studierende vertiefender Kurse im strategischen Management wie an Manager multinationaler Unternehmen, die Strategien entwickeln und umsetzen. Das Lehrbuch wird vertieft und ergänzt durch das Buch „Internationales Automobilmanagement - Strategien für Automobilhersteller und –zulieferer" (Autoren: Heike Proff und Harald Proff, erscheint im Herbst 2007 im Gabler-Verlag), das am Beispiel der Automobilindustrie die genannten Strategien weiter konkretisiert und veranschaulicht.

Mit dynamischen Strategien beschäftige ich mich seit einem längeren Aufenthalt an der Wharton School in Philadelphia 2003. Für die Unterstützung und Anregungen danke ich vor allem den Professoren Paul Kleindorfer, John-Paul MacDuffie, Ian MacMillan und Dan Levinthal.

V

Das Manuskript wurde sehr engagiert durch meine studentischen Mitarbeiter Michael Maier, Inken Dachsel, Ina Hartwig und Katharina Laabs bearbeitet und erstellt. Ihnen gilt herzlicher Dank!

Herzlich danken möchte ich auch meinem Mann für Durchsicht und Anregungen sowie meinen Kindern Moritz und Carolin, für die nach den zwei gemeinsamen Aufenthalten in Philadelphia die Arbeiten zu dynamischen Strategien und zum Automobilmanagement zu einem Teil des Familienalltags geworden sind.

Widmen möchte ich das Buch meinem Vater. Er hat es nicht nur sehr intensiv und kritisch durchgesehen, sondern mich auch ständig zum Weiterarbeiten ermuntert und dies durch Betreuung der Kinder trotz eigener Berufstätigkeit gerade in kritischen Zeiten auch ermöglicht.

Friedrichshafen im Mai 2007   Heike Proff

Inhaltsverzeichnis

Abbildungsverzeichnis

Tabellenverzeichnis

Teil I

Dynamische Strategien –

Eine Einführung

1 Dynamische Strategien im internationalen Wettbewerbsprozess

1.1 Der internationale Wettbewerbsprozess als Herausforderung für die Strategieforschung

Strategie ist tot („strategy is death"). Mit diesen Worten kritisierte Gary Hamel 2001 die Strategieforschung, weil sie in der Regel statische, rational geplante Maßnahmenbündel[1] begründet. Dabei wird eine effiziente Umsetzung dieser Strategien mit dem vorhandenen Finanz- und Personalbudget unterstellt (vgl. z. B. Porter 1996). Dies erscheint heute kaum mehr möglich, da Unternehmen ihre Strategien nur noch selten wie geplant umsetzen können, selbst wenn sie über ausreichende Kapital- und Managementressourcen verfügen. Im Zeitraum der Umsetzung verändern sich das Umfeld und die interne Struktur eines Unternehmens oftmals so stark, dass die den Strategien zugrunde liegenden Annahmen nicht mehr gelten (vgl. Feurer, Chaharbaghi 1995; Lorange 1998; Hax, Wilde 2001 oder Fitzroy, Hulbert 2005). Aus der Kritik wird geschlossen, dass Strategien als bewusste Wahl zwischen Handlungsalternativen nicht sinnvoll sind und statt dessen effizienzorientierte Managementprozesse und Leistungskennzahlen die Handlungen leiten sollten (vgl. z. B. Kaplan, Norton 2004).

Diese Kritik scheint überzogen. Gerade in Zeiten stärkerer Planungsunsicherheit ist die Definition der angestrebten Ziele wichtig, um der Unternehmensentwicklung eine klare Richtung zu geben (MacMillan u. a. 2003). Es kann zwar bei externen wie internen Veränderungen bzw. Störungen nicht mehr unterstellt werden, dass sich Ziele und Strategien vollständig umsetzen lassen, Unternehmen können ihnen jedoch mit dynamischen Strategien begegnen. **Dynamische Strategien** sind Handlungen oder Richtlinien zur Unterstützung der Umsetzung statischer Strategien im Zeitablauf. Sie erlauben es, weltweite Veränderungen im weiten Länderumfeld z. B. durch den Strukturwandel, im engen Wettbewerberumfeld vor allem durch Wettbewerberreaktionen und im Unternehmen selbst vor allem bei den relativen Kompetenzen, zu bewältigen und einen Vorsprung im internationalen Wettbewerb zu erzielen. Um die zeitliche Ent-

---

[1] Bezogen auf Geschäftsbereiche sind damit die statischen Strategien der Kostenführerschaft oder der Differenzierung (vgl. Porter 1980 und 1985), hybride Strategien der kostenminimalen Differenzierung (vgl. z. B. Miller, Dess 1993; Proff 2000) oder - weniger rational geplant - Produktinnovationsstrategien (z. B. die Strategie des „prospectors" bei Miles, Snow 1986) gemeint.

wicklung zu betonen, wird in der Wettbewerbstheorie auch vom „internationalen Wettbewerbsprozess" gesprochen (vgl. z. B. Eickhof 1992). Er umfasst nach Oster (1994) den internationalen Wettbewerb um die effizienteste Anpassung an die Veränderungen des Länderumfeldes, den Kampf um Anteile auf internationalen Märkten und den Wettlauf um Kompetenzen zwischen Unternehmen weltweit.

Die Sicherung der Dauerhaftigkeit von Wettbewerbsvorteilen ist ein zentrales Thema in der Strategiediskussion (vgl. Adner, Zemsky 2006, S. 215, aber auch Day, Reibstein 1998; Farjoun 2002; Ramos-Rodríguez, Ruíz-Navarro 2004, S. 1004; Tan, Tan 2005 oder Carpenter, Sanders 2007, S. 153-155), das die Strategietheorie trotz einer Vielzahl von Untersuchungen bisher noch nicht umfassend aufgegriffen hat (vgl. Porter 1991a; Teece u. a. 1997; Day, Reibstein 1998; Warren 1999; Shay, Rothaermel 1999; Leker 2000 oder Barthölke 2000). Dynamische Strategien werden von Kaplan, Norton (2004, S. 10) als der „missing link between strategy formulation and strategy execution" bezeichnet. Statische Strategien ergänzt durch dynamische Strategien bieten eine bessere Grundlage für strategische Entscheidungen als Vorgaben für effiziente Managementprozesse (vgl. dazu auch Porter 1996). Dynamische Strategien gewinnen in den Unternehmen immer mehr an Bedeutung, da viele Unternehmen auf Veränderungen im Umfeld nicht ausreichend vorbereitet sind, Schwächen im Kosten- und Erlösmanagement aufweisen und dadurch die Rendite gefährden.

Die Veränderungen in Umfeld und Unternehmen sind vielfältig (vgl. auch Fitzroy, Hulbert 2005, Kap. 1): In den von Ohmae (1985) als Triade bezeichneten Märkten Westeuropas, Nordamerikas und Japans stagniert die Nachfrage und in den „emerging markets" mit hoher Nachfrage wächst die Unsicherheit. Wichtige Ressourcen wie Öl und Stahl werden knapper und damit teurer, der Wettbewerb auf den Weltmärkten wird schärfer. Das gilt sowohl für den horizontalen Wettbewerb zwischen direkten Konkurrenten z. B. aufgrund neuer Anbieter aus Niedriglohnländern, als auch für den vertikalen Wettbewerb durch Zulieferer, die immer stärker Komponenten, Module oder Systeme anbieten. Die Schwächen vieler Unternehmen liegen im Kostenmanagement, im Finanzmanagement und im Innovations- und Lieferantenmanagement. Viele Hersteller weisen Innovationsdefizite auf und verlagern Forschung, Entwicklung und Wertschöpfung auf Zulieferer, ohne den Kompetenzabfluss zu bedenken. Hinzu kommen auch Schwächen beim Erlösmanagement, wenn Potenziale im Preismanagement zu wenig genutzt werden. Deshalb wird in vielen Branchen eine Ausdifferenzierung der Renditen erwartet.

Um die Wettbewerbsposition und die Renditen zu verbessern, müssen die angestrebten Wettbewerbsvorteile im internationalen Wettbewerbsprozess erreicht werden. Dabei gibt es mehrere Möglichkeiten: z. B. Risikomanagement bei wirtschaftlichem und technologischem Wandel, Gleichteilmanagement bei unterschiedlichen Produkten und Kompetenzmanagement im horizontalen und vertikalen Wettbewerb.

Dynamische Strategien werden nun zunächst vorgestellt und in die Konzeption des (Internationalen) Managements eingeordnet (Abschnitt 1.2). Außerdem wird die Notwendigkeit einer umfassenden Erklärung dynamischer Strategien begründet (Abschnitt 1.3).

1.2 Statische und dynamische Strategien internationaler Unternehmen

Der Begriff „**Strategie**" kommt aus der Militärsprache und wurde von der Spieltheorie aufgegriffen. Unter Strategie, abgeleitet von „stratós" (Heeresführer, Feldherr) wurde im Griechischen die Kunst der Heeresführung und einer geschickten Schlachtordnung verstanden. Vor allem in den Schriften des preußischen Generals von Clausewitz wurde auf den grundlegenden Unterschied zwischen Strategie und Taktik hingewiesen.

Aus betriebswirtschaftlicher Sicht sind Strategien Handlungen oder Richtlinien zur Erzielung dauerhafter Unternehmensvorteile und zur Sicherung langfristiger Erfolgspotentiale (vgl. Welge, Al-Laham 2004, S. 13). Sie sollen das Handeln koordinieren, oder in den Worten von Rumelt (1980, S. 360) „a key function of strategy is to provide coherence to organizational action. A clear and explicit concept in strategy can foster a climat of tacit coordination that is more efficient than most administrative mechanisms".

In internationalen Unternehmen muss zwischen

- Marktbearbeitungsstrategien als Allokationsentscheidungen zur Erzielung von Wettbewerbsvorteilen (vgl. Aaker 2002, S. 5) und

- Markteintrittsstrategien als Entscheidungen über Märkte und Standorte für Exporte und Direktinvestitionen (vgl. Proff 2004b, S. 191)

unterschieden werden (vgl. z. B. Welge, Holtbrügge 2006, Kap. 4). In diesem Buch geht es nur um dynamische **Marktbearbeitungsstrategien**, da die Bearbeitung von Märkten zum Schutz von Wettbewerbsvorteilen bei Wandel und unvorhersehbaren Ereignissen, bei Wettbewerberreaktionen oder/und bei einer relativen Verschiebung der Kompetenzen im Zentrum stehen soll.

In der Literatur werden in der Regel statische Marktbearbeitungsstrategien betrachtet, d. h. Strategien, die eine überlegene Wettbewerbsposition zu einem Zeitpunkt schaffen sollen. Sie beziehen sich in der Regel auf große diversifizierte Unternehmen, die mehrere Produkte oder Dienstleistungen in mehreren Geschäftsbereichen anbieten. Entsprechend werden mindestens zwei Strategieebenen unterschieden[2]: die Ebene der Geschäftsbereiche und die Ebene des Gesamtunternehmens (vgl. z. B. Porter 1987, S. 43 oder 1999a, S. 405). Statische Geschäftsbereichsstrategien sind auf Wettbewerbsvorteile in einem Geschäftsbereich gerichtet (vgl. Macharzina, Wolf 2005, S. 276) und weisen die knappen Ressourcen vielen Marktsegmenten oder einer Nische zu. Statische Gesamtunternehmensstrategien gehen darüber hinaus. Durch die Festlegung der Tätigkeits- oder Geschäftsfelder am Markt und die Koordination der entsprechenden Geschäftsbereiche im Unternehmen soll ein Mehrwert zu der Wertschaffung der Geschäftsbereiche geschaffen werden (vgl. z. B. Proff 2002a). In diesem Buch geht es um Strategien der Geschäftsbereiche, die im Zentrum der dynamischen Wettbewerbstheorie stehen.

Damit geht es speziell um **dynamische Geschäftsbereichstrategien**, die im Unterschied zu statischen Strategien auf eine Verbesserung der Wettbewerbsposition[3] im Zeitablauf abzielen (vgl. Porter, 1991a). Die dynamische Strategieforschung unterstellt damit das, was Helmstädter (1995, S. 36) „wirkliche Zeit" nennt: Zeit, die die Erlangung einer angestrebten Wettbewerbsposition beeinflusst (vgl. auch North 1994; Oster 1994; Rajagopalan, Spreitzer 1996).

Internationale Unternehmen beruhen auf der räumlichen Ausweitung der unternehmerischen Tätigkeiten ins Ausland. Eine Abgrenzung anhand des Internationalisierungsgrades ist nur mehrdimensional sinnvoll möglich, vor allem durch quantifizierbare Maßstäbe wie Wertschöpfung, Beschäftigte und Umsatz. Deshalb soll in Anlehnung an Perlitz (2004, S. 10) ein Unternehmen als international bezeichnet werden, wenn „die Auslandsaktivitäten zur Erreichung und Sicherstellung der Unternehmensziele von wesentlicher Bedeutung sind".

Dynamische Strategien sind in internationalen Unternehmen eine Aufgabe des strategischen und insbesondere des internationalen Managements. Da der Begriff „Internationales Management" in Wissenschaft und Praxis sehr unterschiedlich verwendet wird, soll er hier kurz definiert werden.

Der Begriff „**Management**" bedeutet entsprechend dem englischen Verb „to manage" „führen, verwalten, leiten, bewerkstelligen, bewältigen", abgeleitet aus „manus agere", d. h. „aus einer Hand führen". Das Management soll kontrollieren, disziplinieren und die Unternehmens-Umfeld-Interaktionen koordinieren (vgl. Macharzina, Wolf 2005, S. 42).

Die **Unternehmensführung** ist die zentrale Aufgabe des Managements (vgl. z. B. Macharzina, Wolf 2005 oder Bea u. a. 2002, S. V). Sie verknüpft die Hauptfunktionen stra-

---

[2] Zusätzlich werden Strategien bezogen auf Bereiche der betrieblichen Leistungserstellung (Funktionsbereiche, wie z. B. Marketing, Personal, Finanzierung, Beschaffung und Produktion) unterschieden. Diese Funktionsbereichsstrategien bringen nur für einzelne Funktionsbereiche Vorteile.

[3] Die Wettbewerbsposition ist die Gesamtheit der Wettbewerbsvorteile.

tegisches Management, Personalmanagement, Organisation und Controlling auf der obersten Unternehmensebene (vgl. Hopfenbeck 2002) und erhält damit eine „Querschnittsfunktion" für die Bereiche der betrieblichen Leistungserstellung, wie z. B. das Marketingmanagement (vgl. Bea u. a. 2002 oder Steinmann, Schreyögg 2005). Diese Querschnittsfunktion wird durch das Informationsmanagement und das Steuerwesen unterstützt. Die Unternehmensführung orientiert sich an der nur sehr schwer fass- und operationalisierbaren Unternehmensphilosophie und an den Unternehmenszielen, die durch die gegenwärtige und künftige Entwicklung von Unternehmen und Umfeld beeinflusst werden (vgl. z. B. Perlitz 2004, S. 33).

Internationales Management bedeutet somit die Wahrnehmung von Querschnittsfunktionen wie strategisches Management, Personalmanagement, Organisation und Controlling so wie von Funktionen der betrieblichen Leistungserstellung, wie z. B. Marketingmanagement, in internationalen Unternehmen. Das internationale Management lässt sich als eine Konzeption darstellen (Abb. 1-1), in der dynamische Strategien als Marktbearbeitungsstrategien Teil des strategischen Managements in internationalen Unternehmen sind. Sie ergeben sich aus der Unternehmensphilosophie und aus den Unternehmenszielen in Abstimmung mit der Unternehmens- und Umfeldanalyse und beeinflussen die betriebliche Leistungserstellung.

Abbildung 1-1:   *Einordnung dynamischer Strategien in die Konzeption des Internationalen Managements*

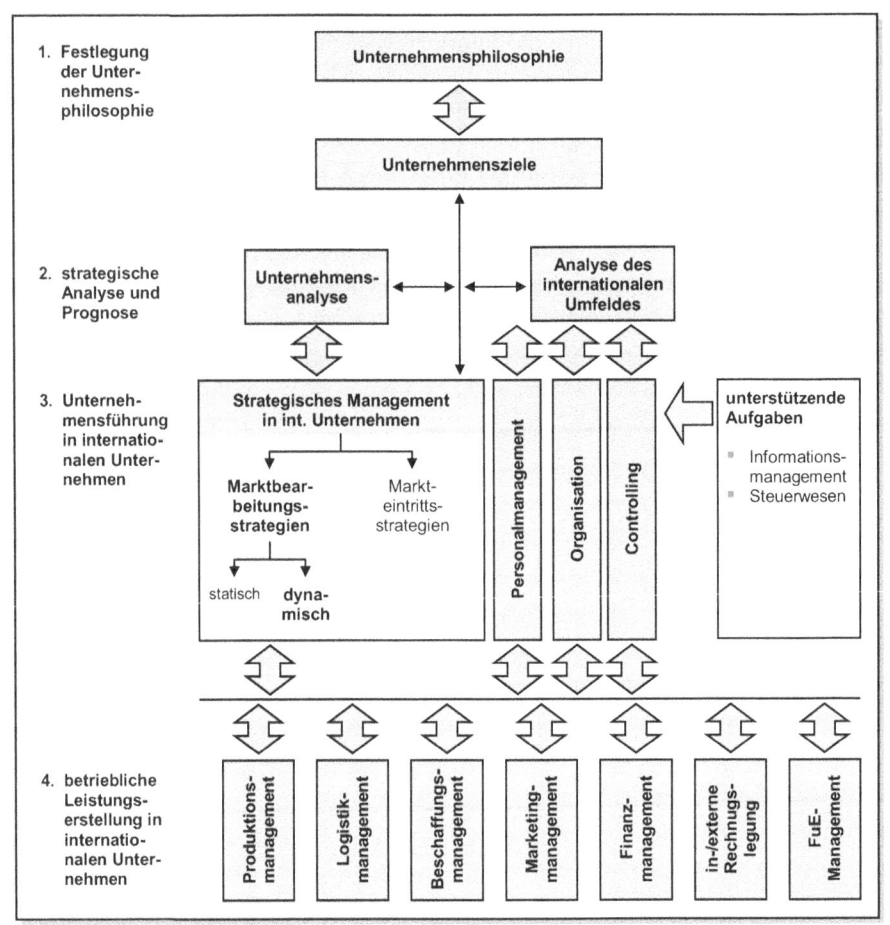

1.3   Forschungsdefizite

Für (dynamische) Strategien gibt es keine handlungsleitende „Supertheorie" (Joseph 1980). Daher ist Erkenntnis nur durch Vielfalt möglich und es müssen alle relevanten Erklärungen dynamischer Strategien herangezogen werden. Die Komplexität der Unternehmen und des Umfeldes ist so hoch, dass eine einzelne „Linse", wie von

Peteraf und Barney (2003) gefordert, das Blickfeld zu sehr einschränkt und keine für die Managementpraxis brauchbaren Aussagen mehr zulässt (vgl. z. B. Volberda u. a. 2001b).

Theoretischer Pluralismus bedeutet jedoch nicht, dass sich alle aus unterschiedlichen theoretischen Ansätzen begründeten Handlungsempfehlungen beliebig kombinieren lassen. Es ist immer die Konsistenz von Strategien zu prüfen (vgl. Proff 2002a); das gilt auch für dynamische Strategien und erfolgt in Teil V dieses Buches.

Im internationalen strategischen Management fehlt eine allgemeine und umfassende Erklärung dynamischer Strategien. Das wird nicht nur aus Forschungssicht beklagt (z. B. von Porter 1991a; Chen, MacMillan 1992; Teece u. a. 1997; Adner, Zemsky 2006), sondern auch bezogen auf die Unternehmenspraxis (z. B. von Warren 1999; Dosi u. a. 2002; Kaplan, Norton 2004). Manager brauchen dynamische Strategien, da

- insbesondere das Top-Management großer Unternehmen nur bei einem klaren Strategiekonzept die Transaktionskosten minimieren und unwirtschaftliche Wettbewerbspositionen erkennen kann,

- die Shareholder Zukunftspläne als Grundlage für Investitionsentscheidungen fordern,

- Wirtschaftsprüfer wissen wollen, wie Werte erhalten oder verbessert werden sollen, um auf verschärfte Rechnungslegungsstandards reagieren zu können,

- Investmentbanken, die sich auf sog. Businesspläne stützen, Daten benötigen, um z. B. fundierte Angebote für Geschäftsbereiche auszuarbeiten, die ausgelagert werden sollten und

- Unternehmensgründer kritischen Kapitalgebern die Entwicklung der künftigen Wettbewerbsposition erläutern müssen.

Selbst in neuen Lehrbüchern zum (internationalen) strategischen Management fehlt meist überhaupt eine dynamische Betrachtung (vgl. z. B. Grant, Nappa 2006). Nur in einem Lehrbuch mit dem Untertitel „a dynamic perspective" werden unterschiedliche dynamische Strategien (Reaktionen auf Umfeldveränderungen, Wettbewerberreaktionen und Strategien im Kompetenzwettlauf) genannt, aber nicht erklärt (Carpenter, Sanders 2007, Kap. 6).

Es sollen deshalb dynamische Strategien entwickelt werden, die Veränderungen im Zeitablauf umfassend erklären können und die die Umsetzung statischer Strategien unterstützen (vgl. dazu auch Proff 2007).

2 Umfassende Erklärungen dynamischer Strategien

Zur umfassenden Erklärung dynamischer Strategien versucht dieses Buch wesentliche, bislang nur einzeln verwendete, Erklärungsansätze zusammenzuführen (Abschnitt 2.2), die Reaktionen auf Störfaktoren im internationalen Wettbewerbsprozess begründen und sich den grundlegenden Forschungsrichtungen im strategischen Management zuordnen lassen (Abschnitt 2.1). In Abschnitt 2.3 wird dann begründet, warum eine Multiparadigmenperspektive in der dynamischen Strategietheorie notwendig ist. Sie begründet einen Erklärungsrahmen, der alle drei Erklärungsansätze berücksichtigt (Abschnitt 2.4). Daraus ergeben sich dann Ziele und Aufbau des Buches (Abschnitt 2.5).

2.1 Forschungsrichtungen im strategischen Management

Im strategischen Management gibt es zwei grundlegende Forschungsrichtungen: die markt- und die ressourcenorientierte Sichtweise. Die **marktorientierte Sichtweise** (z. B. Bain 1956; Caves 1980; Porter 1980, 1985) bezieht sich auf die Preisbildung am Markt, vor allem im Oligopol. Sie stammt aus der Industrial Organization (IO) Forschung der Harvard Schule und damit aus Forschungen zur Marktstrukturtheorie und erklärt dauerhafte ökonomische Renten durch die Struktur des Marktes, in dem ein Unternehmen oder ein Geschäftsbereich dieses Unternehmens tätig ist (vgl. Abb. 2-1). Die **ressourcenorientierte Sichtweise** (z. B. Penrose 1959; Teece 1982; Wernerfelt 1984; Peteraf 1993) bezieht sich dagegen auf die Allokation von Ressourcen, d. h. von Vermögenswerten und Fähigkeiten im Unternehmen. Sie bezieht sich auf die Wettbewerbstheorie und erklärt dauerhafte ökonomische Renten zunächst durch die unternehmensspezifische Ausstattung mit Ressourcen (vgl. ebenfalls Abb. 2-2).

In einem **stabilen Markt- bzw. Wettbewerberumfeld,** wie z. B. der Getränkeindustrie, (ohne starke und häufige Veränderungen des Umfelds) und damit in einem **bestehenden Markt** begründet die marktorientierte Sichtweise Oligopol- bzw. Monopolrenten durch eine Verringerung der Zahl der Anbieter oder durch die Abwehr neuer Konkurrenten. Bei statischer Betrachtung ist dies mit Strategien der Kostenführerschaft oder/und der Differenzierung möglich (vgl. Carpenter, Sanders 2007, S. 20-21). Die marktorientierte Sichtweise greift dabei auch auf die neue Industrial Organization Forschung auf der Basis der Spieltheorie zurück (vgl. ebenfalls Abb. 2-1).

Abbildung 2-1: *Forschungsrichtungen im strategischen Management und ihre mikroökonomischen Wurzeln*

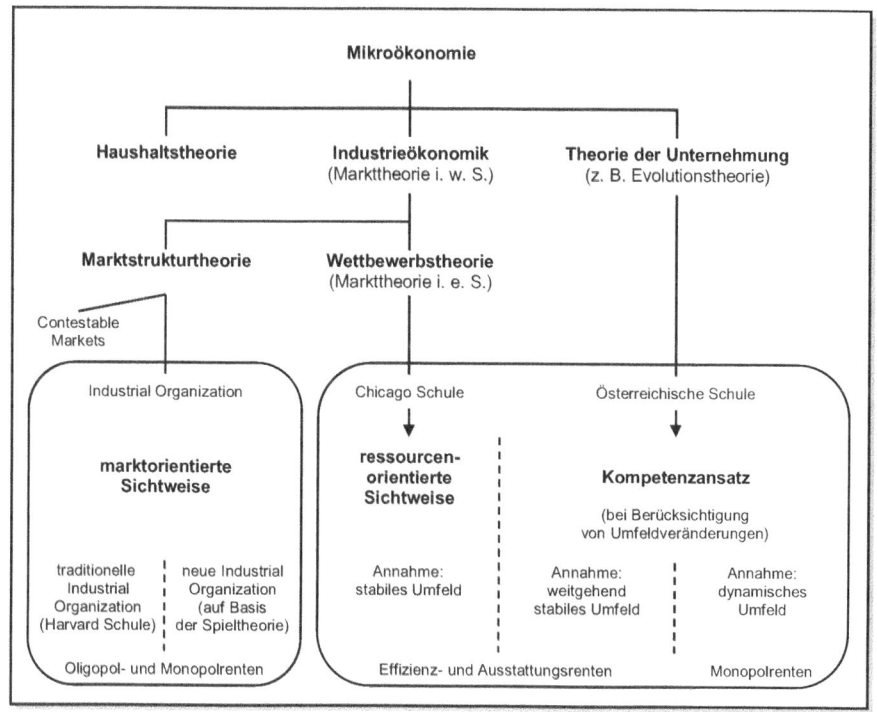

Die ressourcenorientierte Sichtweise erklärt Effizienz- oder Ausstattungsrenten dagegen durch eine bessere Ressourcenausstattung oder einen effizienteren Ressourceneinsatz mit der Folge sinkender Durchschnittskosten aus der Wettbewerbstheorie (Chicago-Schule). Die ressourcenorientierte Sichtweise verlagert damit den Forschungsschwerpunkt vom Absatzmarkt auf die Beschaffungsmärkte.

Da die ressourcenorientierte Sichtweise das starre Optimierungskalkül in einem stabilen Umfeld wie der Zementindustrie zugunsten eines Flexibilitätskalküls in einem sich allmählich verändernden (evolvierenden) Umfeld, wie in der Automobilindustrie und in der chemischen Industrie, aufgibt, geht sie über die komparativ-statische marktorientierte Sichtweise hinaus (**Kompetenzansatz**)[4]. Dabei wurde sie durch die Österreichische Schule im Rahmen der Theorie der Unternehmung und hier vor allem durch die Evolutionstheorie beeinflusst.

In einem weitgehend stabilen Umfeld sind Kompetenzen erforderlich, die die Durchschnittskosten senken und die Managementprozesse verbessern (Verbesserungslernen bzw. „single-loop learning", Argyris, Schön 1978) sowie eine Anpassung an das evolvierende Umfeld ermöglichen (Veränderungslernen bzw. „double-loop learning", ebd.). Sie schaffen Effizienz- oder Ausstattungsrenten. Sie ergänzen marktorientierte Strategien der Kostenführerschaft oder/und der Differenzierung.

In einem **dynamischen Umfeld**, wie z. B. in der Pharmaindustrie, geht es dagegen nicht mehr um einen bestehenden, sondern um einen **neuen Markt**. Ein Flexibilitätskalkül ermöglicht es, Wettbewerbsvorteile in diesem Markt selbst bei starker Veränderung des Umfeldes dauerhaft zu sichern (vgl. Hayes, Pisano 1994). Im Zentrum der Argumentation steht deshalb die Vorstellung von der Ressourcenausstattung als wandlungsfähiger Wissensbasis. Zeitlich begrenzte Monopolrenten werden durch die Fähigkeit zur radikalen Veränderung der Unternehmensstruktur aufgrund von Lernprozessen und damit durch Produktinnovationsstrategien erzielt (Prozesslernen bzw. „deutero learning", Argyris, Schön 1978). Insbesondere in einem dynamischen Umfeld sind Kompetenzen erforderlich, d. h. Nutzen stiftende und begrenzt handel- und imitierbare Vermögenswerte und Fähigkeiten, die durch Zeitmonopole dauerhafte Kompetenzvorteile (Monopolrenten) schaffen und halten (Teece u. a. 1997).

2.2 Wichtige Forschungsarbeiten zu dynamischen Strategien

Als Ausgangpunkt für eine umfassende Erklärung dynamischer Strategien müssen die Forschungsarbeiten auf diesem Gebiet hinsichtlich ihres Untersuchungsziels, der untersuchten Störfaktoren im internationalen Wettbewerbsprozess und ihres Erklärungsansatzes betrachtet werden.

---

4 Die Umfelddynamik ergibt sich aus der Häufigkeit und Stärke von (vor allem technologischen) Veränderungen im engen Wettbewerberumfeld einer Branche (vgl. Basil, Cook 1974; Sanchez 1997). Sie lässt sich durch die fünf Wettbewerbskräfte „competitive forces" von Porter (1985, S. 5) beschreiben. Branchen mit sehr hoher Dynamik des Umfeldes sind z. B. Software- und Computer-Hardwareentwicklung, Medien, Medizintechnik, Pharmaindustrie/Biotechnologien und Kommunikationstechnologie (vgl. Brown, Eisenhardt 1997; Hamel 2001). Zu den weitgehend stabilen Branchen zählt die chemische Industrie und der Fahrzeugbau (vgl. Proff 2002a, S. 292).

Tabelle 2-1 nennt wichtige Forschungsarbeiten zu dynamischen Strategien. Diese Arbeiten verfolgen sehr unterschiedliche **Untersuchungsziele**:

▨ Einige sehr grundlegende Arbeiten suchen nach Ansätzen einer dynamischen Theorie der Strategie (Nr. 2: Porter 1991a), untersuchen die Unternehmensleistung über einen längeren Zeitraum (Nr. 11: Warren 1999), das Erreichen oder Halten von Wettbewerbsvorteilen (Nr. 7: Teece u. a. 1997) oder Veränderungen von Strategien (Nr. 6: Brown, Eisenhardt 1997).

▨ Andere Arbeiten versuchen externe Einflüsse auf dynamische Strategien zu erklären, so z. B. Einflüsse externer Schocks auf die Rentabilität (Nr. 10: McGaham, Porter 1999), klassifizieren Typen der Branchenentwicklung (Nr. 14: McGaham 2000) oder untersuchen die Auswirkungen der Nachfrage auf dynamische Strategien (Nr. 18: Adner 2002; Nr. 24: Adner, Zemsky 2006).

▨ Daneben gibt es Forschungsarbeiten, die Interaktionen zwischen Wettbewerbern untersuchen (Nr. 1: Weigelt, MacMillan 1988; Nr. 3: Chen, MacMillan 1992; Nr. 4: Chen, Miller 1994; Nr. 9: Day, Reibstein 1998; Nr. 22: MacMillan u. a. 2003).

▨ Eine letzte Gruppe von Forschungsarbeiten sucht entweder nach Erklärungen der Kompetenzentwicklung (Nr. 23: Proff 2004) oder nach Erklärungen dynamischer Fähigkeiten (Nr. 12: Eisenhardt, Martin 2000) und ihrer Entwicklung (Nr. 18: Tripsas, Gavetti 2000; Nr. 19 Zollo, Winter 2002; Nr. 20, Zollo 2003) vor allem durch Kompetenzverbesserung und –erneuerung (Nr. 5: Baden-Fuller, Volberda 1997; Nr. 8: Volberda, Baden-Fuller 1998; Nr. 16: Volberda u. a. 2001a, b; Nr. 21: Crossan, Berdrow 2003 und Nr. 25: Schreyögg, Kliesch 2006).

Tabelle 2-1: *Wichtige Forschungsarbeiten zu dynamischen Strategien*

Autor(en)	Untersuchungsziel	Störfaktoren im internationalen Wettbewerbsprozess	Erklärungsansätze
1. **Weigelt, MacMillan (1988)**	Erklärung der Interaktionen zwischen Wettbewerbern	Wettbewerberreaktionen	Spieltheorie (Neue IO-Theorie)
2. **Porter (1991a)**	Grundzüge einer dynamischen Strategie	Veränderungen im Länderumfeld	Theorie der Standortvorteile
3. **Chen, MacMillan (1992)**	Erklärung der Interaktionen zwischen Wettbewerbern	Wettbewerberreaktionen	Spieltheorie (Neue IO-Theorie)
4. **Chen, Miller (1994)**	Erklärung der Interaktionen zwischen Wettbewerbern	Wettbewerberreaktionen	Spieltheorie (Neue IO-Theorie)

Autor(en)	Untersuchungsziel	Störfaktoren im internationalen Wettbewerbsprozess	Erklärungsansätze
5. Baden-Fuller, Volberda (1997)	Untersuchung gegenläufiger Kräfte bei strategischem Wandel und Stabilität	relative Kompetenzverschlechterung	Theorie der Kompetenzentwicklung und „dynamic capability approach"
6. Brown, Eisenhardt (1997)	Untersuchung kontinuierlicher Veränderungsprozesse	relative Kompetenzverschlechterung	„dynamic capability approach"
7. Teece, Pisano, Shuen (1997)	Untersuchung von Wettbewerbsvorteilen in einem dynamischen Umfeld	relative Kompetenzverschlechterung	„dynamic capability approach"
8. Volberda, Baden-Fuller (1998)	Untersuchung gegenläufiger Kräfte bei strategischem Wandel und Stabilität	relative Kompetenzverschlechterung	Theorie der Kompetenzentwicklung und „dynamic capability approach"
9. Day, Reibstein (1998)	Antizipation der Wettbewerberreaktionen auf dynamische Strategien	Wettbewerberreaktionen	Spieltheorie (Neue IO-Theorie)
10. McGaham, Porter (1999)	Untersuchung des Einflusses externer Schocks auf die Rentabilität	Veränderungen im Länderumfeld	Theorie der Standortvorteile
11. Warren (1999)	Untersuchung und Erklärung der Unternehmensleistung im Zeitablauf	relative Kompetenzverschlechterung	„dynamic capability approach" (System Dynamics Ansatz)
12. Eisenhardt, Martin (2000)	Erklärung von dynamischen Fähigkeiten	relative Kompetenzverschlechterung	„dynamic capability approach" (Evolutionstheorie)
13. Luo (2000)	Erklärung von dynamischen Fähigkeiten für die Expansion in ausländische Märkte	relative Kompetenzverschlechterung	„dynamic capability approach" (Evolutionstheorie)
14. McGaham (2000)	Klassifikation von Typen der Branchenentwicklung	Veränderungen im Länderumfeld	Theorie der Standortvorteile
15. Tripsas, Gavetti (2000)	Untersuchung des Zusammenhangs zwischen Fähigkeiten, Wahrnehmungen und Trägheit	relative Kompetenzverschlechterung	Theorie der Kompetenzentwicklung (Kognition)

Autor(en)	Untersuchungsziel	Störfaktoren im internationalen Wettbewerbsprozess	Erklärungsansätze
16. Volberda, Baden-Fuller, v. d. Bosch (2001a)	Erklärung der strategischen Erneuerung	relative Kompetenzverschlechterung	„dynamic capability approach" (Co-evolution)
17. Volberda, v. d. Bosch, Flier, Gedajlovic (2001b)	Spezifizierung der Muster der Kompetenzerneuerung	relative Kompetenzverschlechterung	„dynamic capability approach" (Co-evolution)
18. Adner (2002)	Erklärung nachfrageabhängiger dynamischer Strategien	Veränderungen im Länderumfeld	Theorie der Standortvorteile
19. Zollo, Winter (2002)	Erklärung der Mechanismen zur Entwicklung dynamischer Fähigkeiten	relative Kompetenzverschlechterung	„dynamic capability approach"
20. Zott (2003)	Verbindung dynamischer Fähigkeiten mit der Unternehmensleistung	relative Kompetenzverschlechterung	„dynamic capability approach" (Evolutionstheorie)
21. Crossan, Berdrow (2003)	Verbindung der Strategieentwicklung mit organisationalem Lernen	relative Kompetenzverschlechterung	„dynamic capability approach" (Evolutionstheorie)
22. MacMillan, van Putten, McGrath (2003)	Erklärung von Wettbewerberaktionen und -reaktionen	Wettbewerberreaktionen	Spieltheorie (Neue IO-Theorie)
23. Proff (2004a)	Erklärung der Kompetenzentwicklung	relative Kompetenzverschlechterung	Theorie der Kompetenzentwicklung
24. Adner, Zemsky (2006)	Erklärung des allgemeinen Nachfrageverhaltens als Grundlage der Strategiedynamik	Veränderungen im Länderumfeld	Theorie der Standortvorteile
25. Schreyögg, Kliesch (2006)	Erklärung des Zusammenspiels von Wandel und Stabilität	relative Kompetenzverschlechterung	„dynamic capability approach"

Entsprechend ihrem Untersuchungsziel betrachten die Forschungsarbeiten unterschiedliche **Störfaktoren** im internationalen Wettbewerbsprozess, die die Erreichung der mit statischen Strategien angestrebten Wettbewerbsposition im Zeitablauf stören (vgl. auch Carpenter, Sanders 2007, S. 153-155). Diese drei Störfaktoren entsprechen dem klassischen Modell der strategischen Analyse von Unternehmen und Umfeld und betreffen:

1. Veränderungen im weiten Länderumfeld, d. h. politisch – rechtliche, ökonomische, sozio-kulturelle oder technologische Veränderungen,

2. Veränderungen im engen Wettbewerberumfeld, vor allem Wettbewerberreaktionen in einer Branche, und schließlich

3. Veränderungen im Unternehmen selbst, vor allem die relative Verschlechterung der Kompetenzen.

Dabei ist es wichtig zu betonen, dass Störfaktoren nicht nur für Unternehmen in einem dynamischen Umfeld mit häufigen und starken Umfeldveränderungen bedeutsam sind, wie z. B. Carpenter und Sanders (2007) argumentieren. Auch in einem weitgehend stabilen Umfeld kann es technologischen Wandel, Wettbewerberreaktionen oder eine Kompetenzerosion geben, auf die die Unternehmen reagieren müssen.

Diese Störfaktoren im internationalen Wettbewerbsprozess entsprechen den drei unterschiedlichen Verständnissen von Wettbewerb in der dynamischen Wettbewerbstheorie, auf die als **Reaktionen** dynamische Strategien notwendig sind (vgl. Oster 1994):

▨ Bei Veränderungen im Länderumfeld wird Wettbewerb als effiziente Anpassung an Umfeldveränderungen verstanden. Dazu zählen wirtschaftlicher und technologischer Wandel und unerwartete Ereignisse (sog. externe Schocks), wie z. B. Naturkatastrophen, die die Unternehmen nicht beeinflussen können (vgl. Sanchez, Heene 2004). Fünf der in Tab 2-1 genannten Forschungsansätze liegt ein solches Wettbewerbsverständnis zugrunde (Nr. 2: Porter 1991a; Nr. 10: McGaham, Porter 1999; Nr. 14: McGaham 2002; Nr. 18: Adner 2002 und Nr. 24: Adner, Zemsky 2006). Zur Reaktion auf Veränderungen im Länderumfeld sind **umfeldbezogene dynamische Strategien** notwendig.

▨ Bei Wettbewerberreaktionen wird Wettbewerb als Oligopolkampf um Marktanteile verstanden (Nr. 1: Weigelt, MacMillan 1988; Nr. 3: Chen, MacMillan 1992; Nr. 4: Chen, Miller 1994; Nr. 9: Day, Reibstein 1998 sowie Nr. 22: MacMillan u. a. 2003). Zur Reaktion auf Wettbewerberreaktionen bedarf es **wettbewerberorientierter dynamischer Strategien**.

▨ Bei einer relativen Kompetenzverschlechterung im Unternehmen wird Wettbewerb als Wettlauf um Kompetenzen verstanden (Nr. 7: Teece u. a. 1997; Nr. 6: Brown, Eisenhardt 1997; Nr. 11: Warren 1999; Nr. 13: Luo 2000; Nr. 12: Eisenhardt, Martin 2000; Nr. 15: Tripsas, Gavetti 2000; Nr. 16 und 17: Volberda u. a. 2001a,b; Nr. 20: Zott 2003; Nr. 21: Crossan, Berdrow 2003; Nr. 23: Proff 2004a; Nr. 25: Schreyögg, Kliesch 2006). Zur Reaktion auf eine relative Kompetenzverschlechterung sind **kompetenzorientierte dynamische Strategien** erforderlich.

Zur Erklärung der unterschiedlichen dynamischen Strategien als Reaktion auf unterschiedliche Störfaktoren in Unternehmen und Umfeld greifen die Forschungsarbeiten im Wesentlichen auf drei **Erklärungsansätze** zurück, die den grundlegenden Forschungsrichtungen im strategischen Management entsprechen (vgl. Abb 2-2):

1. Veränderungen im Länderumfeld werden in den Forschungsarbeiten mit der Theorie der Standortvorteile erklärt. Standortvorteile sind „absolute Kostenvorteile" im Sinne von Bain (1956). Diese Veränderungen werden zwar von Forschern in der Tradition der marktorientierten Sichtweise herangezogen (z. B. bei der Erklärung „nationaler Wettbewerbsvorteile" durch Nr. 2: Porter 1991a; Nr. 10: McGaham, Porter 1999 oder Nr.14: McGaham 2000). Sie werden aber schwerpunktmäßig im Rahmen der ressourcenorientierten Sichtweise behandelt, so z. B. bei Erklärungen des allgemeinen Nachfrageverhaltens durch Nr. 17: Adner (2002) oder Nr. 24: Adner, Zemsky (2006). Es handelt sich damit um **ressourcenorientierte Erklärungen**.

2. Wettbewerberreaktionen im Oligopolkampf beruhen auf den **marktorientierten Erklärungen** speziell der Spieltheorie (neue Industrial Organization). Sie betrachten Aktionen und Reaktionen der Wettbewerber als Mehrperiodenspiel in einem weitgehend stabilen Umfeld (vgl. die Forschungsarbeiten Nr. 4: Weigelt, MacMillan 1988; Nr. 3: Chen, MacMillan 1992; Nr. 4: Chen, Miller 1994; Nr. 9: Day, Reibstein 1998 sowie Nr. 22: MacMillan u. a. 2003).

3. Eine relative Verschlechterung der Kompetenzen kann durch den Kompetenzansatz als Weiterentwicklung der ressourcenorientierten Sichtweise erklärt werden. 14 Arbeiten lassen sich diesen **kompetenzorientierten Erklärungen** zuordnen, wobei zwei Erklärungsrichtungen unterschieden werden: a) Theorie der Kompetenzentwicklung, („capability and evolutionary economics", vgl. Dosi u. a. 2002), und b) Ansatz dynamischer Fähigkeiten („dynamic capability approach"). Die Theorie der Kompetenzentwicklung folgt der ökonomischen Sicht, die um Lernaspekte erweitert wird (vgl. Nr. 15: Tripsas, Gavetti 2000; Nr. 21: Crossan, Berdrow 2003; Nr. 24: Proff 2004a). Der Ansatz dynamischer Fähigkeiten beruht auf der Evolutionstheorie. Er setzt damit sehr viel grundlegender als die ökonomische Theorie bei biologischen Erklärungen an und versucht sie zu ökonomisieren (vgl. Nr. 7: Teece u. a. 1997; Nr. 6: Brown, Eisenhardt 1997; Nr. 11: Warren 1999; Nr. 13: Luo 2000; Nr. 12: Eisenhardt, Martin 2000; Nr. 16 und 17: Volberda u. a. 2001a, b; Nr. 20: Zott, 2003). Einige Forschungsarbeiten zu dynamischen Strategien greifen auch auf beide kompetenzorientierten Erklärungsrichtungen zurück, vor allem wenn sie evolutionstheoretische Erklärungen in die Erklärungen des Lernens in Organisationen einbeziehen (Nr. 5: Baden-Fuller, Volberda 1997; Nr. 8: Volberda, Baden-Fuller 1998; Nr. 19: Zollo, Winter 2002 oder Nr. 25: Schreyögg, Kliesch 2006).

Abbildung 2-2:   *Erklärungsansätze dynamischer Strategien*

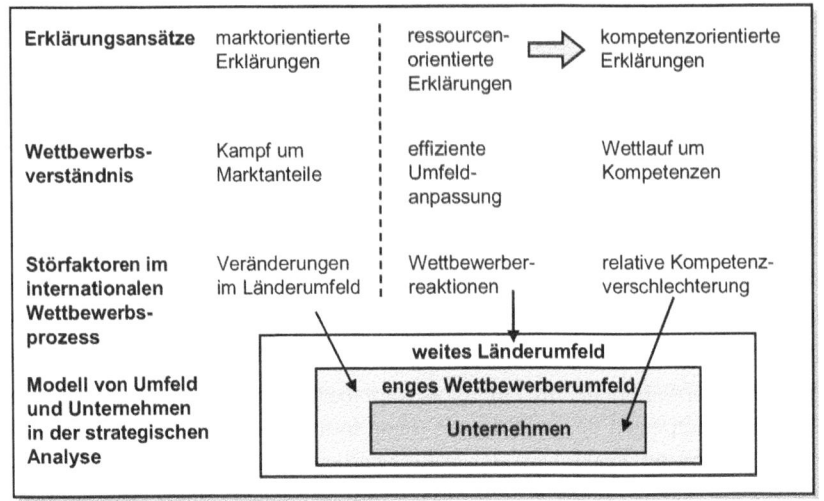

2.3   Notwendigkeit einer Multiparadigmenperspektive in der dynamischen Strategietheorie

Alle in Tab. 2-1 genannten Forschungsarbeiten weisen jeweils eine Erklärung dynamischer Strategien auf. Sie müssen als einseitig kritisiert werden, da in der Realität Störfaktoren aus dem Länderumfeld, Reaktionen von Wettbewerbern und eine relative Verschlechterung der Kompetenzen gleichzeitig auftreten können (vgl. Volberda u. a. 2001b). Zudem bleiben die Erklärungen sehr unkonkret, weil Hypothesen zur Anpassung an Veränderungen fehlen (vgl. Nr. 2: Porter 1991a; Nr. 3: Chen u. a. 1992; Nr. 7: Teece u. a. 1997).

Die Forschungsarbeiten spiegeln die verbreitete Auffassung wider, dass durch mehrere Erklärungsbausteine eine stringente Argumentation verloren geht. Peteraf und Barney (2003, S. 309) plädieren deshalb z. B. für „logical commitment and clear `theoretical argumentation'" (ebd., S. 309) und beschränken ihre Erklärung auf die ressourcenorientierte Sichtweise und den Kompetenzansatz.

Andere Autoren wenden sich gegen eine Zersplitterung, und bemühen sich um eine „strategy synthesis" (Volberda, Elfring 2001, S. XI). Dies wurde auch bereits von

Shoemaker (1992, S. 108) gefordert: „additional synthesis and pluralism is needed to advance integrated theory development – as opposed to frictionalism or applied functionalism – in the field of strategy" (vgl. auch Levis, Grimes 1999; Foss 1999). Thomas (2001, S. 191) tritt „for theory dialogue, discussion and debate in the spirit of Bowman's (1990) call for „theoretical pluralism" in the development of the strategy field" ein. Ohne **theoretischen Pluralismus** ist insbesondere bei komplexen Problemen keine befriedigende Erklärung zu erwarten (vgl. Teece u. a. 1997; Levis, Grimes 1999). Beruht dieser Pluralismus auf markt- und ressourcen- (bzw. kompetenz-) orientierten Theorien und damit auf allen drei Erklärungsbausteinen dynamischer Strategien, dann ist eine Multiparadigmenperspektive in der Strategietheorie notwendig (vgl. Schendel 1991a, b). Dabei ist dann allerdings zu klären, inwieweit die Erklärungen konsistent sind, d. h. einander nicht ausschließen (vgl. Proff 2002a und Teil V in diesem Buch).

2.4 Erklärungsrahmen für dynamische Strategien

Dynamische Strategien als der „missing link between strategy formulation and strategy execution" (Kaplan, Norton 2004, S. 10) können nicht alleine aus Erfahrungen der Praxis abgeleitet werden. Es bedarf hier einer umfassenden theoretischen Fundierung, selbst bei zwangsläufig starker Abstraktion. Da Erkenntnisfortschritt nur durch Vielfalt möglich ist, muss nach Porter (1991a, S. 98) die Theoriebildung durch Strukturierung und die Entwicklung von Rahmenkonzepten erfolgen. Solche „frameworks" erleichtern die Entwicklung von Theorien (vgl. Teece u. a. 1997, S. 515 und auch Chen u. a. 1992 oder Weigelt, MacMillan 1988). Deshalb wird in einem ersten Schritt der Theoriebildung ein Rahmen zur Erklärung dynamischer Strategien entworfen. In einem zweiten Schritt werden dann innerhalb dieses Erklärungsrahmens aus den drei Erklärungsansätzen dynamischer Strategien Ansatzpunkte zur Erlangung der angestrebten Wettbewerbsposition abgeleitet, die sich in dynamische Strategien übersetzen lassen (Teile II – IV in diesem Buch). Die Verfolgung dieser dynamischen Strategien **verbessert auf Dauer und im Durchschnitt das wirtschaftliche Ergebnis eines Unternehmens**, weil sie helfen, die angestrebten Wettbewerbsvorteile mit den vorhandenen Mitteln, und mit minimalen Kosten zu erreichen. Dadurch wird ein Vorsprung gegenüber den Wettbewerbern möglich.

Die Umsetzung einer statischen Strategie wird bei dynamischer Betrachtung meist als **Übergang zwischen einem Anfangszustand t_0 und einem Endzustand t_1** verstanden (vgl. Stacey 1993 und Abb. 2-3), da „a dynamic model is used to examine the path of adjustment from one equilibrium to another" (Glake u. a. 1981, S. 9). Diese Vorstellung entspricht der „longitudinal study of the competitive positions and entry paths" von Bogner u. a. (1996, vgl. auch Caves, Porter 1977; Barnett 1997; Raff 2000).

Abbildung 2-3:   *Rahmen zur Erklärung dynamischer Strategien*

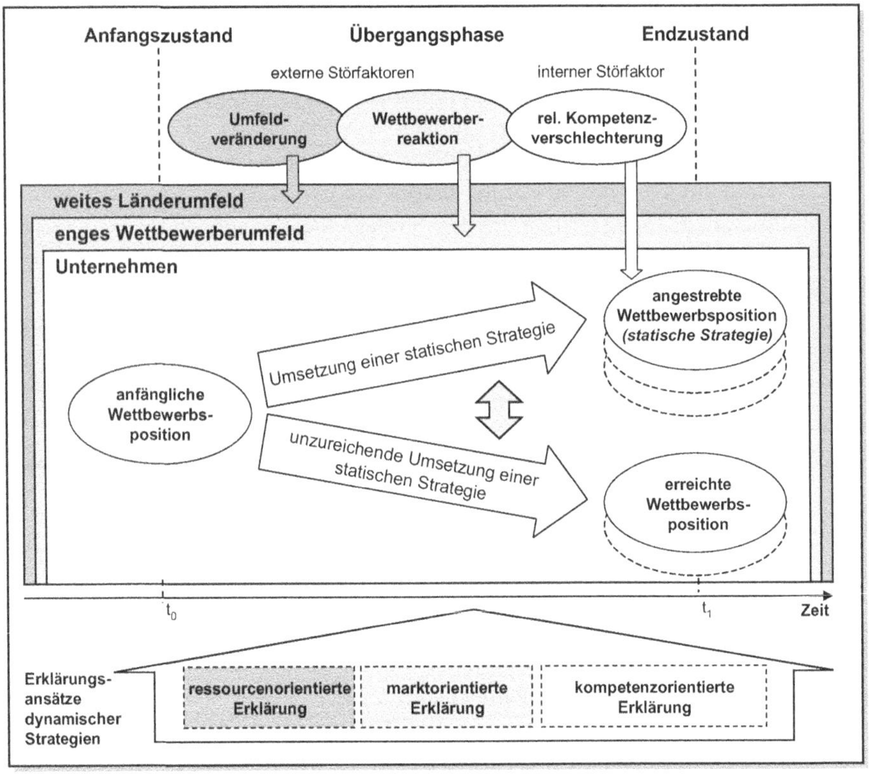

Ex post stimmt die erreichte Wettbewerbsposition mit der angestrebten Wettbewerbsposition überein oder weicht positiv oder negativ davon ab. Die Veränderungen in dem betrachteten Zeitraum beruhen nicht nur auf der Umsetzung der Strategie, die die statische Strategietheorie als effizient unterstellt und deshalb nicht weiter beachtet (vgl. Porter 1980). Sie beruhen auch auf ungeplanten **Anpassungsprozessen** als Reaktionen auf ex- und interne Störfaktoren wie Veränderungen im Länderumfeld, Wettbewerberreaktionen und eine mögliche relative Verschlechterung der Kompetenzen eines Unternehmens (vgl. Volberda u. a. 2001b). Aussagen über diese Anpassungsprozesse lassen sich aus den drei Erklärungsansätzen ableiten, die damit nicht nur statische, sondern auch dynamische Strategien begründen (vgl. Abb. 2-4).

Ressourcenorientierte Erklärungen begründen nicht nur bei statischer Betrachtung natürliche und institutionelle Ressourcenvorteile aus einem Modell der Standortvorteile. Durch eine ökonomische Analyse der Veränderung von Standortvorteilen durch wirtschaftlichen und technologischen Wandel sowie durch unvorhergesehene Ereignisse („externe Schocks"), wie z. B. das Erdbeben in Kobe 1995, lassen sich auch umfeldbezogene dynamische Strategien erklären.

Marktorientierte Erklärungen begründen nicht nur - bei statischer Betrachtung - marktorientierte Wettbewerbsvorteile und Strategien aus einem Oligopolmodell, durch Dynamisierung des Oligopolmodells werden im Rahmen spieltheoretischer Untersuchungen auch wettbewerberorientierte dynamische Strategien erklärt.

Kompetenzorientierte Erklärungen begründen nicht nur – bei statischer Betrachtung – Kompetenzvorteile und kompetenzorientierte statische Strategien aus dem Grundmodell des Kompetenzaufbaus. Durch Betrachtung des Modells im Zeitablauf lässt es sich in ein Modell der Kompetenzentwicklung überführen, das kompetenzorientierte dynamische Strategien erklärt.

Abbildung 2-4:   *Erklärungen statischer und dynamischer Strategien*

Erklärungsbausteine	Erklärung statischer Strategien	Erklärung dynamischer Strategien
ressourcenorientierte Erklärungen	**Modell der Standortvorteile** ▷ natürliche und institutionelle Ressourcenvorteile	**ökonomische Analyse der Veränderung von Standortvorteilen durch Wandel und externe Schocks** ▷ umfeldbezogene dynamische Strategien
marktorientierte Erklärungen	**Oligopolmodell** ▷ Marktvorteile ▷ marktorientierte statische Strategien	**Dynamisierung des Oligopolmodells durch Einführung von Spielregeln** ▷ wettbewerberorientierte dynamische Strategien
kompetenzorientierte Erklärungen	**Modell des Kompetenz-aufbaus** ▷ Kompetenzvorteile ▷ kompetenzorientierte statische Strategien	**Modell der Kompetenzentwicklung** ▷ kompetenzorientierte dynamische Strategien

2.5   Ziel und Aufbau des Buches

In diesem Buch werden Begründungen für dynamische Strategien gesucht, durch die Unternehmen einen Vorsprung im internationalen Wettbewerbsprozess erzielen können.

Das Buch gliedert sich in drei Hauptteile (II bis IV), in denen umfeldbezogene sowie wettbewerber- und kompetenzorientierte dynamische Strategien im internationalen Wettbewerbsprozess aus ressourcen- sowie markt- und kompetenzorientierten Erklärungen abgeleitet werden (vgl. Abb. 2-5).

In Teil V des Buches wird begründet, wie sich die dynamischen Strategien zu konsistenten Strategiebündeln zusammenfassen lassen, in denen keine Zielkonflikte zwischen den einzelnen Strategien bestehen. Das Buch endet mit Schlussfolgerungen für die Strategietheorie und -praxis in Teil VI (vgl. Abb. 2-5).

Abbildung 2-5:   *Aufbau des Buches*

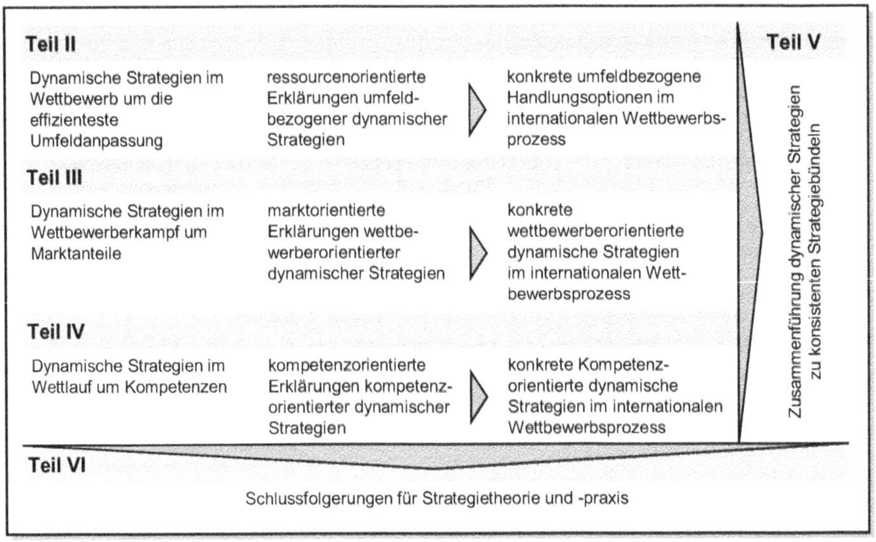

Teil II			Teil V
Dynamische Strategien im Wettbewerb um die effizienteste Umfeldanpassung	ressourcenorientierte Erklärungen umfeldbezogener dynamischer Strategien	konkrete umfeldbezogene Handlungsoptionen im internationalen Wettbewerbsprozess	
Teil III			
Dynamische Strategien im Wettbewerberkampf um Marktanteile	marktorientierte Erklärungen wettbewerberorientierter dynamischer Strategien	konkrete wettbewerberorientierte dynamische Strategien im internationalen Wettbewerbsprozess	Zusammenführung dynamischer Strategien zu konsistenten Strategiebündeln
Teil IV			
Dynamische Strategien im Wettlauf um Kompetenzen	kompetenzorientierte Erklärungen kompetenzorientierter dynamischer Strategien	konkrete Kompetenzorientierte dynamische Strategien im internationalen Wettbewerbsprozess	
Teil VI			
	Schlussfolgerungen für Strategietheorie und -praxis		

Teil II

Dynamische Strategien

im Wettbewerb um die

effizienteste

Umfeldanpassung

Es sollen nun dynamische Strategien begründet werden, die einen Vorsprung im Wettbewerb um die effizienteste Umfeldanpassung ermöglichen. Dazu bedarf es ressourcenorientierter Erklärungen dynamischer Strategien. Sie beziehen sich auf statische Erklärungen natürlicher und institutioneller Wettbewerbsvorteile, die in Kapitel 3 kurz angesprochen werden. In den Kapiteln 5 und 6 werden dann umfeldbezogene dynamische Strategien begründet: ein systematisches Risikomanagement und ein systematisches Krisenmanagement. Diese dynamischen Strategien beruhen auf einem im Vergleich zu den Wettbewerbern „besseren Umgang mit wirtschaftlichem und technologischem Wandel" sowie auf „schnellen Reaktionen bei unvorhersehbaren Ereignissen, sog. „externen Schocks" (Kapitel 4).

Wirtschaftlicher Wandel bezieht sich auf Veränderungen der Wirtschaftsstruktur. Diese Veränderungen schließen sowohl Veränderungen der Wirtschaftsleistungen ein, ausgedrückt u. a. durch die Wertschöpfung, als auch Veränderungen der Arbeitsplatzstruktur, der Tätigkeiten, der Beschäftigung und der Produkte aufgrund von Veränderungen von Angebot und Nachfrage. Veränderungen der Produktivität und der Institutionen in weiter Bedeutung, z. B. der Regelungen auf den Arbeits- und Kapitalmärkten, bestimmen den wirtschaftlichen Wandel.

Veränderungen angewandter Technologien, z. B. der Produkt- und Prozesstechnologien und der IuK- und Transporttechnologien, bestimmen den **technologischen Wandel** (vgl. Boutellier, Biedermann 2005, S. 650 oder Sheffi 2006). Specht u. a. (2002) bezeichnen einen vorhersehbaren Wandel als „Technologiedynamik", die mit dem Konzept der Technologielebensphasen erfasst werden kann. Lebensphasen und Entwicklungssequenzen wie Geburt, Jugend, Reife und Alter lassen sich auch auf Produkte, Unternehmen, Branchen und Technologien übertragen (vgl. Gerybadze 2004, S. 845). Nach Hauschildt (2004, S. 91) sind es die Innovationsmanager, die die wissenschaftlich-technischen Veränderungen beobachten und ihre wirtschaftlichen Veränderungsmöglichkeiten abschätzen müssen (vgl. Gerpott 2005, S. 101-134). Die richtige Reaktion auf technologischen Wandel ist allerdings nur sehr schwer zu bestimmen. Nicht jede Technologie verändert das Konsumentenverhalten und kann dadurch ökonomische Renten schaffen. Es ist wichtig, im Rahmen eines systematischen Risikomanagements **Übergangspunkte zu identifizieren, ab denen neue Technologien wirtschaftliche Bedeutung gewinnen** (vgl. Adner, Levinthal 2006).

Unvorhersehbare Ereignisse, sog. **externe Schocks**, haben unterschiedliche Ursachen (vgl. Egli u. a. 2002, S. 22; Bieta u. a. 2002, S. 21 oder Müller 1984, S. 229): sie sind von der Natur verursacht, wie Erdbeben und Hochwasser und vom Menschen verursacht, wie Streiks, Lieferengpässe oder Rezessionen.

Externe Schocks verursachen akute Krisen[5] (vgl. z. B. Krystek 1981, 1987 und 1989; Linde 1994 oder auch Bergauer 2001), auf die mit einem Krisenmanagement reagiert werden kann. Da es viele unterschiedliche Reaktionsmöglichkeiten auf eine Krise gibt, können durch ein gut konzipiertes Krisenmanagement Wettbewerbsvorteile im Vergleich zu Konkurrenten erzielt werden. In den Wirtschaftswissenschaften erhalten Krisen unterschiedliche Bedeutungen und einen unterschiedlichen Stellenwert. Die Volkswirtschaftslehre betrachtet außenwirtschaftliche oder konjunkturelle Entwicklungen als ursächlich für Krisen. Sie interpretiert Krisen als länger andauernde, tief greifende binnenwirtschaftliche Störungen (vgl. Krystek 1981, S. S. 5-6), die den wirtschaftlichen Wandel überlagern. Die Betriebswirtschaftslehre betrachtete dagegen lange Zeit Krisen als weltwirtschaftliche Ereignisse (vgl. Linde 1994, S. 8) und setzt sich erst seit den 70er Jahren umfassend mit Krisen auseinander. Ein möglicher Auslöser waren die starken Ölpreiserhöhungen durch die OPEC in den 70er Jahren, die viele Länder und Unternehmen schlagartig, da unvorbereitet, trafen. Der Krisenbegriff wurde anfangs weit gefasst als eine die Existenz der Unternehmen gefährdende Situation, in der das Überleben vorrangig wird. Neuere Definitionen sind präziser, da sie Krisen zwar als Gefahr für wichtige Unternehmensziele verstehen, nicht aber für die Existenz des gesamten Unternehmens. Sie sind auch umfassender, da die zuvor ausschließlich finanzwirtschaftlichen Kriterien (Liquidität, Gewinn) um marktbezogene Kriterien erweitert werden (vgl. ebd.). Hier werden Krisen betriebswirtschaftlich definiert als **ungeplante und ungewollte externe Ereignisse von begrenzter Dauer und mit offenem Ausgang, durch die der Fortbestand des Unternehmens gefährdet wird** (vgl. Krystek 1987, S. 5-6; zit. auch bei Bergauer 2001, S. 4).

Externe Schocks sind „akute Krisen" bzw. „ad-hoc Krisen" mit wahrnehmbaren Krisensymptomen (vgl. Linde 1994, S. 10 oder Burmann u. a. 2005). Potenzielle Krisen, die möglich, aber noch nicht real sind und für die noch keine wahrnehmbaren Symptome vorliegen, sind damit ebenso wenig gemeint, wie latente Krisen, die verdeckt vorhanden, aber noch nicht realisiert sind.

---

5 Der Begriff Krise stammt aus dem Griechischen und meint ursprünglich jeden Bruch einer bis dahin kontinuierlichen Entwicklung und kennzeichnet zugleich Situationen „mit extremer Ambivalenz der Entwicklungsmöglichkeiten" (Jänicke 1973). Die Krise wird im entscheidungstheoretischen Ansatz als Entscheidungsprozess behandelt, der unter Zeitdruck eingeleitet werden muss (vgl. Krystek 1981, S. 4). In systemtheoretischer Perspektive gefährdet oder zerstört die Krise ein System oder einzelne seiner Teile (vgl. z. B. Linde 1994, S. 6).

3 Erklärungen statischer Ressourcenvorteile

Die ressourcenorientierte Sichtweise im strategischen Management erklärt Wettbewerbsvorteile durch eine verglichen mit Wettbewerbern bessere Ressourcenausstattung (Teil II des Buches) und einen effizienteren Ressourceneinsatz (Teil IV) (vgl. z. B. Peteraf 1993, S. 180, Proff 2002a, S. 31).

Eine im Vergleich zu den Wettbewerbern bessere Ressourcenausstattung lässt sich mit Hilfe von natürlichen ressourcenorientierten Wettbewerbsvorteilen bzw. Ressourcenvorteilen (z. B. günstigeren Lohnkosten) und institutionellen Ressourcenvorteilen (z. B. Einflussnahme auf staatliche Ge- und Verbote) erklären. Diese Vorteile bieten nach Bain (1956) absolute Kostenvorteile. Sie setzen in der weiten Länderumwelt an, d. h. gemäß dem klassischen Modell der strategischen Analyse in Abb. 2-2 bei den politisch-rechtlichen, wirtschaftlichen, sozio-kulturellen und technologischen Rahmenbedingungen und entsprechen damit den viel diskutierten Standortvorteilen eines Unternehmens (vgl. Perlitz 2004, S. 83-85 oder Welge, Holtbrügge 2006, S. 66-67). Deshalb lassen sich Ressourcenvorteile aus einem „Grundmodell der Standortvorteile" begründen. Dieses Modell wird nun in einem ersten Schritt entwickelt (Abschnitt 3.1), um daraus Ressourcenvorteile bei statischer Betrachtung abzuleiten (Abschnitt 3.2).

3.1 Das „Grundmodell der Standortvorteile"

Verbessert sich die Ressourcenausstattung (Abb. 3-1), dann sinken die Durchschnittskosten. Dadurch steigen bei gegebenem Marktpreis die Gewinne. Eine bessere Ressourcenausstattung kann durch natürliche und institutionelle Ressourcenvorteile (Standortvorteile) im Inland, wie im Ausland erreicht werden. Bei unveränderter Produkt- und Produktionsstruktur verschieben sinkende Faktorkosten, wie z. B. Lohnkosten oder der Abbau von staatlichen Regelungen wie z. B. Lohnnebenkosten, die Durchschnittskostenkurve parallel nach unten.

Wird für einen Geschäftsbereich vereinfachend eine substitutionale Cobb-Douglas-Produktionsfunktion unterstellt

$$(1) \qquad x = R_1^{1/4} \, R_2^{1/4}$$

mit der Menge x, den Inputressourcen R_1 und R_2, z. B. Human- und Sachkapital, wobei die (Faktor)Preise der Ressourcen w_1 und w_2 und die Isokostenlinie (Linie, auf der die

Summe der Kosten überall gleich ist) $K = w_1 R_1 + w_2 R_2$ gegeben sind, dann beträgt die Minimalkostenkombination $w_2 / w_1 = R_1 / R_2$. Unter der Annahme einer proportionalen Ressourcenexpansion lassen sich aus der Verbindung aller Minimalkostenkombinationen bei verschiedenen Parametersätzen zwei Ressourcenexpansionspfade ableiten

$$(1) \quad R_1 \quad = w_2 / w_1 * R_2 \text{ und } R_2 = w_1 / w_2 * R_1.$$

Durch Einsatz in die Produktionsfunktion ergibt sich die bedingte Nachfrage nach Ressourcen R_1^* und R_2^*:

$$(2) \quad R_1^* (x,w) = x_2 * (w_2 / w_1)^{1/2}$$

$$(3) \quad R_2^* (x,w) = x_2 * (w_1 / w_2)^{1/2}$$

Die Kostenfunktion ergibt sich dann durch Einsetzen der bedingten Ressourcennachfrage R_1^* und R_2^* in die Isokostenlinie

$$(4) \quad K(x) \quad = w_1 R_1^* + w_2 R_2^*$$

$$= w_1 x_2 (w_2 / w_1)^{1/2} + w_2 x_2 (w_1 / w_2)^{1/2} = 2 w_1^{1/2} w_2^{1/2} x^2.$$

Daraus lassen sich nun die Durchschnittskosten ableiten:

$$(5) \quad DK(x) = 2 w_1^{1/2} w_2^{1/2} x.$$

Damit ist die **Durchschnittskostenfunktion**, die die Grundlage der ressourcenorientierten Sichtweise des strategischen Managements bildet, in Abhängigkeit von den (Kosten der) eingesetzten Ressourcen bei gegebener Produktionsmenge x bestimmt.

Es lassen sich drei Gruppen von Ressourcen- bzw. Standortvorteilen bei statischer Betrachtung aus der Markttheorie (vgl. Abb 2-1) und aus der Investitions- und Finanzierungstheorie begründen:

1. natürliche und institutionelle Ressourcenvorteile aus der Markttheorie im engen Sinne,

2. natürliche Ressourcenvorteile durch Internationalisierung aus der Investitions- und Finanzierungstheorie und

3. natürliche und institutionelle Ressourcenvorteile durch Internationalisierung aus der Markttheorie im engen Sinne (vgl. Proff 2002a).

Diese Ressourcen- bzw. Standortvorteile sollen nun kurz abgeleitet werden (Abschnitt 3.2).

Abbildung 3-1: Grundmodell der Standortvorteile

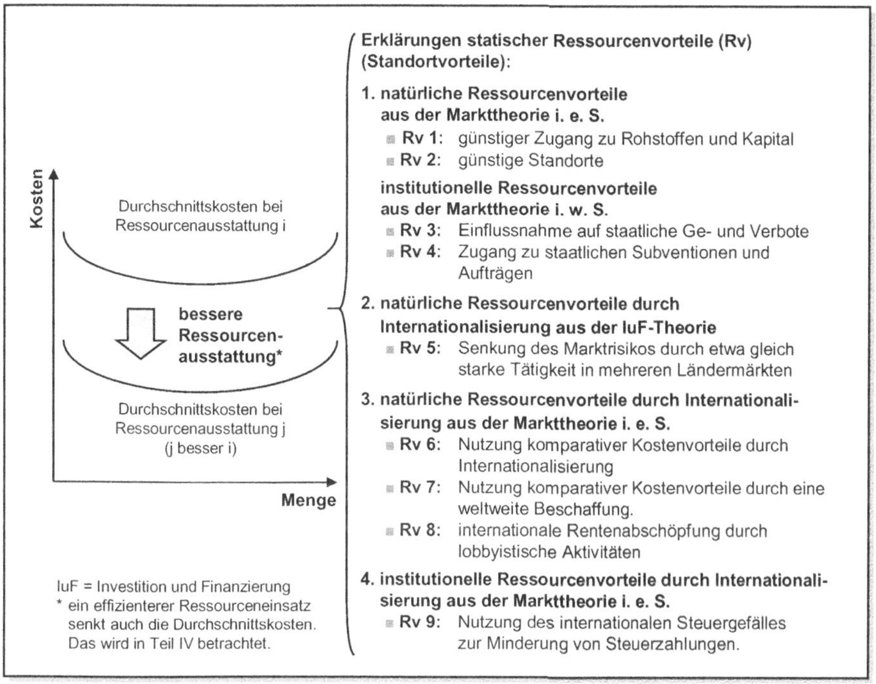
Kosten
Durchschnittskosten bei Ressourcenausstattung i
bessere Ressourcen-ausstattung*
Durchschnittskosten bei Ressourcenausstattung j (j besser i)
Menge
IuF = Investition und Finanzierung
* ein effizienterer Ressourceneinsatz senkt auch die Durchschnittskosten. Das wird in Teil IV betrachtet.
Erklärungen statischer Ressourcenvorteile (Rv) (Standortvorteile):
1. natürliche Ressourcenvorteile aus der Markttheorie i. e. S.
Rv 1: günstiger Zugang zu Rohstoffen und Kapital
Rv 2: günstige Standorte
institutionelle Ressourcenvorteile aus der Markttheorie i. w. S.
Rv 3: Einflussnahme auf staatliche Ge- und Verbote
Rv 4: Zugang zu staatlichen Subventionen und Aufträgen
2. natürliche Ressourcenvorteile durch Internationalisierung aus der IuF-Theorie
Rv 5: Senkung des Marktrisikos durch etwa gleich starke Tätigkeit in mehreren Ländermärkten
3. natürliche Ressourcenvorteile durch Internationalisierung aus der Markttheorie i. e. S.
Rv 6: Nutzung komparativer Kostenvorteile durch Internationalisierung
Rv 7: Nutzung komparativer Kostenvorteile durch eine weltweite Beschaffung.
Rv 8: internationale Rentenabschöpfung durch lobbyistische Aktivitäten
4. institutionelle Ressourcenvorteile durch Internationalisierung aus der Markttheorie i. e. S.
Rv 9: Nutzung des internationalen Steuergefälles zur Minderung von Steuerzahlungen.

3.2 Ableitung natürlicher und institutioneller Ressourcenvorteile

3.2.1 Natürliche und institutionelle Ressourcenvorteile aus der Markttheorie im engen Sinne

Bain (1956) ermittelte bei statischer Betrachtung empirisch absolute Kostenvorteile als Ressourcenvorteile, die die Kostenfunktion von Unternehmen beeinflussen. Dabei lassen sich natürliche und institutionelle Ressourcenvorteile unterscheiden.

Natürliche Vorteile einer Ressourcenausstattung können sich z. B. ergeben, wenn im Vergleich mit Wettbewerbern günstigere Rohstoffquellen erschlossen werden konnten oder wenn der Bedarf an Vorprodukten zu niedrigen Preisen gedeckt werden konnte. Sie können auch auf komparativen Vorteilen beruhen, wenn ein günstigerer Standort gefunden wurde (vgl. auch Peteraf 1993 oder Bailey 1998, S. 102 und die Vertreter der Chicago-Schule, z. B. Alchian, Demsetz 1972, S. 783-784 oder Demsetz 1995, S. 9-14).

Damit werden bei statischer Betrachtung zwei verschiedene (natürliche) Ressourcenvorteile (Rv) bzw. Standortvorteile begründet:

▓ **Rv 1:**   günstigerer Zugang zu Rohstoffen und Kapital und

▓ **Rv 2:**   günstigere Standorte.

Institutionelle Ressourcenvorteile unterliegen formellen, wie informellen Regelungen, u. a. Normen und Konventionen. Sie regeln, z. B. durch Eintrittsbarrieren den Marktzutritt. Handels-, Arbeits- und Wettbewerbsrecht geben Käufern und Lieferanten den Handlungsspielraum vor. Die Handelspolitik beeinflusst weltweit die Stärke der Konkurrenz zwischen den multinationalen Unternehmen (vgl. Karakaya, Stahl 1991; Peteraf 1993 oder Bailey 1998, S. 102). Ver- und Gebote, Genehmigungsverfahren, staatliche Aufträge und Subventionen steuern und regeln den Wettbewerb. Vor allem große Unternehmen versuchen diese politisch-gesellschaftlichen Rahmenbedingungen bestmöglich zu nutzen und durch Lobbyarbeit Vorteile zu gewinnen.

Ressourcenorientiert lassen sich damit zwei weitere (institutionelle) Ressourcenvorteile bei statischer Betrachtung begründen:

▓ **Rv 3:**   Einflussnahme auf staatliche Ge- und Verbote

▓ **Rv 4:**   Zugang zu staatlichen Subventionen und Aufträgen.

3.2.2   Natürliche Ressourcenvorteile durch eine Internationalisierung aus der Investitions- und Finanzierungstheorie

Ressourcenvorteile durch Internationalisierung entstehen dann, wenn das Risiko einer Auslandstätigkeit durch eine Tätigkeit in unterschiedlichen Ländern bzw. Räumen mit unterschiedlichen politischen, wirtschaftlichen oder sozialen Rahmenbedingungen gesenkt werden kann. Dabei müssen die Transaktionsrisiken, d. h. die Risiken bei Transaktionen zwischen Ländern wie Wechselkursschwankungen, Handelshemmnisse oder Kapitalverkehrsbeschränkungen, berücksichtigt werden.

In einem Beispiel zur Portfolio-Theorie von Markowitz zeigte Grubel (1968), dass es für Eigentümer von Wertpapieren möglich ist, das Marktrisiko durch ein Portefeuille mit internationalen Wertpapieren zu senken. Andere Untersuchungen zeigten, dass das Marktrisiko durch Auslandsinvestitionen gemindert und dadurch die Risiko-Rendite-Position der Aktionäre verbessert werden kann, da Konjunktur- und Branchenzyklen regional oft unterschiedlich verlaufen. Übertragen auf das Auslandsgeschäft dürfte sich ein Risikosenkungspotential ergeben (vgl. z. B. Lessard 1995, S. 18)[6].

Das Potenzial der Risikosenkung ist abhängig vom Ausmaß der internationalen Tätigkeit (vgl. Bühner 1993, S. 325-342) und vom Anteil der im Ausland erwirtschafteten Leistungen (vgl. Rugman 1986 oder Bühner 1993, S. 326-342). Das Risikomanagement ist umso effektiver, je gleichmäßiger die Auslandsaktivitäten auf die Ländermärkte verteilt sind (vgl. Proff 1997).

Damit ergibt sich für international tätige Unternehmen ein weiterer Ressourcenvorteil bzw. Standortvorteil bei statischer Betrachtung (Rv):

- **Rv 5:** Senkung des unspezifischen Risikos bzw. des Marktrisikos durch eine etwa gleich starke Tätigkeit in mehreren Ländermärkten.

3.2.3 Natürliche und institutionelle Ressourcenvorteile durch eine Internationalisierung aus der Markttheorie im engen Sinne

Durch eine internationale Tätigkeit können nationale Wettbewerbsvorteile ergänzt und verstärkt werden. Die Außenhandelstheorie begründet dies mit komparativen Kostenvorteilen (vgl. Rose, Sauernheimer 1999), durch die auch in der Betriebswirtschaftslehre die Exporttätigkeit von Unternehmen erklärt werden (vgl. Welge, Holtbrügge 2006, S. 52-53; Perlitz 2004, S. 66-69).

Unterschiedliche Kostendifferenzen beruhen

- auf der unterschiedlichen Faktorausstattung der Länder und damit auf unterschiedlichen Knappheitsrelationen (Heckscher-Ohlin-Hypothese) und

- auf der unterschiedlichen Produktivität der Faktoren bzw. Ressourcen in den Ländern (Riccardo-Hypothese).

Am Beispiel der Lohnstückkostenunterschiede zwischen Deutschland und fast allen anderen Ländern lässt sich zeigen, dass komparative Kosten nach wie vor durch internationale Tätigkeit genutzt werden können.

---

6   Es wird oft darauf hingewiesen, dass ein solcher – über den Ausgleich des unternehmensspezifischen Risikos durch Diversifikation im Heimatmarkt hinausgehender – Rückgang des Markt- und Länderrisikos infolge internationaler Tätigkeit irrelevant ist, weil die Aktionäre ihre Portefeuilles selbst zusammenstellen können. Die Unternehmen übernehmen jedoch häufig für die Aktionäre Servicefunktionen, wenn diese nicht genug Marktkenntnisse besitzen, um die Chancen und Risiken im Ausland richtig einschätzen zu können. Dadurch entstehen höhere Kosten (vgl. auch Agmon, Lessard 1977, S. 1055).

▓ **Rv 6:** Die Nutzung komparativer Kostenvorteile durch Internationalisierung

bildet damit einen weiteren natürlichen Ressourcenvorteil bzw. Standortvorteil durch eine Internationalisierung. Als Einflussfaktor auf die Kostenfunktion führt dieser komparative Kostenvorteil zu einer Senkung der Durchschnittskosten.

Nicht nur durch eine Fertigung, sondern auch durch eine Beschaffung in mehreren Ländermärkten können die Durchschnittskosten gesenkt werden.

▓ **Rv 7:**   Die Nutzung komparativer Kostenvorteile durch eine weltweite Beschaffung („global sourcing")

bildet einen weiteren natürlichen Ressourcenvorteil bei statischer Betrachtung. Er verstärkt die absoluten Kostenvorteile in den Geschäftsbereichen.

Ein weiterer natürlicher Ressourcenvorteil kann sich aus lobbyistischen Aktivitäten ergeben. Solche Aktivitäten sind nicht nur auf den Heimatmarkt beschränkt. Der mögliche Schutz internationaler Märkte vor neuen Wettbewerbern kann durch lobbyistische Aktivitäten z. B. auf der Ebene der regionalen Integration wie der EU oder durch Intervention bei internationalen Organisationen wie der Weltbank erreicht werden (vgl. z. B. Strauch 1993a, b). Daraus kann sich als weiterer (natürlicher) Ressourcenvorteil bzw. Standortvorteil für international tätige Unternehmen bei statischer Betrachtung ergeben:

▓ **Rv 8:**   internationale Rentenabschöpfung durch lobbyistische Aktivitäten.

Dieser Einzelvorteil kann die absoluten Kostenvorteile in den Geschäftsbereichen erhöhen.

Die Nutzung unterschiedlich hoher Steuern im internationalen Vergleich kann zu einer Minderung der Steuerzahlungen für international tätige Unternehmen führen (vgl. Raupach 1998, S. 127). Steuervergleiche müssen z. B. wegen der unterschiedlichen Abschreibungsmöglichkeiten und Bemessungsgrundlagen sehr sorgfältig durchgeführt werden (vgl. Zirfas de Morón 1996, S. 89-91). Dennoch kann angenommen werden, dass in Deutschland tätige deutsche und ausländische Unternehmen bei ihren Entscheidungen, Aktivitäten ins Ausland zu verlagern, das internationale Steuergefälle berücksichtigen. Einen weiteren (institutionellen) Ressourcenvorteil bzw. Standortvorteil durch eine Internationalisierung stellt deshalb bei statischer Betrachtung die

▓ **Rv 9:**   Nutzung des internationalen Steuergefälles zur Minderung von Steuerzahlungen

dar. Als Einflussfaktor auf die Kostenfunktion trägt er dazu bei, die absoluten Kostenvorteile zu senken.

Die aus den ressourcenorientierten Erklärungen abgeleiteten Ressourcenvorteile durch eine Internationalisierung begründen keine eigenständigen statischen umfeldbezogenen Strategien auf der Geschäftsbereichsebene. Sie verstärken aber

▨ sowohl marktorientiert begründete Wettbewerbsvorteile (niedrige Kosten und Differenzierung) und damit die wettbewerbsorientierten Strategien (Kostenführerschaft und Differenzierung, vgl. Teil III, Kapitel 7)

▨ als auch kompetenzbasierte Wettbewerbvorteile, die in einem weitgehend stabilen Umfeld ebenfalls die marktorientierten Strategien stützen und in einem dynamischen Umfeld eine eigenständige kompetenzbasierte Strategie der Produktinnovation begründen (vgl. Teil IV, Kapitel 12).

Umfeldbezogene Ressourcenvorteile beruhen auf einer besseren Nutzung von Chancen im Umfeld. Da sich das Umfeld im Zeitablauf sowohl durch den wirtschaftlichen und technologischen Wandel als auch durch externe Schocks verändert, sind umfeldbezogene dynamische Strategien notwendig, die im nächsten Kapitel abgeleitet werden.

4 Ressourcenorientierte Erklärungen umfeldbezogener dynamischer Strategien

Angesichts der vielfältigen Umfeldveränderungen muss die Annahme stabiler politisch-rechtlicher, ökonomischer, sozio-kultureller und technologischer Rahmenbedingungen im weiten Unternehmensumfeld, die den Erklärungen der statischen Strategien zugrunde liegen, aufgegeben werden. Die Rahmenbedingungen verändern sich im Zeitablauf sowohl durch den langfristigen wirtschaftlichen und technologischen Wandel als auch durch kurzfristige unvorhergesehene Ereignisse („externe Schocks").

Da bei Umfeldveränderungen die Anpassungsfähigkeit über die Position im Wettbewerb und über die Entwicklung der Renditen entscheidet, werden in diesem Kapitel dynamische Strategien zur effizienten Umfeldanpassung entwickelt (Abschnitt 4.2). Sie beruhen auf der Dynamisierung des Grundmodells der Standortvorteile (Abschnitt 4.1). Die Umsetzung dynamischer Strategien gelingt jedoch nicht allen Unternehmen (Abschnitt 4.3).

4.1 Dynamisierung des „Grundmodells der Standortvorteile"

Wie in Kapitel 3 definiert, bezieht sich der **wirtschaftliche Wandel** auf Veränderungen der Wirtschaftsstruktur. Er lässt sich schlechter voraussagen als der **technologische Wandel**, der u. a. durch Innovationen, durch neue technische Standards und Regulierungen ausgelöst wird. Selbst große Unternehmen, die weit stärker als kleine Unternehmen räumliche Preis- und Kostendifferenzen nutzen können, unterliegen Umfeldveränderungen. Es ist daher wichtig, die Relevanz der Veränderungen zu erkennen und rechtzeitig durch neue Strategien darauf zu reagieren.

Zu **unvorhergesehenen externen Schocks**, die das Umfeld von Unternehmen plötzlich verändern, kommt es u. a. durch unerwartete Wirtschaftskrisen, Technologiesprünge und Naturkatastrophen (vgl. Windsperger 1991 und Adner, Zemsky 2006). Ein externer Schock war z. B. der starke Anstieg der Stahlpreise um 70 % 2004 und 2005. Externe Schocks und Entwicklungen sind viel schlechter prognostizierbar, als erklärbar. Hier ist es wichtig, möglichst schnell und entschlossen zu handeln, um die Anpassungskosten zu minimieren.

Anpassungen an absehbare wie unerwartete Veränderungen im Unternehmensumfeld verursachen Kosten (vgl. Abb. 4-1).

Auch wenn Umfeldveränderungen alle Unternehmen treffen, **werden nicht alle Unternehmen in gleicher Weise reagieren**, da die externen Veränderungen unterschiedlich verarbeitet werden. Bogner, Thomas und McGee (1996) vermuten deshalb, dass die Anpassungskosten unterschiedlich sind. **Die Entwicklung** der Unternehmen und **der Renditen im Zeitablauf** hängt daher **von der Anpassungsfähigkeit an Umfeldveränderungen** im Vergleich zu den Wettbewerbern **ab**. Ressourcenorientierte Erklärungen dynamischer Strategien verstehen deshalb Wettbewerb als Bemühen um eine effizientere Anpassung an Umfeldveränderungen als Wettbewerber (vgl. ebenfalls Abb. 4-1).

Abbildung 4-1: *Dynamisierung des „Grundmodells der Standortvorteile" zur Ableitung umfeldbezogener dynamischer Strategien*

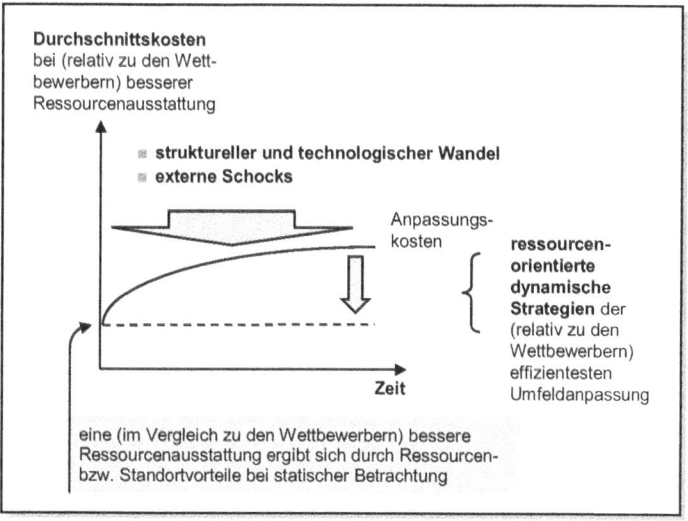

4.2 Umfeldbezogene dynamische Strategien

Beim langsamem wirtschaftlichen Wandel muss eine Reaktion zunächst darin bestehen, Nutzen und Kosten einer Anpassung abzuwägen, d. h. die Risiken abzuschätzen. Dabei geht es vor allem um strategische Risiken in der Designphase von Strategien

(Gerke 2003). Dies sind z. B. veraltete Geschäftsmodelle, fehl laufende Strategien in gesättigten oder sich entwickelnden Märkten, aber auch technologische Risiken, wettbewerberbezogene Risiken wie Überkapazitäten und kundenbezogene Risiken wie technologischer Wandel (vgl. Barabba 1995). Es geht damit nicht um Kredit-, Markt- oder Prozessrisiken, die nicht im strategischen Management, sondern in den betrieblichen Funktionsbereichen des Marketings, der Finanzierung oder der Produktion gemanaged werden müssen.

Jacobs (1990, S. 18) unterscheidet abhängig vom Ausmaß der Umfeldveränderungen vier Stufen flexibler Anpassung. Die maximale Flexibilität ist dann erreicht, wenn der zusätzliche Nutzen der Anpassung gerade so hoch ist, wie die Kosten (vgl. ebd., S. 55). Das Abwägen von Kosten und Nutzen einer Anpassung an Umfeldveränderungen wird durch **guten Umgang mit Risiken bei wirtschaftlichem und technologischem Wandel** erleichtert. Ein hohes Wissen im Umgang mit dem wirtschaftlichen Wandel senkt die Anpassungskosten. Es ist Ergebnis eines langen Lernprozesses und hängt an den Erfahrungen der Organisationsmitglieder (vgl. Parvitt 1985; Cohen, Levinthal 1990, S. 136-137; Heppner 1997, S. 239; Boeglin 1992, S. 88 und Abb. 4-2).

Unerwartete Ereignisse erfordern schnelle Reaktionen. Die richtige Reaktion auf externe Schocks ist jedoch sehr viel schwieriger als in Phasen normaler Veränderungen. Da nicht jede technologische Innovation die Nachfrage beeinflusst und neue Chancen für ökonomische Renten bietet, muss die Schwelle bestimmt werden, ab der technologische Veränderungen ökonomisch vorteilhaft sind (vgl. Adner, Levinthal 2002, S. 51). Sie wird beeinflusst durch die Möglichkeiten der Wertschaffung durch neue Technologien und die wahrscheinlichen Nachfrageveränderungen (vgl. Adner, Zemsky 2006).

Anpassungskosten zeigen die ökonomische Effizienz von Anpassungsstrategien. Sie sind um so geringer, je schneller die Anpassungen erfolgen (vgl. Windsperger 1991, S. 426). Die Anpassungsfähigkeit ist Ausdruck der Reaktionsfähigkeit auf Umfeldveränderungen im Vergleich mit Wettbewerbern (vgl. ebenfalls Abb. 4-2 und Shay, Rothaermel 1999, S. 560).

Die Fähigkeit, die Risiken bei wirtschaftlichem und technologischem Wandel senken und schnell auf externe Schocks reagieren zu können, stellen Wettbewerbsvorteile dar und begründen zwei Ansatzpunkte für **umfeldbezogene dynamische Strategien**:

1. besserer Umgang (als die Wettbewerber) mit wirtschaftlichem und technologischem Wandel und

2. schnellere Reaktionen auf externe Schocks (als die Wettbewerber).

Die ressourcenorientiert begründeten Anforderungen eines besseren Umgangs mit Risiken und kürzere Reaktionszeiten auf externe Schocks können **in zwei umfeldbezogenen dynamischen Strategien** umgesetzt werden:

- **DS 1:** systematisches Risikomanagement und

- **DS 2:** systematisches Krisenmanagement.

Abbildung 4-2: *Ressourcenorientierte Erklärungen umfeldbezogener dynamische Strategien durch sinkende Anpassungskosten an Umfeldveränderungen*

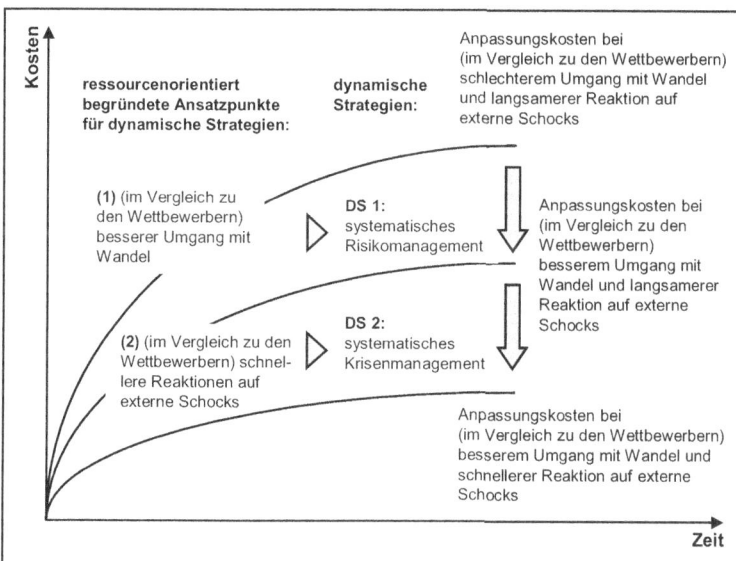

Durch **systematisches Risikomanagement** kann ein Unternehmen, das gut mit wirtschaftlichem und technologischem Wandel umgeht, die Anpassungskosten senken, durch **systematisches Krisenmanagement** die Kosten einer starken Anpassung an externe Schocks. Das systematische Risikomanagement lässt sich mit der Entscheidungstheorie begründen (Kapitel 5), das systematische Krisenmanagement mit der Theorie der Anpassung (Kapitel 6).

4.3 Probleme bei der Umsetzung umfeldbezogener dynamischer Strategien

Viele Unternehmen nehmen Umfeldveränderungen zu wenig wahr oder nicht ernst genug. Statt durch umfeldbezogene dynamische Strategien Risiken abzusichern, unterschätzen sie singuläre Ereignisse und die Gefahren unvorhergesehener Veränderungen.

Viele Unternehmen wirken unbeweglich und können auf Veränderungen nicht schnell reagieren.

In den Kapiteln 5 und 6 muss deshalb gezeigt werden,

- wie Unternehmen durch ein systematisches Risikomanagement einen (im Vergleich zu den Wettbewerbern) besseren Umgang mit wirtschaftlichem und technologischem Wandel und damit eine effiziente Umfeldanpassung schaffen.

- wie Unternehmen durch ein systematisches Krisenmanagement eine (im Vergleich zu den Wettbewerbern) schnellere Reaktion auf externe Schocks und damit eine effiziente Umfeldanpassung schaffen.

Beide dynamischen Strategien ermöglichen einen dauerhaften Vorsprung vor den Wettbewerbern. Unternehmen, die solche Strategien verfolgen, werden ihre Renditen langfristig steigern können. Unbewegliche Unternehmen müssen dagegen mit rückläufigen Renditen aufgrund der gestiegenen Anpassungskosten rechnen und laufen Gefahr, sich aus dem Markt zu wirtschaften.

5 Systematisches Risikomanagement

Im Kapitel 4 wurde begründet, dass wirtschaftlicher und technologischer Wandel das Länderumfeld von Unternehmen verändert und eine effiziente Anpassung erfordert. Je besser der Umgang mit den (strategischen) Risiken bei einem solchen Wandel, umso geringer sind die Anpassungskosten. Mit einer entsprechenden dynamischen Strategie können die angestrebten (statischen) Wettbewerbsvorteile und -strategien erreicht und die Renditen gehalten oder gar gesteigert werden.

Die Einschätzung der voraussichtlichen Auswirkungen von Veränderungen im Länderumfeld beruht in vielen Unternehmen nur auf Erfahrung und Intuition bei unvollkommener Information. Sie stützt sich selten auf detaillierte Daten und Auswertungsmethoden oder auf eine koordinierte interne Analyse der Umfeldveränderungen, selbst wenn die Unternehmensziele gefährdet sind (vgl. Gerke 2003). Zwar können selbst bei komplexen Entscheidungen Erfahrung und Intuition nicht durch analytische Methoden ersetzt werden. Es lässt sich jedoch mit Hilfe der Entscheidungstheorie begründen, dass durch systematisches Risikomanagement im Unternehmen individuelle Erfahrungen im Umgang mit Risiken bei Wandel genutzt werden können (vgl. Eisenführ, Weber 2003, S. 151).

Nachdem kurz gezeigt worden ist, dass ein systematischer Umgang mit Risiken im strategischen und im internationalen Management bislang vernachlässigt wird (Abschnitt 5.1), soll entscheidungstheoretisch begründet werden (Abschnitt 5.2), wie die Rationalität von Entscheidungen verbessert werden kann. Da Unternehmen viele Entscheidungen mit jeweils vielen Risiken fast gleichzeitig treffen müssen, ist ein systematisches Risikomanagement notwendig (Abschnitt 5.3).

5.1 Vernachlässigung eines systematischen Umgangs mit Risiken

Im internationalen strategischen Management haben Fehler beim Management wichtiger Risiken der technologischen Entwicklung des Wettbewerbs und Nachfrage weitaus größere Auswirkungen als Fehler im Umgang mit Risiken der Umsetzung (vgl. Barabba 1995 und Gerke 2003). Werden diese Risiken in der Entwicklungsphase von Strategien nicht systematisch aufgegriffen, wird der zukünftige unternehmerische Erfolg gefährdet.

Trotz der Gefahren werden die genannten Risiken des wirtschaftlichen und technologischen Wandels im internationalen strategischen Management weitgehend vernachlässigt, nicht nur in den Unternehmen selbst, sondern auch in (Lehr-)Büchern zum strategischen und zum internationalen Management und in Forschungsarbeiten zur Risikobewältigung (vgl. Macharzina, Wolf 2005, S. 651).

Im Unterschied zur marktorientierten Sichtweise im strategischen Management, die Risiken ausschließt, werden Risiken in der ressourcenorientierten Sichtweise zwar unterstellt, jedoch nicht weiter thematisiert. Die marktorientierte Sichtweise unterstellt 1. vollständige Rationalität der Manager und 2. ein stabiles oder zumindest vorhersehbares Umfeld, in dem sich ein Unternehmen positioniert. Die Annahme von **Planungsrationalität in der marktorientierten Sichtweise** beruht auf den **Prämissen der Industrial Organization Forschung**, und damit auf der klassisch-neoklassischen Mikroökonomie. Sie unterstellt keine vollkommene Konkurrenz, sondern eine oligopolistische Marktstruktur mit rational handelnden und vollkommen informierten Wirtschaftssubjekten, die die für sie optimale Aktion im Markt wählen können. Strategien werden dann als effizient angesehen, wenn die strategischen Ziele erreicht werden (vgl. zu Knyphausen-Aufsess 1995, S. 269). Obwohl unternehmensinterne Prozesse nicht untersucht werden, werden Kontrolle und Effizienzorientierung unterstellt. Die marktorientierte Sichtweise, die gemäß der traditionellen mikroökonomischen Argumentation auf Optimierung, d. h. auf Anpassung oder Annäherung an ein Marktoptimum zielt, beruht auf einem **Optimierungs- bzw. Effizienzkalkül**. Dieses Kalkül hat allerdings nur zeitbezogen Bedeutung und erlaubt allenfalls bei Berücksichtigung verschiedener Zeitpunkte eine komparativ-statische Betrachtung.

In der ressourcenorientierten Sichtweise spielt Risiko durchaus eine Rolle, wird aber in der Forschung vernachlässigt. Die Systemrationalität dieser Sichtweise unterstellt 1. begrenzte Rationalität der Manager aufgrund unvollkommener Information und 2. Umfeldveränderungen, an die sich Unternehmen anpassen müssen **(Flexibilisierungskalkül)**. Deshalb beruhen nicht nur umfeldbezogene Erklärungen statischer Strategien, sondern auch umfeldbezogene Erklärungen dynamischer Strategien auf der ressourcenorientierten Sichtweise (vgl. Kapitel 3). Dabei wird unterstellt, dass sich die Unternehmen an ein sich veränderndes Umfeld anpassen müssen. In dem aus der ressourcenorientierten Sichtweise entwickelten Kompetenzansatz (vgl. z. B. Sanchez, Heene 1997, S. 18 und 27) werden Erklärungen für Handlungen und Reaktionen gesucht, die in der marktorientierten Sichtweise als „black box" behandelt wurden. Die Bedeutung eines Risikomanagements wird jedoch nicht weiter thematisiert[7].

In (Lehr)Büchern zum strategischen Management wird eine Risikosenkung durch Tätigkeiten in mehreren Geschäftsbereichen als ein Wettbewerbsvorteil auf der Gesamtunternehmensebene angesehen (z. B. Welge, Al-Laham 2004, S. 437 und Proff 2002a, S.154-158). Auch in der Bewertung von Strategiealternativen werden Risiken

---

[7] Eine Ausnahme bildet der Versuch, die Optionspreistheorie mit der ressourcenorientierten Sichtweise zu verbinden (vgl. Leiblein, Miller 2003).

berücksichtigt (vgl. z. B. Thompson 2001, S. 534; Johnson u. a. 2005, S. 369-371 oder Fitzroy, Hulbert 2005, S. 252-256). Wahrscheinlichkeit und mögliche Auswirkungen gescheiterter Strategien werden dann über Finanzkennzahlen, Sensitivitätsanalysen und Reaktionen der Stakeholder erfasst. Die Strategiebewertung bildet die Grundlage für die Auswahl der Strategie, die schließlich umgesetzt wird.

(Lehr)Bücher zum internationalen Management sprechen die besonderen Risiken einer internationalen Tätigkeit an, u. a. Währungs- und Inflationsrisiken, Transport- und Lagerrisiken, Enteignungs- und Sicherheitsrisiken, aber auch rechtliche und fiskalische Risiken (vgl. z. B. Kutschker, Schmid 2005, S. 929). Unternehmen können diese Risiken berücksichtigen (vgl. z. B. Hill 2002, S. 614-618), u. a. mit Hilfe der von Bartlett, Ghoshal (1989) entwickelten „transnationalen Strategie", die das Risikomanagement und die Anpassung an Umfeldveränderungen als Aufgaben multinationaler Unternehmen sieht. Bartlett und Ghoshal begründet die Notwendigkeit des Risikomanagements vor allem mit der Heterogenität der Umfeldbedingungen multinationaler Unternehmen (vgl. auch Welge, Holtbrügge 2006, S. 131). Im Unterschied zu ausschließlich national operierenden Unternehmen können multinationale Unternehmen eine geographische Risikodiversifizierung vornehmen, d. h. einen länderübergreifenden Ausgleich der Chancen und Risiken. Dies entspricht dem in Kapitel 3 begründeten statischen Ressourcenvorteil durch Senkung des Marktrisikos bei Tätigkeiten in mehreren Ländermärkten (vgl. Kutschker, Schmid 2005, S. 922). Als Instrumente hierfür werden z. B. eine risikoorientierte Konfiguration von Wertschöpfungsaktivitäten, die Nutzung von Eigentumsformen ohne oder nur mit geringer Kapitalbeteiligung und flexible Produktionsprozesse genannt (vgl. Bartlett, Ghoshal 1989 oder Welge, Holtbrügge 2006, S. 131).

Besser als eine unsystematische, ist eine umfassende, systematische Betrachtung unternehmerischer Risiken. Da Arbeiten zum Risikomanagement meist aus dem Finanzmanagement stammen (vgl. z. B. Bieta u. a. 2002), sind sie nicht an einer dynamischen Unternehmensstrategie orientiert (vgl. Apgar 2006). Um aufzuzeigen, wie Risiken in Entscheidungen berücksichtigt werden können, soll in Abschnitt 5.2 ein umfassender Umgang mit Risiken durch das Topmanagement entscheidungstheoretisch begründet werden.

5.2 Entscheidungstheoretische Grundlagen für ein rationales Entscheiden unter Risiko

Aus Untersuchungen zur Entscheidungstheorie ist bekannt, dass Menschen in komplexen Situationen überfordert sind, wenn sie alleine auf den gesunden Menschenverstand angewiesen sind (vgl. Eisenführ, Weber 2003, S. 1) und sich viele Topmanager in komplexen Entscheidungen vor allem auf ihre Intuition verlassen (vgl. Noy, Ellis

2001). Obwohl aufgrund der Alterung des Wissens und der unvollkommenen Kenntnis der Handlungsalternativen Entscheidungen nur begrenzt rational sind (vgl. dazu Wegner 1996, S. 156-162), handeln Entscheidungsträger **subjektiv rational** (vgl. Pütz 1983, S. 15; Schneider 1997) und erreichen damit eine relativ hohe Gesamtrationalität der Entscheidung. Dadurch werden im Durchschnitt höhere Renditen erreicht als bei einem rein intuitiven Vorgehen (vgl. Eisenführ, Weber 2003, S. 5).

Bei wirtschaftlichem und technologischem Wandel sind **Entscheidungen unter Risiko** zu treffen, wobei sich die Wahrscheinlichkeiten der möglichen Entscheidungszustände ermitteln lassen (vgl. Laux 2005, S. 23)[8]. Die Entscheidungstheorie sucht für subjektiv rationales Entscheiden **unter Risiko** die Handlungsoption, die den höchsten Erwartungsnutzen verspricht und somit die Handlungsoption mit dem maximalen Erwartungswert (vgl. Eisenführ, Weber 2003, S. 212; Laux 2005). Entscheidungen unter Risiko sollten in fünf Schritten erfolgen (vgl. auch Abb. 5-1):

1. Bestimmung alternativer Umfeldszenarien.

2. Berechnung von Wahrscheinlichkeiten für das Eintreten dieser Szenarien auf der Grundlage interner Befragungen erfahrener Mitarbeiter (vgl. Eisenführ, Weber 2003, S. 151 und S. 257).

3. Erstellung eines Profils der Chancen und Risiken der alternativen Umfeldszenarien auf der Grundlage der Wahrscheinlichkeiten, z. B. mit Simulationstechniken (vgl. Laux 2005). Aus dem Risikoprofil kann als arithmetisches Mittel bezogen auf Gewinn oder Marktanteil ein Erwartungswert für jede der alternativen Entwicklungen berechnet werden.

4. Bestimmung individueller Nutzenfunktionen durch eine Befragung (vgl. Eisenführ, Weber 2003, S. 222-239). Damit ist eine Entscheidung möglich.

5. Aggregation der individuellen Nutzenfunktionen zu einer Gruppennutzenfunktion, weil komplexe Entscheidungen in der Regel nicht von einer Person getroffen werden, sondern von einer Gruppe von Personen. Um bei unterschiedlichen Interessen der Gruppenmitglieder zu rationalen Entscheidungen zu kommen, bedarf es einer gemeinsamen Strukturierung des Entscheidungsproblems (vgl. Eisenführ, Weber 2003, S. 311).

Der Erwartungsnutzen der Handlungsoptionen lässt sich somit schrittweise bei unterschiedlich wahrscheinlichen und risikobehafteten Entwicklungen für unterschiedliche Nutzenfunktionen bestimmen. Daraus kann eine Handlungsoption abgeleitet werden. Abbildung 5-1 fasst das Vorgehen bei einer subjektiv rationalen Entscheidung unter Risiko zusammen.

---

[8]   Damit ist die Entscheidung unter Risiko von einer Entscheidung unter Unsicherheit im engen Sinne abzugrenzen, bei der nur bekannt ist, dass Entscheidungszustände auftreten können. Sie soll aber nicht weiter betrachtet werden, weil Risiken in der Unternehmenspraxis eine höhere Bedeutung haben.

Abbildung 5-1:   *Schritte einer subjektiv rationalen Entscheidung unter Risiko*

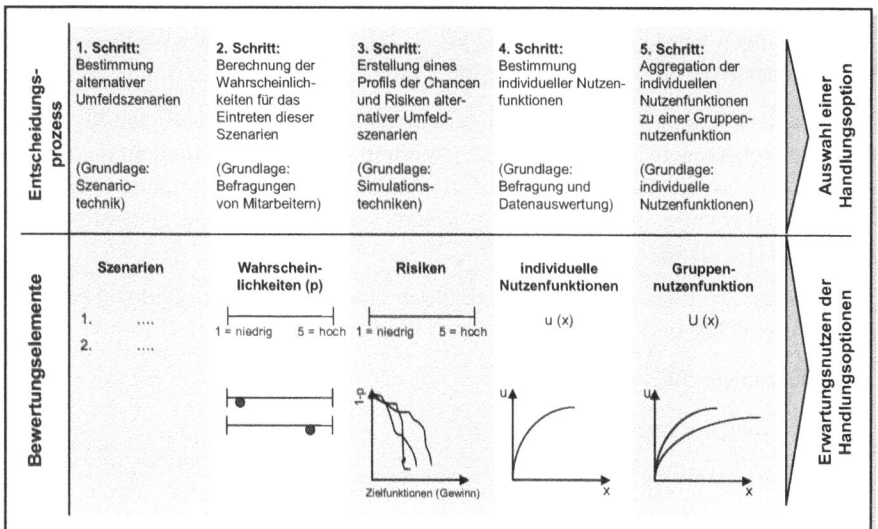

Der Entscheidungsprozess besteht nicht nur aus den Schritten einer subjektiv rationalen Entscheidung und bedarf einer Ergänzung durch Erfahrungen (Wahrscheinlichkeitsangaben) einzelner Mitarbeiter und Gruppen im Unternehmen. Hierdurch wird ein besserer Umgang mit Risiken des wirtschaftlichen und technologischen Wandels möglich.

Da im Risikomanagement eine Vielzahl von Risiken gleichzeitig berücksichtigt werden muss, ist ein systematisches Vorgehen nötig. Die ressourcenorientierte dynamische Strategie des systematischen Risikomanagements auf der Grundlage einer formalen Entscheidungsfindung und der Erfahrungen mit Risiken ermöglicht einen besseren Umgang mit Risiken des wirtschaftlichen und technologischen Wandels im Vergleich zu den Wettbewerbern.

5.3   Systematisches Risikomanagement zum besseren Umgang mit Risiken

Viele Unternehmen reagieren auf einzelne Umfeldveränderungen, wie die gegenwärtig starke Dynamik der Märkte in Asien, nahezu euphorisch, auf Veränderungen wie den demographischen Wandel kaum oder gar nicht. Grundsätzlich ist es wichtig,

Risiken offen zu begegnen, sie nicht zu verdrängen (vgl. Barabba 1995). Durch ein systematisches Risikomanagement als ressourcenorientierte dynamische Strategie sollen nicht nur einzelne Risiken, sondern alle Risken im Unternehmen aufgedeckt und angegangen werden (vgl. Thiemt 2003, S. 22). Dadurch können Wettbewerbsvorteile entstehen (vgl. Chatterjee 2005, S. 3).

Ziel eines Risikomanagements kann nicht sein, ein Unternehmen vor allen Risiken zu bewahren (vgl. Kaplan, Norton 2004, S.76), sondern Risiken transparent zu machen, zu bewerten und notwendige Entscheidungen vorzubereiten. Das ist gerade in deutschen Unternehmen wichtig, in denen bislang ein umfassendes Risikomanagement vernachlässigt wird (vgl. Thiemt 2003, S. 2).

Ein umfassendes Risikomanagement umfasst vier Schritte (vgl. Gerke 2003; Meier 2005; Apgar 2006 und Abb. 5-2):

1. Aufdecken von Risiken,

2. Bestimmung der tolerierbaren Risiken,

3. effiziente Gestaltung des Risikomanagements und

4. Berücksichtigung von Risiken in der Managementkultur.

Die vorher genannten fünf Schritte einer subjektiv rationalen Entscheidung unter Risiko (Abb. 5-2 in Abschnitt 5.2) bilden die Grundlage für ein systematisches Risikomanagement. Sie lassen die Risiken und den Erwartungsnutzen jeder einzelnen Handlungsoption erkennen.

Abbildung 5-2:   Prozess eines systematischen Risikomanagements

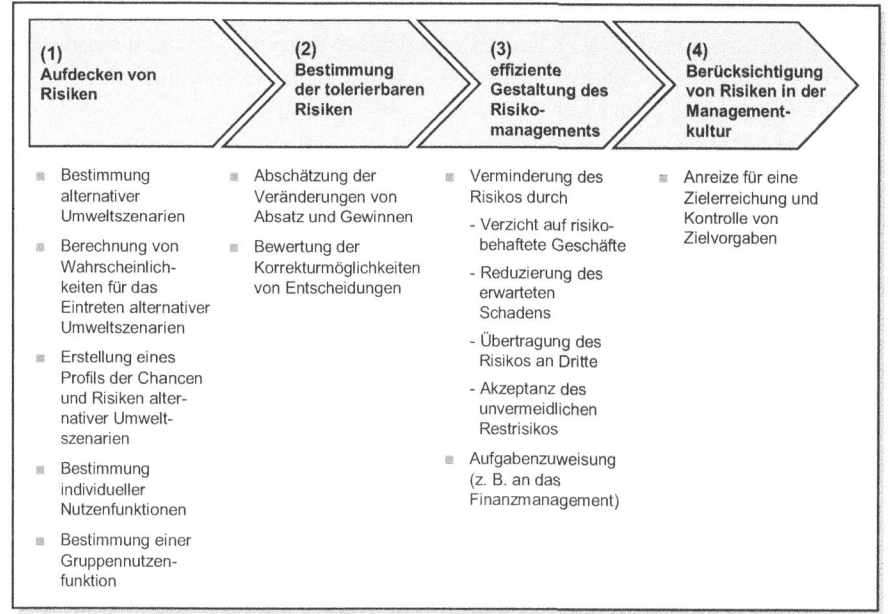

(1)   Aufdecken von Risiken

Das Aufdecken der einzelnen Risiken kann entscheidungstheoretisch begründet in fünf Schritten erfolgen (vgl. auch Abb. 5-1): Bestimmung alternativer Umfeldszenarien, Berechnung der Wahrscheinlichkeiten für das Eintreten dieser Szenarien, Erstellung eines Profils der Chancen und Risiken der alternativen Umfeldszenarien, Bestimmung individueller Nutzenfunktionen und einer Gruppennutzenfunktion.

■ **Bestimmung alternativer Umfeldszenarien.** Damit ein Unternehmen Entscheidungen eigenständig treffen kann, muss es alle relevanten Umfeldtrends erkennen und bewerten können. Nur so kann es professionell mit Forderungen und Erwartungen von Interessensgruppen, z. B. bei abweichenden Vorstellungen über relevante Umfeldentwicklungen umgehen. Bei der Identifikation helfen Szenarien, mit denen Unternehmen Zukunftstrends präzisieren und abbilden können, z. B. technologische Risiken, Risiken im Wettbewerb wie z. B. Überkapazitäten und nachfragebedingte Risiken.

■ **Berechnung von Wahrscheinlichkeiten für das Eintreten alternativer Umfeldszenarien.** Im zweiten Schritt des Aufdeckens von Risiken wird die Wahrscheinlichkeit des Eintretens alternativer Umfeldszenarien berechnet. Dazu bedarf es z. B.

Annahmen zu den Schwankungen von Absatzmengen und Gewinnen und zu den Korrekturmöglichkeiten der Entscheidungen unter Berücksichtigung von Erfahrungen und internen Befragungen.

■ **Erstellung eines Profils der Chancen und Risiken alternativer Umfeldszenarien.** Um ein Profil der Chancen und Risiken alternativer Entwicklungen erstellen zu können, werden in einer Matrix mit den Achsen

-   Wahrscheinlichkeit des Eintretens alternativer Umfeldszenarien und
-   Schadenshöhe (gemessen als Anteil des Schadens am Umsatz)

(vgl. z. B. Egli u. a. 2002) die Risiken bewertet. In Anlehnung an Price Waterhouse Coopers (2004) können sie entweder als unwahrscheinliche und unbedeutende Risiken („speed bumps"), als häufige, aber unbedeutende Risiken („potholes"), als unwahrscheinliche Risiken mit katastrophalen Folgen („wild cats") oder als häufige Risiken mit katastrophalen Folgen („land mines") klassifiziert werden. Ein Brand in einer kleinen Anlage aufgrund von Brandstiftung stellt ein unwahrscheinliches und unbedeutendes Risiko dar. Ein Brand eines Lagers oder der Fertigung ist dagegen katastrophal. Ein Beispiel für ein „pothole" ist der relativ häufige Brand einer Maschine, der gemessen an der Schadenshöhe nicht sehr bedeutsam ist, ein Beispiel für „wild cats" ist ein Erdrutsch oder ein Flugzeugabsturz. Letztere stellen keine Risiken des wirtschaftlichen oder technologischen Wandels dar, sondern unvorhersehbare Schadensfälle. Sie werden im nächsten Kapitel im Rahmen des systematischen Krisenmanagements angesprochen. Den ersten drei Risikotypen muss ein umfassendes Risikomanagement hohe Priorität einräumen.

■ **Bestimmung individueller Nutzenfunktionen und einer Gruppennutzenfunktion.** Da in großen Unternehmen komplexe Entscheidungen in der Regel nicht von einer Person getroffen werden, sondern durch den Vorstand oder die Geschäftsführung, müssen die individuellen Nutzenfunktionen zu einer Gruppennutzenfunktion zusammengeführt werden.

(2) Bestimmung der tolerierbaren Risiken

Wenn die Risiken bekannt sind, muss festgelegt werden, welche Risiken akzeptiert werden können. Dies geschieht in der Regel in einem zweistufigen Verfahren: Bestimmung der voraussichtlichen Auswirkungen auf den Absatz und die Gewinne und der Korrekturmöglichkeiten der Entscheidungen.

■ **Abschätzung der Absatz- und Profitabilitätsschwankungen.** Die Untersuchung der voraussichtlichen Auswirkungen von Absatzschwankungen auf Gewinne und Verluste erfolgt häufig mit Hilfe einer Wirkungsanalyse von Veränderungen (hier von Absatzschwankungen). Diese sogn. Sensitivitätsanalyse der Gewinne beruht auf der break-even-Analyse. Grundsätzlich gilt, dass Unternehmen umso risikobereiter handeln können, je geringer die erwarteten Absatz- und Gewinnverluste sind. Ein niedriger „break-even-point" begünstigt eine relativ geringe Risikoaversion.

▨ **Bewertung der Korrekturmöglichkeiten von Entscheidungen.** Weiterhin muss überprüft werden, ob die Entscheidungen korrigiert werden können (vgl. Holt 2003). Je weniger reversibel sie sind, desto sicherer müssen sie zum Entscheidungszeitpunkt sein.

(3) Effiziente Gestaltung des Risikomanagements

Im dritten Schritt eines systematischen Risikomanagements, der effizienten Gestaltung, geht es zunächst darum, das Risiko zu vermindern und dann die Aufgaben an die einzelnen Unternehmensbereiche zu verteilen.

▨ **Verminderung des Risikos.** Dafür gibt es mehrere Möglichkeiten. Eine Möglichkeit ist der Verzicht auf risikobehaftete Geschäfte. Viele kleine Unternehmen tun dies, obwohl sie sich möglicherweise sehr schaden. Eine andere Möglichkeit ist die Senkung des Schadenerwartungswertes z. B. durch Anhebung der Qualitätsstandards in der Fertigung, wodurch sich die Ausfallrisiken und Garantieleistungen verringern. Eine dritte Möglichkeit zur Risikominderung besteht darin, Risiken auf Dritte, z. B. Versicherungen und Zulieferer zu verlagern. Bei einem Rahmenvertrag mit einem Lieferanten über eine bestimmte Absatzmenge, trägt der Lieferant einen Teil des Absatzrisikos. Zudem muss ein Restrisiko als unvermeidbar akzeptiert werden, wenn es auch durch Sicherungsmaßnahmen nicht beseitigt werden kann (vgl. dazu Macharzina, Wolf 2005, S. 663).

▨ **Zuweisung von Aufgaben an andere Abteilungen.** Es bleibt die Frage nach den Aufgaben des Topmanagements im Rahmen eines umfassenden Risikomanagements. Dazu ist es notwendig, zwischen der Festlegung der Risiken und der Entscheidung über die Durchführung risikobehafteter Tätigkeiten zu trennen. Nur wenn die Verantwortung klar geregelt ist, ist eine Kontrolle möglich (vgl. Diederichs u. a. 2004, S. 194).

(4) Berücksichtigung von Risiken in der Managementkultur

Ein systematisches Risikomanagement erfordert die Berücksichtigung von Gruppendiskussionen im Entscheidungsprozess. Bei explizit formulierten Zielen müssen die Mitarbeiter Zweifel an der Bewertung der Risiken äußern können. Führungspersonen sollten vor Entscheidungen Erfahrungen und Meinungen einholen, alternative Lösungen und kontroverse Diskussionen zulassen. In der Managementkultur bedarf es Anreizen für eine Zielerreichung und Kontrolle der Zielvorgaben und der Entwicklung einer Risikokultur (vgl. Bremke, Meyer 2006).

Die teilweise langwierigen Gruppenentscheidungsprozesse lassen sich durch effiziente Kommunikations- und Bewertungstechniken wie z. B. die sog. Consensor Technik verbessern (vgl. Eisenführ, Weber 2003). Dabei werden kontroverse Argumente anonym durch alle Beteiligten bewertet. Eine anonyme Bewertung bietet die Chance einer realistischen Einschätzung der Risiken.

Das Risikomanagement bündelt die Erfahrungen im Unternehmen mit der Verarbeitung von Unsicherheit über den wirtschaftlichen und technologischen Wandel und wird deshalb als eine zentrale Fähigkeit exzellenter Unternehmen angesehen (Meier 2005). Wird der Umgang mit Risiken in das Unternehmen getragen, wird verhindert, dass durch einen Führungswechsel im Topmanagement Erfahrungen im Umgang mit Risiken verloren gehen. Deshalb sollte das Risikomanagement nicht der „Volkswirtschaftlichen Abteilung" oder Einzelpersonen übertragen werden. Auch die häufig beobachtete Praxis, Mitarbeiter auf solche Aufgaben abzuschieben, kommt vielen Unternehmen dann teuer zu stehen, wenn wichtige Umfeldveränderungen zu spät erkannt werden und dies nur mit großen Kosten korrigiert werden kann.

6 Systematisches Krisenmanagement

In der Einleitung von Teil II wurde begründet, dass unvorhersehbare Ereignisse, sog. externe Schocks, das Umfeld von Unternehmen sehr stark verändern können und die Unternehmen veranlassen, nach der bestmöglichen Anpassungsstrategie zu suchen (vgl. Windsperger 1991). Motivation einer solchen dynamischen Strategie ist es, schneller als Wettbewerber auf Umfeldveränderungen reagieren zu können, nicht nur um sich einen Vorsprung vor den Wettbewerbern zu sichern, sondern auch, um die Anpassungskosten deutlich zu verringern.

Während für vorhersehbare strukturelle Veränderungen in der Länderumwelt ein systematisches Risikomanagement notwendig ist, ist bei unvorhersehbaren externen Ereignissen mit möglicherweise großen Auswirkungen auf das Unternehmen ein Krisenmanagement erforderlich. Voraussetzung dafür ist **präventive, aktive Krisenvorsorge** durch Investitionen in Flexibilität, d. h. in die Fähigkeit, flexibel zu agieren. Sie hilft dabei, auf externe Schocks optimal vorbereitet zu sein und Krisen abzufedern. Der Flexibilität sind in vielen Unternehmen allerdings Grenzen gesetzt. Wo sie möglich ist, hat sie ihren Preis.

Deshalb müssen Unternehmen neben einer aktiven Krisenvorsorge auch nach Wegen suchen, wie sie im Falle eines externen Schocks reagieren können. Ein solches **reaktives Krisenmanagement** sollte einem Krisenreaktionsplan folgen. Da externe Schocks wie 1997 der Zusammenbruch der Finanzmärkte in Asien oder die Insolvenz großer Zulieferer unerwartet eintreten, können Unternehmen mit solchen Ereignissen kaum Erfahrung haben. Es sind singuläre Ereignisse, bei denen weder der Zeitpunkt, noch die Dauer und Stärke bzw. Bedeutung für das Unternehmen vorausgesehen werden können. Deshalb steht die Verringerung der Reaktionszeit durch Flexibilität im Mittelpunkt eines reaktiven Krisenmanagements. In vielen Unternehmen erfolgen Reaktionen auf solche Ereignisse oft ungeplant und ad hoc. Wie beim Umgang mit dem wirtschaftlichem und technologischem Wandel (Kapitel 5), werden auch die Reaktionen auf externe Schocks kaum durch die im strategischen Management üblichen detaillierten Prozesse und ausgefeilten Verfahren gestützt. Das erschwert die Anpassung, da auch bei externen Schocks vom Management die Fähigkeit zum raschen und überlegten Handeln gefordert wird (vgl. Müller 1984, S. 229).

Es gibt Möglichkeiten, die Reaktionszeiten zu senken. Die dynamische Strategie des **systematischen Krisenmanagements** stellt eine solche Möglichkeit dar (Abschnitt 6.3), begründet durch die Theorie der ökonomischen Anpassung (Abschnitt 6.2). Zuvor wird die Vernachlässigung externer Schocks im internationalen strategischen Management erläutert (Abschnitt 6.1).

6.1 Vernachlässigung von schnellen Reaktionen auf unvorhersehbare Veränderungen

Unvorhersehbare Umfeldveränderungen wurden lange Zeit im internationalen strategischen Management kaum berücksichtigt. Entsprechend wenig Literatur gab es bis vor wenigen Jahren zum Krisenmanagement. Sie sprach entweder Finanzprobleme, insbesondere Liquiditätsprobleme in kleineren und mittleren Unternehmen an oder unternehmensinterne Probleme, z. B. bei der Durchführung von Projekten (Neubauer 2002; KfW-Bankengruppe 2005).

Daneben gibt es einige wenige - teilweise ältere - Bücher zum Krisenmanagement, die auch externe Veränderungen berücksichtigen, so z. B. Krystek (1981, 1987 und 1989), Müller (1986 und 1984), Linde (1994) oder Bergauer (2001). Der Krisenbegriff wird dort allerdings oft sehr weit gefasst (vgl. Abschnitt 6.2) und das Krisenmanagement als Möglichkeit zur Überwindung von Erfolgs-, Liquiditäts-, und sogar strategischen Krisen angesehen. Zur Überwindung solcher Krisen werden nicht nur kurz- und mittelfristige Handlungsoptionen vorgeschlagen, sondern auch längerfristige Handlungsoptionen wie Sanierung, Restrukturierung und Turnaround. Sie ermöglichen aber eher einen Umgang mit dem langsameren wirtschaftlichen und technologischen Wandel als schnell wirksame Reaktionen auf unvorhergesehene externe Schocks (vgl. Macharzina, Wolf 2005, S. 654, Hutzschenreuter, Griess-Nega 2006 oder Burmann u. a. 2005).

Im nächsten Abschnitt soll nun eine (im Vergleich zu den Wettbewerbern) Verkürzung der Reaktionszeiten bei unvorhersehbaren Veränderungen mit Hilfe der **Theorie der ökonomischen Anpassung** begründet werden. Sie bildet die Grundlage für ein systematisches Krisenmanagement.

6.2 Theorie der ökonomischen Anpassung als Grundlage für schnelle Reaktionen

Unvorhersehbare Veränderungen in der Länderumwelt treffen alle Marktteilnehmer gleichermaßen. Es gibt aber keinen Grund für die Annahme, **dass alle Unternehmen darauf auch in gleicher Weise reagieren**. Externe Schocks werden unterschiedlich wahrgenommen und verarbeitet entsprechend Qualifikation, Erfahrung, Einschätzung der Auswirkungen und der Fähigkeit, die Änderungen vorzunehmen. Es kann deshalb vermutet werden (vgl. Bogner u. a. 1996, Tushman, Anderson 1987), dass sich die Kosten der Anpassung an externe Schocks von Unternehmen zu Unternehmen unterscheiden. Die Erlangung der angestrebten Wettbewerbsposition im Zeitablauf hängt daher von der Anpassungsfähigkeit an Umfeldveränderungen im Vergleich mit Wettbewerbern ab (vgl. Meyer, Lehnerd 1997 oder Sheffi 2006).

Voraussetzung für eine schnelle Anpassung an externe Schocks ist eine gewisse Flexibilität. Deshalb besteht eine sinnvolle Form der Krisenvorsorge in der Schaffung von Flexibilitätsreserven (vgl. Burmann 2005 oder Remer u. a. 2005).

Flexibilität ist eine Nebenbedingung für Unternehmen in einem dynamischen Umfeld mit schnellen und häufigen Umfeldveränderungen, Innovationen und kurzen Produktlebenszyklen, typisch z. B. für die Mikroelektronik, die Computer- und die Pharmaindustrie. Flexibilität ist notwendig, um den statischen Wettbewerbsvorteil, Fähigkeit zu radikalen Produktinnovationen zu erreichen (vgl. Abb. 6-1a). Ein solcher Wettbewerbsvorteil beruht auf einer flexiblen Anpassung aller Wertschöpfungsaktivitäten und setzt z. B. schnelle Reaktionen auf Umfeldveränderungen und eine sehr hohe externe Absorptionsfähigkeit voraus, in großen Unternehmen auch dezentrale Führungsstrukturen (vgl. Proff 2002a, S. 319).

In einem weitgehend stabilen Umfeld wie dem der Automobil- und der chemischen Industrie mit sehr viel selteneren und schwächeren Veränderungen, längeren Produktlebenszyklen und allenfalls inkrementalen (schrittweisen) Innovationen, müssen andere Nebenbedingungen erfüllt sein. Um die hier verfolgten Wettbewerbsvorteile (niedrige Kosten oder Differenzierung im Rahmen von statischen Kostenführerschafts- oder Differenzierungsstrategien) zu erreichen, bedarf es konsequent effizienter Prozesse. Flexibilität und Effizienz können nicht gleichzeitig maximiert werden (vgl. Mette 1999). Dies lässt sich anhand von Opportunitätskosten begründen. Flexibilität verursacht hohe Kosten z. B. durch quantitative und qualitative Kapazitätsreserven. Solche Ereignispuffer bzw. „organizational slacks" (vgl. Cyert, March 1963, S. 36) verhindern eine Produktion entsprechend der Minimalkostenkombination. Gemäß der mikroökonomischen Theorie ist die Minimalkostenkombination der Punkt, in dem es keine Ereignispuffer gibt („slack is zero", ebd., S. 37). Daraus ergibt sich, dass **Flexibilität mit einem Verlust an Effizienz verbunden ist**.

Es bestehen jedoch trotzdem auch in den weitgehend optimierten, effizienzorientierten Unternehmen Möglichkeiten, eine gewisse Flexibilität und damit Anpassungsfähigkeit zu erreichen (vgl. Abb. 6-1). Die entscheidungsorientierte Organisationstheorie sieht in der Arbeitsteilung im Unternehmen eine Möglichkeit, Flexibilität und Effizienz zu verbinden. Nur bei Entscheidungen, die in einem „Restriktionsverbund" (Laux, Liermann 1997, S. 196) bzw. in einer determinierten Abfolge („kritischen Reihenfolgebeziehung", Domschke, Scholl 2000, S. 121) stehen, müssen die Nebenbedingungen gleichgerichtet sein, da keine Freiheitsgrade bestehen. Dies sind die Entscheidungen, die die primären Wertschöpfungsaktivitäten in Porters (1980) Wertschöpfungskette betreffen, d. h. Entscheidungen über Produktion (Fertigung), Logistik und Vertrieb (vgl. Abb. II-6b). Die Entscheidung für eine effiziente Produktion zur Erzielung von Skalenvorteilen lässt den Logistik- und Vertriebsabteilungen nur wenig Freiheitsgrade, da die Logistik entsprechend der Produktion optimiert werden muss und der Vertrieb schon auf Nachfrageänderungen nicht flexibel reagieren kann und noch weniger auf Krisen.

Abbildung 6-1:   *Voraussetzungen einer Anpassung an unvorhersehbare Umfeldveränderungen*

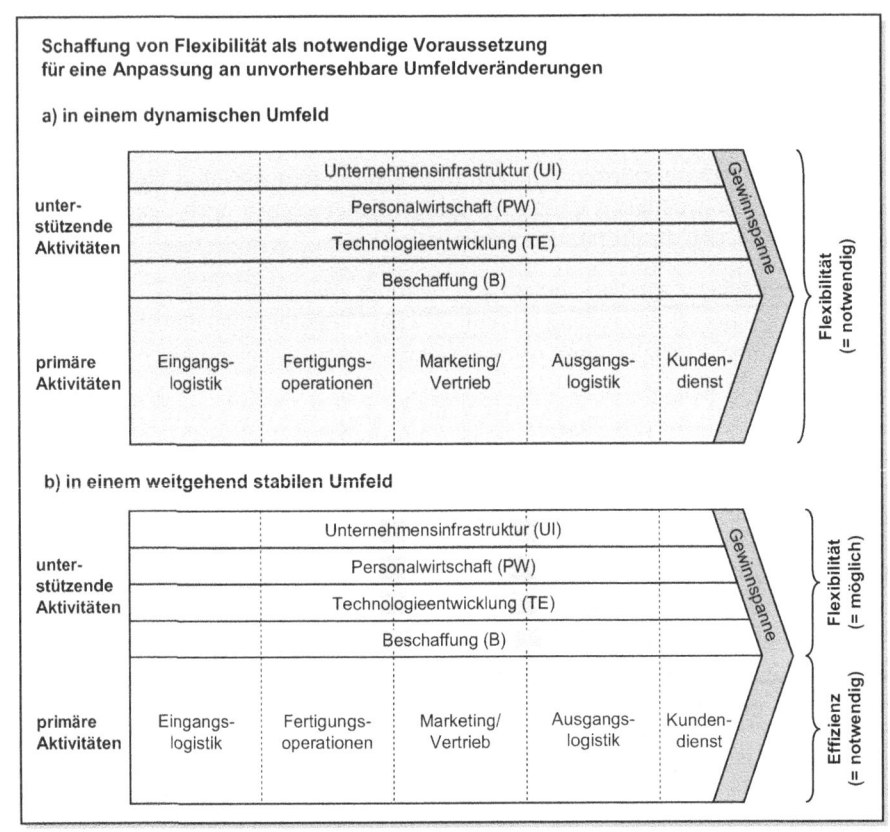

Zwischen Fertigungs-, Logistik- und Vertriebsentscheidungen und Entscheidungen über die (unterstützenden) Wertschöpfungsaktivitäten Beschaffung, Technologieentwicklung, Personal und Unternehmensinfrastruktur, besteht dagegen keine determinierte Abfolge. Hier ist eine Arbeitsteilung im Unternehmen möglich mit selbständigen und bis zu einem gewissen Grad von einander unabhängigen Teilentscheidungen (Frese 2000, S. 54). Vorteile einer günstigen Rohstoffbeschaffung und einer flexiblen Lieferantenstruktur sind weitgehend unabhängig von der Effizienz der Produktion, auch wenn sich z. B. Lieferverzögerungen negativ auf die Produktion auswirken.

Auch im Personal- und Technologiemanagement ist eine gewisse Flexibilität möglich. Da die Unternehmensführung die Rahmenbedingungen für die Wertschöpfung schafft, hat sie keine direkte Auswirkung auf die effizienzorientierten Fertigungs-, Logistik- und Vertriebseinheiten.

Unternehmen in einem weitgehend stabilen Umfeld können also trotz des Zwangs zur Optimierung der Fertigungs-, Logistik- und Vertriebsprozesse auf den steigenden internationalen Wettbewerbsdruck (Effizienzerfordernis) in den Bereichen Beschaffung, Personal und FuE reagieren und Flexibilitätspotenziale einbauen, um dadurch die Anpassungsfähigkeit in einer Krise zu erhöhen (vgl. Abb. 6-1b). Flexibilität ist zwar mit höheren Kosten verbunden (Kosten der Flexibilität), diese Kosten werden jedoch durch geringere Verluste bei schnellerer Anpassung in einer Krise überkompensiert. Flexibilität ist somit ein notwendiger aber auch möglicher Bestandteil eines systematischen Krisenmanagements.

Sind die Voraussetzungen für flexible Reaktionen gegeben, dann müssen die **einzelnen Anpassungsschritte** bestimmt werden. Dies ist mit Hilfe eines einfachen ökonomischen Modells möglich (vgl. Sachs, Larrain 1995 und Abb. 6-2). Darin wird ein Unternehmen unterstellt, das in seinem Businessplan und in der darauf abgestimmten Budgetplanung ein Wachstumsziel für den Marktanteil (M*) und die dafür notwendige Kreditaufnahme (K*) vorgibt[9]. Bei einer unvorhersehbaren Umfeldveränderung werden zusätzliche Ressourcen benötigt, die zu einer höheren Kreditaufnahme (ΔK) zwingen. Da nur begrenzt Kredite aufgenommen werden können, entsteht ein Zielkonflikt bei der Verwendung der Kredite zwischen der Finanzierung der Anpassungsmaßnahmen und der Finanzierung des geplanten Wachstums. Hat die Anpassung Vorrang, dann wird das Wachstum voraussichtlich geringer ausfallen (ΔM). Die Abweichungen von der Business- und Budget-Planung führen zu Verlusten (V), die sich in einer quadratischen Verlustfunktion[10] abbilden lassen (vgl. Sachs, Larrain 1995, S. 778)

$$V = (K^* - \Delta K)^2 + (M^* - \Delta M)^2.$$

In der Literatur gibt es viele Beispiele für eine quadratische Form der Verlustfunktion, da sie die in der Praxis verbreitete Auffassung widerspiegelt, dass der Verlust aus einer Zielverfehlung überproportional mit der Zielabweichung steigt (vgl. Griffiths, Wall 1991; Feichtinger u. a. 2001). Der Verlust bezieht sich auf Aktiva, Umsatz und Anpassungskosten und lässt sich durch Versicherungen nur zum Teil abdecken. Die

---

[9]   Dieses Modell kann beliebig erweitert und verfeinert werden durch Einbeziehung weiterer Parameter. Das Modell wird dadurch komplizierter, die Grundaussagen ändern sich jedoch nicht.

[10] Diese stark vereinfachte Verlustfunktion berücksichtigt weder zeitliche Verzögerungen zwischen den abhängigen und unabhängigen Variablen noch unterschiedliche Gewichte der unabhängigen Variablen. Ihre Einbeziehung würde eine einfache graphische Darstellung nicht mehr möglich machen. Da sie zu keinem anderen Ergebnis führt, wurde die einfachere Darstellungsform gewählt.

Verlustfunktion führt zu elipsenförmigen Ineffizienzkurven um den Idealpunkt der vollkommenen Zielerreichung. Ist der Kreditbedarf abhängig vom Wachstumsziel für den Marktanteil (Interdependenzgerade K = α * M), dann lässt sich ein Verlustminimum mit den neuen Zielvariablen K** und M** finden. Mathematisch ist dies der Tangentialpunkt der niedrigsten Ineffizienzkurve an die Interdependenzgerade zwischen K und M (vgl. Sachs, Larrain 1995, S. 778-779).

Abbildung 6-2: *Modell der Anpassung an unerwartete Veränderungen der Länderumwelt*

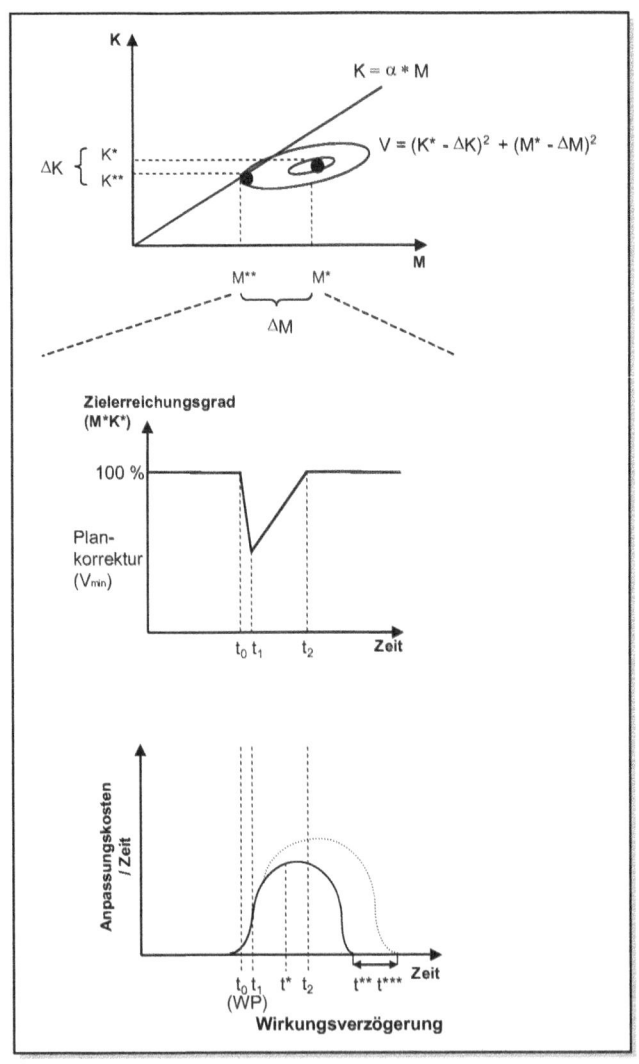

Wird zusätzlich die Zeit als Parameter in das Modell eingeführt (vgl. Abb. 6-2), so sinkt durch einen externen Schock der Zielerreichungsgrad vom Zeitpunkt t_0 zum Zeitpunkt t_1, von dem ab die Anpassungsmaßnahmen eine größere Wirkung haben als der externe Schock. In t_2 ist der Zielerreichungsgrad wieder auf dem Ausgangsniveau. Werden die Abweichungen der Zielerreichung in Anpassungskosten pro Zeiteinheit ausgedrückt, so ergibt sich der in Abb. 6-2 gezeigte Verlauf einer umgekehrten Parabel. Zwischen t_0 und t_1 steigen die Anpassungskosten am stärksten, in t_1 ist der Wendepunkt erreicht. Zum Zeitpunkt $t^* > t_1$ werden die maximalen Anpassungskosten pro Zeiteinheit erreicht und erst in $t^{**} > t_2$, d. h. nach der Rückkehr des Systems in seine Ausgangslage, sinken die Anpassungskosten wieder auf Null.

Die gepunkteten Linien zeigen die Auswirkungen verspäteter Reaktionen (Wirkungsverzögerung $t^{***} - t^{**}$). Da das Integral unter der Parabel die Anpassungskosten darstellt, sind schnelle Reaktionen auf externe Schocks zur Minimierung der Wirkungsverzögerung notwendig.

Aus diesen Überlegungen lassen sich für das Internationale Management vier Schritte zur Anpassung an unerwartete Veränderungen der Länderumwelt ableiten:

1. die Schaffung von Flexibiliät,

2. die Entscheidung über Reaktionen,

3. die Bestimmung des Verlustminimums und

4. die Bestimmung der Maßnahmen zur Korrektur der Abweichung von der Planung (vom Idealpunkt der Planerfüllung (ΔK und ΔM), um die Wirkungen ($t^{***} - t^{**}$) und die Gesamtdauer der Krisenreaktion ($t^{***} - t_0$) zu minimieren.

Die Schaffung von Flexibilität ist eine notwendige Voraussetzung, um im Krisenfall schnell eine Entscheidung über eine Reaktion zu treffen, dann das Verlustminimum zu bestimmen und die Maßnahmen zur Korrektur der Abweichungen von der Planung festzulegen. Hier muss das systematische Krisenmanagement ansetzen.

6.3 Systematisches Krisenmanagement bei unvorhergesehenen Veränderungen

Angesichts der Schwerfälligkeit vieler Unternehmen in Krisen ist ein systematisches Krisenmanagement mit drei bzw. fünf Schritten notwendig, um die Reaktionszeiten bei externen Schocks minimieren zu können. Voraussetzung ist ein aktives Krisenmanagement bzw. eine Krisenvorsorge („Vorbeugen"), bei dem das Flexibilitätsmanagement im Zentrum steht. Tritt ein externer Schock ein, dann wird das reaktive Krisenmanagement mit einem Reaktionsplan („Retten", „Schützen" und „Bekämpfen") und einem Rahmen zur Steuerung und arbeitsteiligen Koordinierung der geplanten Maßnahmen wichtig (vgl. Müller 1984). Nach Überwindung der Krise ist Normalität erforderlich, die Rückkehr zu ungestörten Managementprozessen ("Wiederaufbau").

Es werden nun einzelne Schritte eines systematischen Krisenmanagements präzisiert (vgl. Abb. 6-3).

Abbildung 6-3:   *Systematisches Krisenmanagement bei externen Schocks*

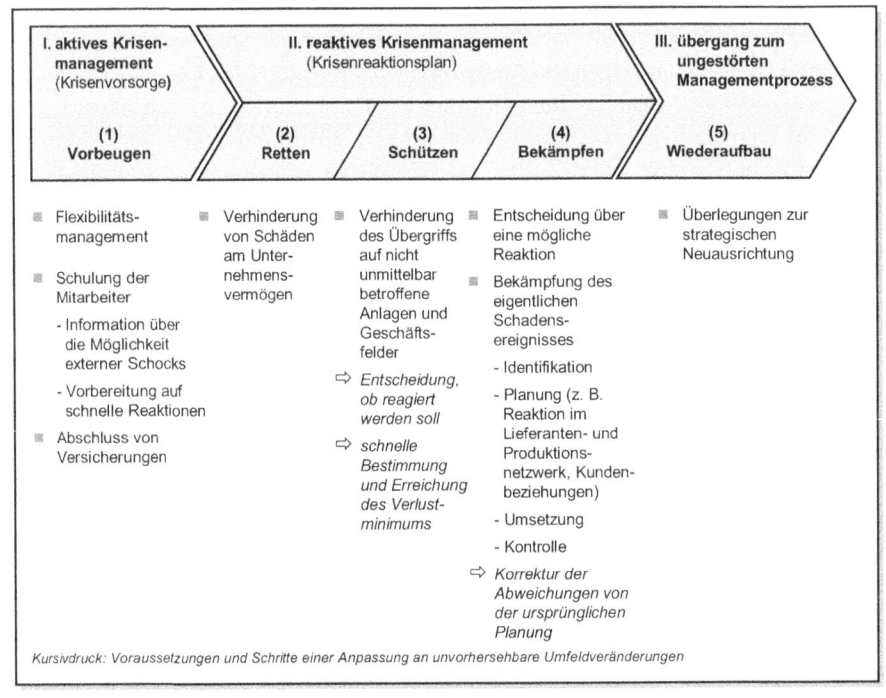

(1) „Vorbeugen" als aktives Krisenmanagement

„Vorbeugen" als aktives Krisenmanagement bedeutet v. a. Flexibilitätsmanagement, Vorbereitung der Mitarbeiter in Schulungen auf Krisen und – wenn möglich – Versicherungen gegen unvorhersehbare Schadensfälle.

■ **Flexibilitätsmanagement.** Ein aktives Krisenmanagement muss Flexibilitätsreserven schaffen. Wie organisationstheoretisch begründet, sind in einem dynamischen Umfeld Unternehmen durchgehend flexibilitätsorientiert, in einem weitgehend stabilen Umfeld dagegen bezogen auf die Fertigung und damit verbunden auf Logistik und Vertrieb effizienzorientiert. Entscheidungen in der Beschaffung, im Personalbereich, in der Forschung und Entwicklung und in der Unternehmensinfrastruktur sind davon weitgehend unabhängig. Sie können - soweit dies finanziell sinnvoll ist - flexibel gestaltet werden (vgl. Abb. 6-4).

Die **Beschaffung** bietet einen Ansatzpunkt für ein flexibles Management. Mit einer flexibel, aber robust organisierten Beschaffung mit wenigen Haupt- oder Modullieferanten kann schnell auf externe Schocks reagiert werden, da auch die Lieferanten in einer Krise mit gefangen sind und nach Lösungen suchen werden. Besteht dagegen ein großes Lieferantennetzwerk, dann kann bei Ausfall eines Lieferanten schnell ein neuer Lieferant gefunden werden. Damit die Beschaffung flexibel ist, darf es nur wenige Hauptlieferanten oder ein großes Lieferantennetzwerk geben. Eine Zwischenlösung ist hier nicht sinnvoll.

Flexibilität lässt sich auch in der **Unternehmenskultur** verankern, die zur Unternehmensinfrastruktur zählt. Dazu bedarf es klarer Führungsstrukturen und informeller Netzwerke im Unternehmen, um Krisen unbürokratisch und schnell zu bewältigen.

Wie erläutert sind Flexibilitätspotenziale sogar in der Fertigung, in der Logistik und im Vertrieb möglich, wenn auch bei vorrangiger Effizienzvorgabe dieser Wertschöpfungsaktivitäten. In der Fertigung gibt es zwei Flexibilitätspotenziale: **Parallelfertigung**, d. h. die Fertigung desselben Produktes an verschiedenen Standorten, wenn die produzierten Einheiten an einem Standort die optimale Stückzahl überschreiten und Fertigungsoptimierung durch die kundenspezifische Fertigung auf der Grundlage von Standardprodukten. Dabei werden erst auf der letzten Fertigungsstufe die Kundenwünsche berücksichtigt. Die Verbindung von kundenspezifischer Fertigung und Massenfertigung wurde für modeabhängige Fertigungen entwickelt („**mass customization**", Piller 2006). So lässt z. B. Benetton ungefärbte Kleidungsstücke unterschiedlicher Schnitte und Größen effizient in Niedriglohnländern fertigen und erst kurz vor dem Verkauf entsprechend dem aktuellen Modetrend einfärben.

Auch im Vertrieb gibt es Flexibilitätspotenziale **durch aktives Kundenmanagement**. Bei engen Kontakten zu wichtigen Kunden, die über mögliche Lieferengpässe informiert sind, lässt sich im Krisenfall eher ein Liefertermin evt. mit finanziellen Zugeständnissen vereinbaren als bei lockeren und unverbindlichen Kontakten. Stornierungen sind hier wahrscheinlicher.

Abbildung 6-4: *Ansatzpunkte eines Flexibilitätsmanagement*

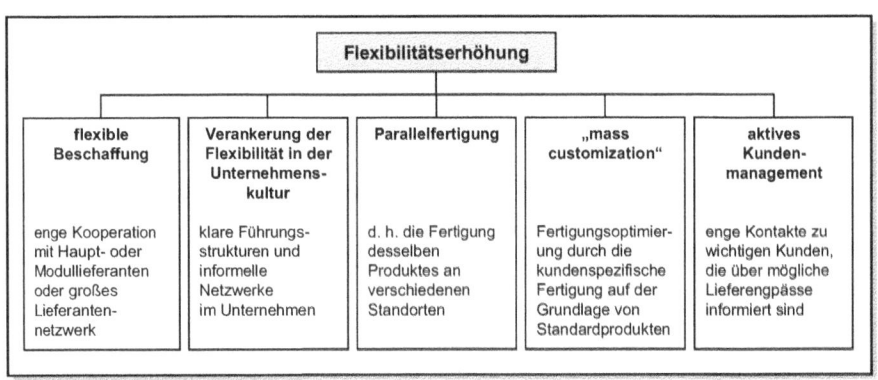

		Flexibilitätserhöhung		
flexible Beschaffung	**Verankerung der Flexibilität in der Unternehmens- kultur**	**Parallelfertigung**	**„mass customization"**	**aktives Kunden- management**
enge Kooperation mit Haupt- oder Modullieferanten oder großes Lieferanten- netzwerk	klare Führungs- strukturen und informelle Netzwerke im Unternehmen	d. h. die Fertigung desselben Produktes an verschiedenen Standorten	Fertigungsoptimier- ung durch die kundenspezifische Fertigung auf der Grundlage von Standardprodukten	enge Kontakte zu wichtigen Kunden, die über mögliche Lieferengpässe informiert sind

---

■ **Schulung der Mitarbeiter.** Die Krisenbewältigung wird erleichtert, wenn die Mitarbeiter ausreichend über die Art und Wahrscheinlichkeit externer Schocks informiert und auf Reaktionen vorbereitet sind (vgl. Burmann 2005).

■ **Abschluss von Versicherungen.** Versicherungen gegen unvorhersehbare Krisen setzen voraus, dass die potenziellen Schadensfelder, z. B. Naturkatastrophen systematisch erfasst werden. Hierzu ist es möglicherweise nötig, Experten einzustellen (vgl. Burmann 2005, S. 305).

(2) „Retten", „Schützen" und „Bekämpfen" im Rahmen eines Krisenreaktionsplans

Unternehmen benötigen Reaktionspläne, um schnell zu retten, was noch zu retten ist. Nicht betroffene Bereiche müssen geschützt und die Schäden systematisch beseitigt werden. Es gilt so weit wie möglich alle immobilen und mobilen Vermögenswerte zu retten und zu verhindern, dass der Schaden überspringt und nicht betroffene Bereiche beeinträchtigt werden. Bei einer Verbundfertigung müssen z. B. ausgefallene interne Leistungen am Markt beschafft werden. Nicht immer gibt es Lieferanten, die im Notfall einspringen können. So wurde z. B. eine ganze Produktgruppe durch das Erdbeben im Raum Kobe 1995 betroffen, da hier alle Montage- und Zulieferbetriebe der Hersteller von Plasmabildschirmen in Japan konzentriert waren.

Wenn reagiert werden kann und soll, dann muss möglichst schnell der Verlust bestimmt werden, der mindestens zu erwarten ist. Es ist dann wichtig, dass international krisenerfahrene Führungskräfte vorhanden sind, die in kürzester Zeit, auch wenn der Schaden nicht genau feststeht, Entscheidungen treffen und Kostenszenarien in Abhängigkeit von den Handlungsoptionen erstellen können.

Die Hauptaufgabe ist die Schadensbeseitigung und Korrektur der Planabweichung auf der Grundlage der Schadensermittlung in den einzelnen Schadensfeldern. Hierfür ist Flexibilität erforderlich. Das Flexibilitätsmanagement muss sich je nach Schaden auf die Lieferantenbeziehungen, die Produktionsanlagen, die Fertigung (Parallelfertigung und „mass customization") und die Kundenbeziehungen konzentrieren (vgl. Abb. 6-4). Ist die Flexibilität ein Merkmal der Unternehmenskultur, dann erleichtert dies die Schadensbeseitigung.

(3) „Wiederaufbau"

Nach Überwindung der Krise sind Überlegungen zur Wiederaufnahme der Unternehmensziele oder zur strategischen Neuausrichtung erforderlich.

Dass das hier beschriebene systematische Krisenmanagement (Abb. 6-3) eine hohe Allgemeingültigkeit beanspruchen kann, zeigen empirische Untersuchungen in deutschen Unternehmen. Danach hat die Unternehmensgröße keinen Einfluss auf die Krisenreaktionspläne (vgl. Bergauer 2001, S. 277), wohl aber auf die Dauer der Umsetzung. Kleine Unternehmen benötigen mehr Zeit.

Im Umgang mit externen Schocks muss das Topmanagement über die Flexibilität bei effizienter Organisation und über das Anpassungspotenzial in einem intensiven und sehr risikoreichen Wettbewerbsumfeld entscheiden. Betriebs- und volkswirtschaftliche Untersuchungen der Reaktionen auf Krisen zeigen, dass nicht Ressourcenreserven, d. h. Rücklagen für unvorhersehbare Veränderungen im Unternehmen sinnvoll sind, sondern ein Reaktionsplan, den die entscheidenden Akteure kennen. Der Vorhalt zusätzlicher Ressourcen kann schnelle Entscheidungen des Topmanagements ersetzen.

Erfahrungen mit dem Krisenmanagement belegen die Bedeutung des Topmanagements. Im Falle einer Krise brauchen Unternehmen nicht Planer, sondern krisenerfahrene oder gut informierte Manager mit Kontakten zu Experten. Weltweit tätige Unternehmen benötigen global orientierte Manager, Inländer wie Ausländer, in der Unternehmenszentrale und in Auslandsniederlassungen.

Das Krisenmanagement ist die Aufgabe von Arbeitsteams, die durch Führungskräfte gestützt, umfassend informiert und kontrolliert werden (vgl. Brown, Eisenhardt 1997; Eisenhardt 2001).

Nur wenn ein Unternehmen den Kapitalgebern vermitteln kann, Krisen gewachsen zu sein, wird es schnell neue Mittel erhalten. Generell gilt die Erkenntnis von Pasteur „Der Zufall begünstigt den vorbereiteten Geist". Die Krisenreaktionsfähigkeit ist in einem durch Arbeitsteilung und globale Verteilung von Wirtschaftsaktivitäten zunehmend anfälligeren Wirtschaftssystem eine Kernfähigkeit exzellenter Unternehmen.

Teil III

Dynamische Strategien im

Wettbewerbskampf um

Marktanteile

Im zweiten Hauptteil des Buches sollen dynamische Strategien begründet werden, die einen Vorsprung im Wettbewerbskampf ermöglichen. Wie in Kapitel 2 (Abb. 2-5) erläutert, führen die Erklärungen dieser Strategien die marktorientierten Erklärungen statischer Strategien weiter (Kapitel 7). Dabei wird die Auflösung bzw. Entwertung von Rentenpotenzialen oder Gewinnen der Wettbewerber durch Demonstration der Unumkehrbarkeit des Markteintrittes bzw. der Irreversibilität durch „große Investitionen in Produkte", „große Investitionen in Märkte" mit Hilfe der kooperativen Spieltheorie sowie durch „Kooperationsangebote an Wettbewerber" mit Hilfe der nicht-kooperativen Spieltheorie als Ansatzpunkte wettbewerberorientierter dynamischer Strategien begründet (Kapitel 8).

Aus diesen Ansatzpunkten lassen sich im internationalen Wettbewerbskampf drei wettbewerberbezogene dynamische Strategien ableiten: Gleichteilmanagement, Management der internationalen Marktbearbeitung und Kooperationsmanagement. Diese Strategien verfolgen zwar viele Unternehmen, häufig aber wenig erfolgreich, weil Fehlentwicklungen eintreten. Beispiele für Fehlentwicklungen sind sinkende Preispremien durch ein überzogenes Gleichteilmanagement, Überkapazitäten durch ein unbedachtes Mehrmarktmanagement und die Vernichtung von Unternehmenswert durch eine inkonsequente Kooperationsstrategie. Die Fehlentwicklungen können vermieden werden durch:

1. ein effizientes Preispremienmanagement (Kapitel 9),

2. ein koordiniertes Mehrmarktmanagement (Kapitel 10) und

3. ein systematisches Kooperationsmanagement (Kapitel 11).

7 Marktorientierte Erklärungen statischer Strategien

Die marktorientierte Sichtweise im strategischen Management erklärt Wettbewerbsvorteile aus **Oligopoltheorien**. Da eine allgemein akzeptierte Theorie des Oligopols fehlt (vgl. ebd., S. 2), gibt es verschiedene konkurrierende Oligopolmodelle (vgl. z. B. den Überblick über wichtige Oligopolmodelle bzw. -theorien bei Schumann 1992, Kap. IV, D oder Schumann u. a. 1999; Fehl, Oberender 1994 oder 2004). Sie unterscheiden sich in den Annahmen zu den Reaktionen der Konkurrenten (vgl. Fehl, Oberender 1994, S. 265 oder 2004)[11].

Da die Annahme homogener Konkurrenz unrealistisch ist (vgl. Bain 1956, S. 9), sind hier nur die Oligopolmodelle bzw. -theorien relevant, die nicht homogene Konkurrenz unterstellen und von Oligopolen ausgehen, in denen mehrere Anbieter ein substitutives, allerdings ökonomisch nicht identisches Produkt herstellen und zu unterschiedlichen Preisen anbieten. Preisfixierung ist die Regel, d. h. jeder einzelne Anbieter setzt einen Preis, an dem sich die Nachfrager orientieren[12].

Marktvorteile werden aus Modellen bzw. Theorien heterogener Oligopole abgeleitet, die zu Theorien des Markteintritts („limit pricing theory") weiterentwickelt werden (vgl. Osborne 1973, S. 71). Während die Oligopoltheorie Marktgleichgewichte in einem Oligopol - meist genauer in einem Dyopol mit nur zwei Anbietern - erklärt, erklärt die „Theorie des Marktzutritts" (Machlup 1966) die Beziehungen zwischen etablierten Unternehmen und potentiellen Konkurrenten („oligopolistische Konkurrenz", vgl. Schumann 1992, S. 326 oder Fehl, Oberender 1994, S. 45). Die Bestimmung von Verhaltensweisen, die einen Markteintritt zu verhindern suchen, wurde im Rahmen einer komparativ-statischen Analyse zwischen zwei Zeitpunkten durch die traditionelle Industrial Organization Forschung versucht.

Der Markteintritt wurde lange Zeit nur unzureichend untersucht (vgl. Dixit 1979, S. 20 oder Schulte 1984, S. 89). Das hatte zwei Gründe. Einerseits war es nicht gelungen, die in empirischen Studien (vgl. z. B. Bain 1956 oder Scherer 1970) ermittelten Einflussfaktoren wie Skalenvorteile, Vorteile der Produktdifferenzierung und absolute Kostenvor-

---

11 Für die Marktvorteile der Geschäftsbereiche bedeutsam sind vor allem die Präferenzen der Abnehmer (homogenes oder heterogenes Oligopol) und die Betrachtung des Marktes (statisch ohne Marktzutritt oder komparativ-statisch mit Marktzutritt).

12 Neben dem Preis haben die Oligopolisten die Möglichkeit, die Präferenzen der Nachfrager durch Einsatz ihres absatz- und beschaffungspolitischen Instrumentariums in einem für sie günstigen Sinne zu beeinflussen (vgl. Schumann 1992, S. 325-326), was angesichts der Individualisierung der Kundenwünsche notwendig ist.

teile[13] als Möglichkeiten, ökonomische Renten dauerhaft zu schützen, in einer Theorie zu verbinden. Andererseits wurde in Oligopolmodellen die Realität zu sehr vereinfacht. Die wichtigsten Arbeiten im Rahmen der traditionellen Industrial Organization Forschung sind neben den Arbeiten von Bain (1956 und 1968), die Weiterentwicklung durch Stylos-Labini (1962) und Modigliani (1958) zum Bain-Stylos-Modigliani-Modell und Arbeiten von Gaskins (1971) und Dixit (1979). Nur Dixit gelingt eine analytische Ableitung traditioneller Marktvorteile aus der Reaktions- und der Preis-Absatz-Funktion (vgl. z. B. den Überblick bei Hay, Morris 1991, Kap. 3.6; Tirole 1995, Kap. 6 sowie Stead u. a. 1996, S. 61-66). Er schafft eine Formalisierung der grundlegenden Vorteile von Bain, ohne dabei wie Stylos-Labini den analytischen Gehalt durch restriktive Annahmen, z. B. homogene Märkte, erkaufen zu müssen. Der Ansatz von Dixit soll eingehender erläutert werden, um die in betriebswirtschaftlichen Arbeiten häufig vernachlässigte Beziehung zwischen Industrial Organization Forschung, Erklärungen des Markteintritts und Marktvorteilen aufzuzeigen.

Marktorientierte Wettbewerbsvorteile lassen sich aus dem Oligopolmodell von Dixit ableiten. Dieses Modell wird zunächst vorgestellt (Abschnitt 7.1), um daraus Marktvorteile bei statischer Betrachtung abzuleiten (Abschnitt 7.2), die die wettbewerberorientierten statischen Strategien stützen, die in Abschnitt 7.3 klassifiziert werden.

7.1 Das grundlegende Oligopolmodell von Dixit

Marktorientierte Erklärungen behandeln die Ableitung von Marktvorteilen meist als Sonderproblem der Oligopoltheorie (vgl. z. B. Schulte 1984, Teil II, 5), weil durch Verhinderung eines Markteintritts das Oligopol und damit verbundene Renten gesichert werden sollen.

Dixit (1979) betrachtet große, potenzielle Konkurrenten[14]. Etablierte Unternehmen bestimmen die Geschäftsbereichsstrategien. Das Modell von Dixit unterstellt ein heterogenes Dyopol mit einem etablierten Unternehmen und einem potenziellen Konkurrenten. Eine Übertragung auf mehrere etablierte Unternehmen und mehrere potenzielle Konkurrenten ist möglich, erschwert aber die Argumentation und lässt sich

---

13 *Bain* sieht in „Kapitalintensität" einen weiteren grundlegenden Vorteil, der allerdings „absolute Kostenvorteile" begründet, weil eine hohe Kapitalintensität die Finanzierungskosten gegenüber Wettbewerbern senkt, die auf dem Kapitalmarkt eine Risikoprämie akzeptieren müssen. Da sich absolute Kostenvorteile nur durch besser oder effizienter eingesetzte Ressourcen erreichen lassen, stellen sie Ressourcen- und nicht Marktvorteile dar.

14 Daneben wurden Modelle entwickelt, in denen pozenzielle Konkurrenten als Randgruppe kleiner „preisnehmender" Unternehmen betrachtet werden und angenommen wird, dass etablierte Unternehmen die Restnachfrage berechnen und ihre Gewinne maximieren. Dies scheint eine geeignete Lösung zu sein, sie vernachlässigt aber Skaleneffekte, die große potenzielle Konkurrenten anziehen (vgl. Scherer 1970, Kap. 8 und Dixit 1979).

graphisch nicht darstellen. Gemäß den Modellannahmen möchte das etablierte Unternehmen den Gewinn maximieren und berücksichtigt den Marktzutritt eines Konkurrenten. Es wird angenommen, dass es aufgrund seiner langjährigen Marktpräsenz die Wettbewerbsstrategie bestimmt. Um die Ableitung graphisch darstellen zu können, wird der einfachste Fall der Mengenfixierung angenommen.

Im **Grundmodell** bei Dixit[15] ist U_1 das etablierte Unternehmen und U_2 der potenzielle Konkurrent. Die Produktmengen sind x_1 (für U_1) und x_2 (für U_2), die entsprechenden Preise p_1 und p_2. Dixit führt neben variablen auch fixe Kosten ein, die je nach Höhe das Gewinniveau $\Pi_{1,2}$, nicht aber die Isogewinnkurven beeinflussen (Abb. 7-1).

Abbildung 7-1: *Grundmodell der traditionellen Industrial Organization Forschung mit komparativ-statischer Analyse des Markteintritts zwischen zwei Zeitpunkten*

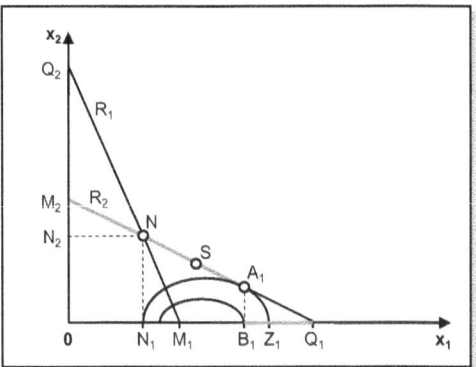

Die Reaktionsfunktion R_2 des potenziellen Konkurrenten U_2 beginnt bei M_2, dem Punkt wo der Gewinn dieses Unternehmens Π_2 maximal und $x_1 = 0$ ist, was einer Monopolmenge für U_2 entspricht. Diese Funktion trifft die x_1-Achse bei Q_1, wo der Gewinn bei Verzicht auf ein Angebot im Markt $\Pi_2 = 0$ ist, wenn die Fixkosten = 0 sind. Ansonsten gilt $\Pi_2 = 0$ in Punkt A_1, da eine Mindestmenge x_2 zur Deckung der Fixkosten im „break-even"-Punkt notwendig ist. Ähnlich haben wir für U_1 die Reaktionsfunktion R_1 von M_1 nach Q_2. Der Schnittpunkt der beiden Reaktionsfunktionen ist das Cournot-Nash-Gleichgewicht N. Punkt S, wo eine Isogewinnkurve von U_1 die Reaktionsfunktion von U_2 tangiert, ist der von Stackelberg-Punkt, wobei U_1 (das etablierte Unternehmen) Führer und U_2 (der neue Wettbewerber) Folger ist. Abb. 7-1a zeigt die konventionellen Isogewinnkurven und die Reaktionsfunktionen der beiden Unter-

---

15 Das Grundmodell des heterogenen Mengendyopols entspricht graphisch dem homogenen Mengendyopol von Cournot und von v. Stackelberg.

nehmen im (x_1, x_2)-Raum. Der Gewinn Π_2 erreicht 0 bei Punkt A_1 (mit B_1 als dem Punkt auf der Abszisse vertikal unter A_1). Wenn der etablierte Anbieter seine Menge x_1 im Segment B_1Q_1 festsetzt, ist es für U_2 besser, nicht in den Markt einzutreten. Deshalb ist die Reaktionsfunktion R_2 von U_2 diskontinuierlich, sie besteht aus den beiden Segmenten M_2A_1 und B_1Q_1 (einschließlich der jeweiligen Endpunkte). Die Position der Diskontinuität hängt ab vom Niveau der fixen Kosten von U_2. Ähnlich erhöhen die Fixkosten von U_1 die Diskontinuität in der Reaktionsfunktion.

Mit diesen diskontinuierlichen Reaktionsfunktionen verändert sich das Gleichgewicht. Dixit beginnt mit einem Blick auf das Cournot-Nash-Gleichgewicht: haben beide Unternehmen geringe Fixkosten, dann liegen die Diskontinuitätspunkte in einem irrelevanten Bereich und das Nash-Gleichgewicht ist nicht betroffen. Wenn die fixen Kosten für U_2 hoch genug sind, um einen Punkt B_1 links von M_1 zu erreichen, dann ergibt sich ein neues Gleichgewicht beider Reaktionsfunktionen in M_1. Sind die Fixkosten noch größer und ist $B_1 < N_1$, dann ist das Cournot-Nash-Gleichgewicht in N eliminiert. Diese Argumentation kann entsprechend auch auf die fixen Kosten der U_1 angewendet werden. Deshalb kann es in Abhängigkeit der Fixkosten beider Anbieter ein, zwei oder drei Gleichgewichte geben. Bei mehreren Gleichgewichten kann nicht von einem determinierten Ergebnis gesprochen werden. Abhängig davon, wo beide Unternehmen beginnen, werden sie in einem Cournot-Nash-Gleichgewicht bei N enden, wo beide tätig sind, oder bei M_1 oder M_2, wo nur einer als Monopolist überlebt.

Bezüglich der **Frage des Markteintritts** beginnt Dixit mit dem Fall des Stylos-Postulats, d. h. das etablierte Unternehmen hält seine Menge auf dem gleichen Niveau, ob ein Eintritt erfolgt oder nicht. Der Neueintretende reagiert darauf und der Lösungspunkt ist genau der von Stackelberg-Punkt S für U_1. Dabei müssen die Fixkosten beachtet werden. Sie verursachen die Diskontinuität in der Reaktionsfunktion R_2 von U_2. Das analytisch schwierige Problem der behinderten Optimierung lässt sich geometrisch einfach darstellen. Abb. 7-1 zeigt den zusätzlichen Punkt Z_1, wo die Isogewinnkurve für U_1, die die Reaktionsfunktion R_2 von U_2 (M_2Q_1) tangiert, die Abszisse trifft. Sind die Fixkosten von U_2 so klein, dass **Punkt B_1 rechts von Z_1** liegt, dann bleibt die beste Wahl für U_1 bei S. Für das etablierte Unternehmen ist es optimal, dem potenziellen Konkurrenten den Eintritt zu erlauben. Sind dagegen die Fixkosten von U_2 so groß, dass **B_1 links von M_1** liegt, dann ist für U_1 der Punkt M_1 am besten, d. h. es kann U_2 ignorieren und ein unbegrenztes Monopol ausüben. Liegt schließlich **B_1 zwischen M_1 und Z_1**, so ist eine genauere Betrachtung notwendig. Dieser Fall wird in Abb. 7-1 dargestellt.

Nun kann U_1 die Marktstellung gegenüber dem von Stackelberg-Punkt S dadurch verbessern, dass es die Menge etwas kleiner als Z_1 setzt, so dass für U_2 der Markteintritt unattraktiv wird. Der Gewinn für U_1 kann durch weiteres Senken von x_1 auf eine Menge nur wenig größer als B_1 steigen. Entspricht x_1 genau B_1, dann wird U_2 unsicher sein, ob es draußen bleiben oder bei Punkt A_1 eintreten soll. Ein Eintritt würde jedoch den Gewinn von U_1 beträchtlich schmälern. Deshalb wird es – solange U_1 eine Wahrscheinlichkeit für den Eintritt bei $x_1 = B_1$ unterstellt – einen diskontinuierlichen Abwärtstrend in den erwarteten Gewinnen geben, wenn die Menge auf B_1 sinken wird. Dann ist B_1 die Limit-Menge und es gibt einen korrespondierenden Limitpreis $p_1 = f(B_1, 0)$. Daraus wird nun gefolgert, dass es profitabel ist, einen Eintritt zu verhindern, dass das Unternehmen jedoch nicht unbeschränkt Monopolmacht ausüben kann. Dieser Zusammenhang lässt sich auch noch auf andere Weise darstellen (Abb. 7-2). Dabei wird die Menge $x_2 = 0$ unterstellt.

Abbildung 7-2:   *Gewinne und Eintrittsmöglichkeiten*

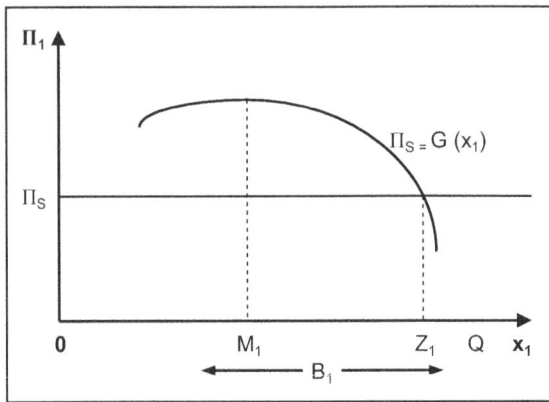

Der Gewinn von U_2 kann nun als Funktion G der Menge x_1 geschrieben werden ($\Pi_1 = G(x_1)$), die Funktion hat einen parabelförmigen Verlauf und das Maximum in M_1. Der Gewinn am v. Stackelberg-Punkt ist Π_S, der Schnittpunkt rechts von M_1 ist Z_1.

Die Menge von U_2 ist 0, wenn x_1 das Barriereniveau B_1 übersteigt. Das Gewinnniveau, das U_1 erreichen kann, wird durch die Monopolstellung bestimmt, das von Stackelberg-Niveau Π_S dagegen durch den Markteintritt eines Konkurrenten. Das höchste Gewinnniveau wird in Abhängigkeit von der Position B_1 gewählt:

Wenn $B_1 < M_1$	dann ist die beste Politik für U_1, $x_1 = M_1$ zu setzen, ein Markteintritt ist irrelevant.
Wenn $M_1 < B_1 < Z_1$	dann ist die beste Politik für U_1, x_1 gerade über der Limitmenge B_1 zu halten, um einen Markteintritt zu verhindern.
Wenn $Z_1 < B_1$	dann ist die beste Politik für U_1 den Gewinn auf $x_1 = B_1$ zu setzen, die Menge ist ohne Markteintritt geringer als in Punkt S (Π_S) mit Markteintritt.

Das Modell enthält **drei kritische Größen, die Mengen M_1, Z_1 und B_1,** abhängig von den zugrunde liegenden Nachfrage- und Kostenparametern. Man kann nun untersuchen, wie Veränderungen dieser Parameter die drei Größen und damit die Eintritts-möglichkeit beeinflussen. Diese komparativ-statischen Überlegungen bilden die theo-retische Basis für Wettbewerbsvorteile in der traditionellen Industrial Organization Forschung. Dabei hat sich gezeigt, dass

▨ jede Veränderung, die B_1 erhöht, den Eintritt erleichtert und

▨ jede Veränderung, die M_1 oder Z_1 erhöht, den Eintritt erschwert.

7.2 Ableitung von Marktvorteilen bei statischer Betrachtung

Dixit leitet als Marktvorteile zwei von Bain nur empirisch begründete Vorteile aus der Reaktionsfunktion und aus der Preis-Absatz-Funktion ab:

1. Skalenvorteile und

2. Vorteile der Produktdifferenzierung.

7.2.1 Skalenvorteile aus der Reaktionsfunktion

Der einfachste Fall der Verhinderung oder Erschwerung eines Markteintrittes, ist die Erhöhung der Fixkosten für ein potenziell eintretendes Unternehmen. Dadurch sinkt B_1; M_1 und Z_1 sind nicht betroffen. Da hohe Fixkosten bei größeren Produktionsmen-gen Skalenvorteile ermöglichen, bilden diese Skalenvorteile den Marktvorteil (Mv 1), der genauer als

▨ **Mv 1:** Größendegressionsvorteile („economies of scale")

bezeichnet werden kann. Karakaya und Stahl (1991, S. 3-8) sprechen hier von einer „wettbewerberaktivierten und kontrollierbaren Markteintrittsbarriere" durch einen überlegenen Produktionsprozess oder eine breite Produktpalette.

Dixit (1979, S. 30-31) erweiterte dieses einfache Modell um Überschusskapazitäten bzw. Kapazitätsreserven und leitete daraus einen weiteren Marktvorteil durch Ska-lenvorteile ab, der einen Markteintritt verhindert oder zumindest erschwert (vgl. auch Caves, Porter 1977, S. 245-246). Auch dieser Marktvorteil ergibt sich aus der Reaktions-funktion:

▨ **Mv 2:** Kapazitätsreserven.

Solche Kapazitätsreserven erlauben Unternehmen im Markt, bei Bedrohung durch potenzielle Konkurrenten die Menge von M_1 auf Z_1 zu erhöhen oder damit zu drohen.

Beide statischen Wettbewerbsvorteile stützen im Geschäftsbereich den Gesamtvorteil „niedrige Kosten" (vgl. auch Porter 1985).

7.2.2 Vorteile der Produktdifferenzierung aus der Preis-Absatz-Funktion

Neben Größendegressionsvorteilen und Kapazitätsreserven beeinflussen auch Nachfrageparameter die Lage von B_1, M_1 und Z_1. Daraus lassen sich Vorteile der Produktdifferenzierung ableiten. Sie bilden den zweiten von Bain (1956) empirisch ermittelten Vorteil. Er ermöglicht Anbietern, Kundenpräferenzen so zu beeinflussen, dass sie die Kunden langfristig an sich binden können. Deshalb sieht Dixit (1979, S. 26-29) neben Größendegressionsvorteilen in der Schaffung von Präferenzen zur Verhinderung von Substituten die zweite Determinante für den Markteintritt in Oligopolmodellen (B_1, Z_1 und M_1), die wiederum B_1 senkt und den Eintritt potenzieller Konkurrenten erschwert. Solche Differenzierungsvorteile sind c. p. abhängig von der Preis-Absatz-Funktion im Oligopol.

Dixit (1979, S. 26) unterstellt daher in seinem Modell eine (inverse) lineare Preis-Absatz-Funktion mit Interdependenz zwischen den angebotenen Produkten

$$p_1 = a_1 - b_1 x_1 + c x_2$$

$$p_2 = a_2 - b_2 x_2 + c x_1.$$

Dies entspricht den Preis-Absatz-Funktionen heterogener Oligopolmodelle (vgl. Fehl, Oberender 1994, S. 274).

Dixit (1979) leitet in seinem Modell zentrale, aggregierte skalen- wie differenzierungsbedingte Marktvorteile aus der Oligopoltheorie ab, die den Eintritt zusätzlicher Wettbewerber verhindern. In der Industrial Organization-Forschung wie in der betriebswirtschaftlichen Forschung wurde immer wieder versucht, diese Marktvorteile zu disaggregieren. Einen Überblick über die Industrial Organization-Forschung zu Marktvorteilen bis Anfang der 80er Jahre gibt z. B. Böbel (1984). In neueren Studien werden als differenzierungsbedingte Marktvorteile vor allem

- **Mv 3:** Werbung,

- **Mv 4:** Firmenimage,

- **Mv 5:** überlegene Produktgestaltung,

- **Mv 6:** Markenimage und

- **Mv 7:** Service

unterschieden (z. B. Porter 1980 bzw. 1999, Kap. 1; Hay, Morris 1991; Karakaya, Stahl 1991 oder Stead u. a. 1996, S. 61). Diese statischen Wettbewerbsvorteile bilden

den Gesamtvorteil „Differenzierung", d. h. Schaffung einer Einzigartigkeit aus Sicht der Kunden.

Das komparativ-statische Marktmodell der traditionellen Industrial Organization Forschung von Dixit (1979) ist umfassend und analytisch geschlossen. Daraus werden die Marktvorteile niedrige Kosten und Differenzierung abgeleitet. Sie beziehen sich auf Skalenvorteile und Produktdifferenzierung. Weitere Wettbewerbsvorteile können mit diesem Modell nicht bestimmt werden. Es wurde jedoch in der volks- und betriebswirtschaftlichen Literatur ausdifferenziert (vgl. z. B. Tirole 1995). Diese Ausdifferenzierungen sind bislang noch nicht in einem Modell zusammengefasst worden.

7.3 Wettbewerberorientierte statische Strategien

Durch eine Klassifikation von Strategien sollen die unterschiedlichen Denkansätze zu Kategorien zusammengefasst werden (vgl. Perlitz 2004, S. 35), die alle wichtigen Merkmale und Strategiealternativen einschließen. Sie sollte allgemeingültig und einfach sein. Zudem soll sie die Möglichkeit einer hierarchischen Ordnung bieten. Die einzelnen Kategorien sollten voneinander unabhängig und in sich homogen sein (vgl. Chrisman u. a. 1988 und darauf bezogen Fleck 1995, S. 17).

In der Strategiediskussion auf der Geschäftsbereichsebene wurde Porters (1999a, b) Klassifikation der marktorientierten Strategien am stärksten aufgegriffen. Diese Klassifikation verbindet die Dimensionen Wettbewerbsvorteile und Wettbewerbsfeld gemäß der Definition von Wettbewerbsstrategien als Allokationsentscheidung zur Erzielung von Wettbewerbsvorteilen (Schreyögg 1984, S. 5 und Aaker 2002, S.5, vgl. Abb. 7-3)

Als Wettbewerbsvorteile unterscheidet Porter zwei aggregierte marktorientierte Gesamtvorteile: „niedrige Kosten" und „Differenzierung" durch Schaffung einer Einmaligkeit aus Sicht der Kunden. Vorteile niedriger Kosten stützen sich auf Größendegressionsvorteile (Mv 1) und Kapazitätsreserven (Mv 2), Differenzierungsvorteile auf Werbung (Mv 3), Firmenimage (Mv 4), überlegene Produktgestaltung (Mv 5), Markenimage (Mv 6) und Service (Mv 7), (vgl. ebenfalls Abb. 7-3).

Die Allokationsentscheidung wird mit dem Wettbewerbsfeld bezogen auf die Zahl der Marktsegmente erfasst.

Durch Verbindung der Dimensionen „Gesamtvorteile" und „Wettbewerbsfeld" lassen sich vier marktorientierte Strategien unterscheiden, davon zwei in einem breiten Wettbewerbsumfeld

- **MS 1:** Kostenführerschaft und

- **MS 2:** Differenzierung

und zwei in einem engen Wettbewerbsumfeld (Nischenstrategien)

▩ **MS 3:** Kostenschwerpunkt und

▩ **MS 4:** Differenzierungsschwerpunkt.

Abbildung 7-3:   *Aggregation der marktorientierten Wettbewerbsvorteile zu Gesamtvorteilen und Geschäftsbereichsstrategien*

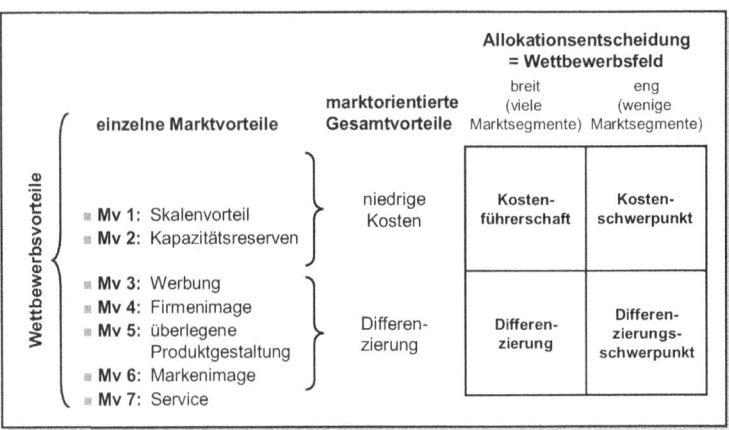

Porter trennt strikt zwischen den Gesamtvorteilen „niedrige Kosten" und „Differenzierung" auf der Abszisse seiner Wettbewerbsmatrix. Gegen diese Trennung sprechen jedoch hybride, d. h. Mischstrategien der kostenminimalen Differenzierung (vgl. Proff 2000). Solche Strategien werden durch Angebotsveränderungen, z. B. durch Abnahme der optimalen Betriebsgröße und durch Nachfrageveränderungen, z. B. durch stärkere Preissensibilität der Kunden verstärkt. Hybride Strategien lassen sich empirisch nachweisen. Schon die PIMS-Studie Mitte der 70er Jahre schloss die Verbindung von niedrigem Preis und überlegener Qualität nicht aus (vgl. Buzzell, Gale 1987, Kap. 8). Andere empirische Untersuchungen fanden unerwartet hybride Strategietypen (vgl. z. B. Woo, Cooper 1984) oder bestätigten die Annahme hybrider Strategien (vgl. z. B. Miller, Dess 1993). Miller und Dess weisen sogar eine signifikant höhere Leistungsfähigkeit hybrider Strategien gegenüber eindimensionalen Strategien nach, gemessen an einer deutlich höheren Rentabilität und einer leicht überdurchschnittlichen Wachstumsdynamik (vgl. auch die Studien von Phillips u. a. 1983 oder Reitsperger u. a. 1993). Hybride Strategien lassen sich auch theoretisch begründen, z. B. mikrotheoretisch über die drei Differenzierungsstrategien Varietäts-, Qualitäts- und Innovationsstrategie[16]. Es kann nachgewiesen werden, dass sie zu niedrigeren Kosten führen können (vgl. Fleck 1995, S. 84-152 oder Simanek 1998, S. 157-163)[17].

Ein marktorientiertes Strategiekonzept muss hybride Strategien[18] berücksichtigen und deshalb die Strategieklassifikation von Porter (Abb. 7-3) um einen dritten hybriden Wettbewerbsvorteil (kostenminimale Differenzierung) erweitern (Abb. 7-4).

Abbildung 7-4:   *Marktorientiertes Strategiekonzept auf der Geschäftsbereichsebene*

<table>
<tr><td rowspan="2">marktorientierte Gesamtvorteile</td><td></td><td colspan="2">Wettbewerbsfeld</td></tr>
<tr><td></td><td>eng</td><td>breit</td></tr>
<tr><td></td><td>niedrige Kosten</td><td>Kostenführerschaft in einem engen Wettbewerbsfeld</td><td>Kostenführerschaft in einem breiten Wettbewerbsfeld</td></tr>
<tr><td></td><td>Differen- zierung</td><td>Differenzierung in einem engen Wettbewerbsfeld</td><td>Differenzierung in einem breiten Wettbewerbsfeld</td></tr>
<tr><td></td><td>kosten- minimale Differen- zierung</td><td>Hybridstrategie in einem engen Wettbewerbsfeld</td><td>Hybridstrategie in einem breiten Wettbewerbsfeld</td></tr>
</table>

Geschäftsbereichsstrategien **international tätiger Unternehmen** können gegenüber Geschäftsbereichsstrategien national tätiger Unternehmen zusätzliche Wettbewerbsvorteile schaffen. Diese Wettbewerbsvorteile lassen sich den Vorteilen aus nationaler Tätigkeit, niedrige Kosten, Differenzierung und kostenminimale Differenzierung, zuordnen. Weiterhin sollten internationale Geschäftsbereichsstrategien Allokationsentscheidungen berücksichtigen, d. h. die Entscheidung über Konzentration oder

---

[16]   Mit einer Varietätsstrategie können Verbundvorteile („economies of scope") erzielt werden, mit einer Qualitätsstrategie werden Fehlerhäufigkeit und (Nachbesserungs-)Kosten gesenkt und Qualitätsvorteile („economies of quality") erreicht. Eine Innovationsstrategie kann durch kurze Entwicklungszeiten Zeit- und Geschwindigkeitsvorteile bringen („economies of speed").

[17]   Daneben gibt es produktionswirtschaftliche Begründungen für hybride Strategien z. B. von Corsten, Will (1995) vgl. auch Diskussion bei Blecker (1999, Abschnitt 3.5.2.3).

[18]   Solche Strategien sind nicht immer möglich oder sinnvoll (vgl. zu den Möglichkeiten und Grenzen hybrider Strategien Proff, 2000).

Streuung der Ländermärkte. Insbesondere müssen international tätige Unternehmen eine den Produkten bzw. Märkten entsprechende internationale Orientierung bzw. Ausrichtung erreichen. Perlmutter (1969) unterscheidet zwischen einer ethnozentrischen (nationalen) Orientierung, einer polyzentrischen (internationalen) und einer geozentrischen (globalen) Orientierung (vgl. auch Perlitz 2004, S.119-120). Die internationale Ausrichtung muss eine zusätzliche Dimension in der Klassifikation der Geschäftsbereichsstrategien bilden.

Selbst in den am weitesten verbreiteten Klassifikationen internationaler Geschäftsbereichsstrategien wird nicht klar zwischen den „Gesamtvorteilen" und „der internationalen Ausrichtung" getrennt. Das gilt z. B. für die internationalen Geschäftsbereichsstrategien im Spannungsfeld zwischen Globalisierungsvorteilen und Lokalisierungserfordernissen/-vorteilen (z. B. Macharzina, Wolf 2005, S. 952) wie auch für Strategien im globalen Wettbewerb (Porter 1989, S. 30 und S. 53).

Im **Spannungsfeld zwischen Globalisierungsvorteilen und Lokalisierungserfordernissen** werden in Abhängigkeit von den Globalisierungspotenzialen international, multinational, global oder „blockiert global", z. B. durch politische Auflagen, vier Strategien unterschieden:

1. „Selektionsstrategien", d. h. Exportstrategien in ausgewählte, dem Heimatmarkt ähnliche Märkte und in Geschäftsfeldern mit geringen Globalisierungsvorteilen und geringen Zwängen zur lokalen Anpassung,

2. „Einzelmarktstrategien" in multinationalen Geschäftsfeldern mit geringen Globalisierungsvorteilen aber hohen Zwängen zur lokalen Anpassung,

3. „Integrationsstrategien" in globalen Geschäftsfeldern durch Standardisierung und weltweite Integration der Aktivitäten und

4. „Interaktionsstrategien" in begrenzt zugänglichen Märkten.

Gegen diese Klassifikation lässt sich einwenden, dass sie nicht alle Geschäftsbereichsstrategien erfasst. Es werden auch nicht die Einwände gegen die Konvergenzthese beachtet, sondern weitgehend homogene Bedürfnisse und weltweit gleiche Nachfrage unterstellt (vgl. z. B. Carl 1989, S. 158). Kostenvorteile werden nur durch Skaleneffekte erzielt und länderspezifische Anpassungen sind ein notwendiges Übel. Die Klassifikation berücksichtigt auch nicht Differenzierungsstrategien oder schätzt sie nur gering.

Ähnlich unterstellt die Ableitung von **Strategien im globalen Wettbewerb** durch Porter (1989) in einer Matrix mit den Achsen „Wettbewerbsfeld" (breit – eng) und geographische Streubreite (Globalstrategie – länderspezifische Strategie)[19], dass nur

---

[19] Länderorientierte und globale Strategien unterscheiden sich vor allem durch die Konfiguration und Koordination der Wert(schöpfungs)aktivitäten. Mit Konfiguration wird die Entscheidung zwischen Konzentration oder Streuung dieser Aktivitäten bezeichnet, mit Koordination eine sehr lose oder eine enge netzwerkartige Verknüpfung. Globalstrategien definiert Porter (1989, S. 31) als ein Konzept, mit dessen Hilfe ein Geschäftsbereich „entweder durch

Globalstrategien („globale Kostenführerschaft", „globale Differenzierung" oder „globale Segmentierung") Wettbewerbsvorteile bringen. Gegen dieses Modell lässt sich vorbringen, dass sich die Kundenpräferenzen räumlich unterscheiden und dass das Spannungsfeld zwischen Globalisierung und Lokalisierung zugunsten großer Volumen aufgelöst wird (vgl. z. B. Carl 1989, S. 158). Porter betont zwar, dass jede strategische Alternative auch eine Entscheidung über die anzustrebenden Gesamtvorteile aus kostengünstiger Produktion und Produktdifferenzierung enthalten muss (ebd., S. 51). Er unterscheidet Gesamtvorteile jedoch nur bei Globalstrategien. Infolge der Annahme homogener Kundenpräferenzen ist nach Porter eine Wettbewerbsstrategie in geschützten Märkten oder bei länderspezifischer Anpassung nicht erforderlich. Da sich selbst in der EU die Präferenzen nicht angleichen, ist diese Annahme nicht haltbar.

Carl (1989) ersetzt dagegen Interaktionsstrategien in Märkten mit begrenztem Zugang durch duale Strategien („duales Geschäft") als Verbindung von Globalisierungs- und Lokalisierungsvorteilen. Er unterscheidet dieses „duale Geschäft", das als hybride internationale Orientierung (Mischorientierung) einer nur unwesentlich länderspezifisch modifizierten Globalisierung entspricht, von einem reinen Exportgeschäft, einem nationalen und einem globalen Geschäft. Es gelingt Carl jedoch auch nicht (S. 198), eine umfassende Klassifikation internationaler Geschäftsbereichsstrategien abzuleiten, weil er weltweite Standardisierung und länderspezifische Anpassung mit internationaler Kostenführerschaft und internationaler Differenzierung gleichsetzt. Damit werden die Geschäftsbereiche nicht beachtet, die weltweit differenzierte Produkte anbieten, und auch die Geschäftsbereiche nicht, die mit länderspezifisch angepassten Produkten jeweils Kostenführerschaft erreichen. Es ist deshalb sinnvoll, die Gesamtvorteile „niedrige Kosten", „Differenzierung" und „kostenminimale Differenzierung" von der markt- und produktbestimmten internationalen Orientierung (national, global und dual) zu trennen und in einer Matrix zu verbinden. Abb. 7-5 zeigt dies für das marktorientierte Strategiekonzept als Modifikation der Porter-Matrix (Abb. 7-4). Diese Matrix muss um die Allokationsentscheidung zwischen einem breiten und einem engen Wettbewerbsfeld erweitert werden.

---

eine konzentrierte Konfigurationsstruktur, eine Koordination geographisch gestreuter Aktivitäten oder durch beides Wettbewerbsvorteile zu realisieren sucht".

Abbildung 7-5: *Marktorientiertes Strategiekonzept international tätiger Geschäftsbereiche*

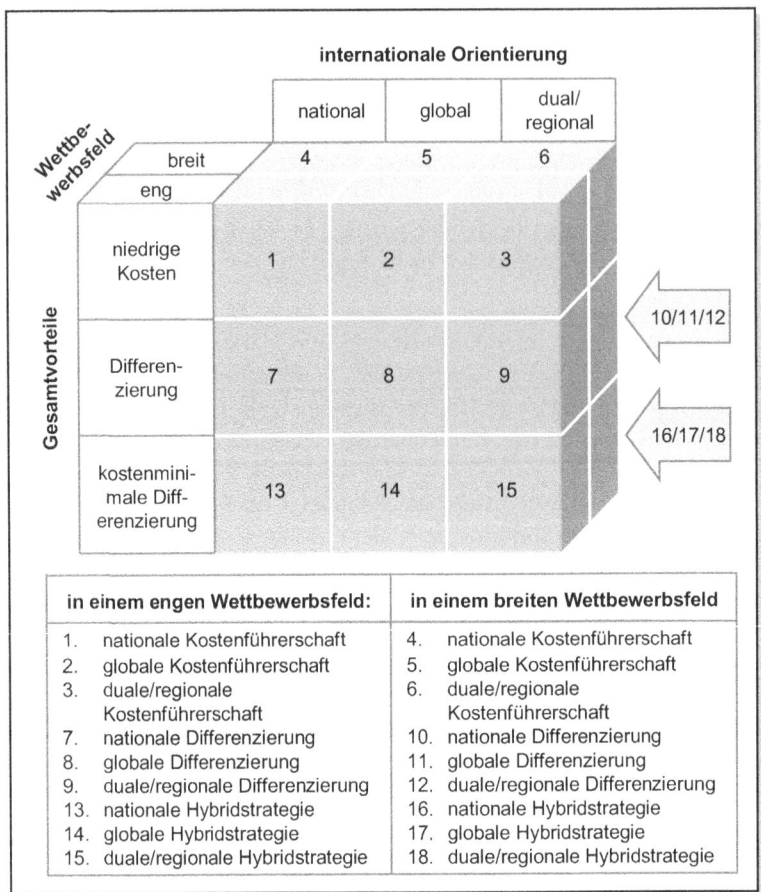

in einem engen Wettbewerbsfeld:	in einem breiten Wettbewerbsfeld
1. nationale Kostenführerschaft 2. globale Kostenführerschaft 3. duale/regionale Kostenführerschaft 7. nationale Differenzierung 8. globale Differenzierung 9. duale/regionale Differenzierung 13. nationale Hybridstrategie 14. globale Hybridstrategie 15. duale/regionale Hybridstrategie	4. nationale Kostenführerschaft 5. globale Kostenführerschaft 6. duale/regionale Kostenführerschaft 10. nationale Differenzierung 11. globale Differenzierung 12. duale/regionale Differenzierung 16. nationale Hybridstrategie 17. globale Hybridstrategie 18. duale/regionale Hybridstrategie

8 Marktorientierte Erklärungen wettbewerberorientierter dynamischer Strategien

In der marktorientierten Sichtweise wird Wettbewerb nicht nur als Verhinderung eines Markteintritts zu einem Zeitpunkt gesehen (Kapitel 7), sondern auch als Kampf der Wettbewerber um Marktanteile im Zeitablauf. Aktionen und Reaktionen der Wettbewerber folgen aufeinander. Sie stehen im Zentrum des marktorientierten Wettbewerbsverständnisses (vgl. Caves 1980 oder Chen, MacMillan 1992, S. 541).

Die Aktions-Reaktions-Abfolge lässt sich mit Hilfe der Spieltheorie erklären. Sie bildet die Grundlage der Erklärungen dynamischer Wettbewerbsstrategien durch die neue Industrial Organization Forschung und begründet marktorientierte dynamische Wettbewerbsvorteile, die sich nicht den Vorteilen nach Bain zuordnen lassen. Die im Rahmen der Oligopoltheorie abgeleiteten Modelle werden um sequentielle Entscheidungen erweitert. Die Spieltheorie unterstellt, dass sich durch wiederholte Aktionen und Reaktionen die besten Entscheidungen bezogen auf den Ausgangspunkt t_0 treffen lassen (vgl. Wiese 2002, S. 392). Dynamische **marktorientierte Erklärungen** betrachten diese Wettbewerberinteraktionen in einem weitgehend stabilen Umfeld. Die erwarteten Reaktionen der Wettbewerber sind Störfaktoren bei der Erlangung der angestrebten Wettbewerbsposition und beeinflussen die Aktionen des betrachteten Unternehmens, z. B. Präventivstrategien oder Signale an die Wettbewerber (vgl. Weigelt, MacMillan 1988; Chen, MacMillan 1992; Chen, Miller 1994; Day, Reibstein 1998 und MacMillan u. a. 2003).

In diesem Kapitel sollen nun wettbewerberorientierte dynamische Strategien marktorientiert erklärt werden (Kapitel 8.2). Dies ist möglich durch Dynamisierung des Oligopolmodells von Dixit (Kapitel 8.1). Bei der Umsetzung der daraus abgeleiteten dynamischen Strategien kann es zu Fehlentwicklungen kommen, die in Abschnitt 8.3 genannt werden.

8.1 Dynamisierung des Oligopolmodells von Dixit mit Hilfe der Spieltheorie

Das Ergebnis des in Kapitel 7 dargestellten Zwei-Perioden-Ansatzes von Dixit bildet nun die Eingangsgröße der Oligopolmodelle in einer dritten und in allen nachfolgenden Perioden. Dies erfolgt durch Dynamisierung des Dixit-Modells durch die Spiel-theorie (Abb. 8-1).

Die Spieltheorie wurde von John von Neumann und Oskar Morgenstern durch ihre Beschäftigung mit Gesellschaftsspielen entwickelt (vgl. Dixit, Nalebuff 1995; Bieta u. a. 2002). Danach erfolgt die Entscheidung zwischen mehreren möglichen Handlungen auf der Grundlage der gegebenen Situation, der Erfahrungen und der Informationen über die künftige Entwicklung (vgl. von Neumann, Morgenstern 1961, S. 79 und Wiese 2002, S. 398). Übertragen auf den Wettbewerb bedeutet das, das Aktionen und Annahmen über mögliche Reaktionen der Wettbewerber erforderlich sind (Abb. 8-1), die auf den heutigen Zeitpunkt bezogen werden (vgl. Day, Reibstein 1998).

Abbildung 8-1:   *Dynamisierung des Grundmodells der Oligopoltheorie*

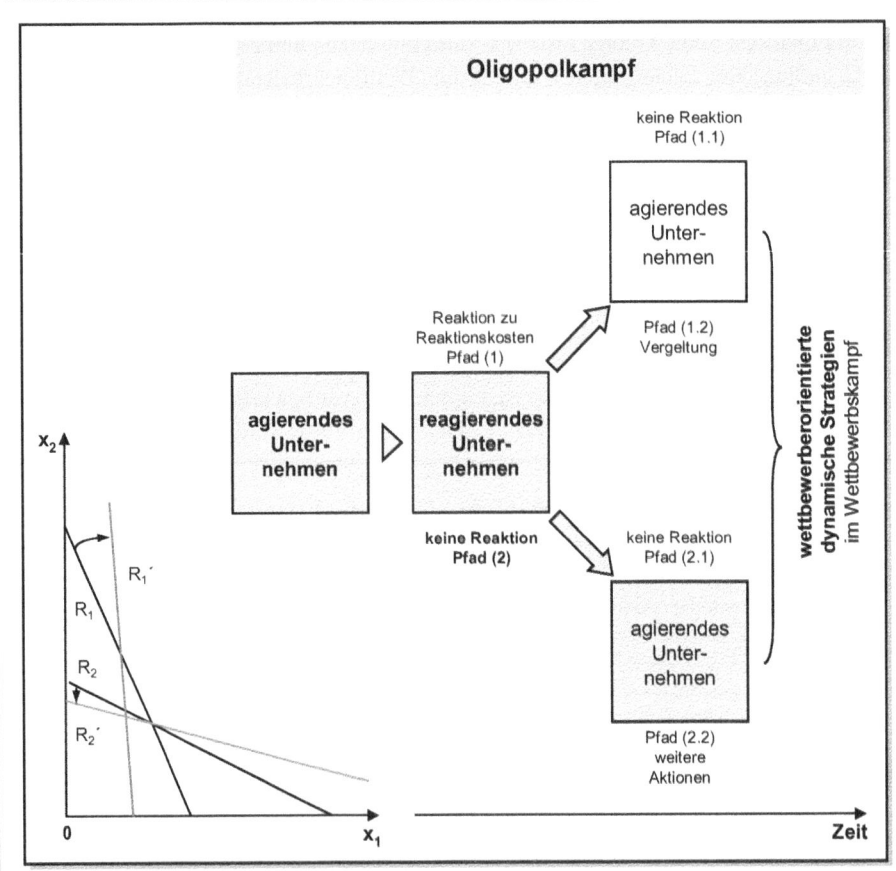

Spieltheoretische Modelle unterstellen nicht nur Aktionen und Reaktionen, sondern auch Lernprozesse. Im Unterschied zu statischen Modellen wird hier angenommen, dass sich der potentielle Konkurrent, d. h. das Unternehmen, das in den Markt eintreten möchte, mit den Abwehrreaktionen nicht abfindet und versuchen wird, in den Markt zu kommen. Daraus resultieren geänderte Reaktionsfunktionen (R_1' und R_2', vgl. die Pfeile in Abb. 8-1). Die Spieltheorie trifft nun Annahmen zur Veränderung der Reaktionsfunktionen und zu den daraus abgeleiteten wettbewerberorientierten dynamischen Strategien. Dabei geht es für ein Unternehmen, das schon nicht den Markteintritt eines Konkurrenten verhindern kann, darum, zumindest dessen Handlungsspielraum so stark zu beschränken, dass er im Markt keine bedeutende Rolle spielen kann. Dieser grundlegende spieltheoretische Gedanke brachte Caves, Porter (1977) zur Weiterentwicklung der Spieltheorie „from entry barriers (Eintrittsbarrieren) to mobility barriers" (Mobilitätsbarrieren).

Die Anzahl der spieltheoretischen Lösungen in Entscheidungssituationen ist sehr groß, da es viele Gleichgewichtspunkte der Reaktionsfunktionen gibt. Dynamische Mehrperiodenspiele sind infolge der vielen Spielalternativen und unvollkommener Informationen sehr kompliziert und können nur unter sehr restriktiven Annahmen analytisch gelöst werden (vgl. Weigelt, MacMillan 1988; Holler, Illing 2005, Wiese 2002 oder Nowak, Szajowski 2005). Da die Spieltheorie sehr sensibel auf Veränderungen der Annahmen reagiert, wird versucht, Sensitivitäten durch verfeinerte Ansätze wie z. B. die „stochastic evolutionary game theory" (Ernst u. a. 2005) zu reduzieren und die Ergebnisse damit robuster zu machen.

8.2 Wettbewerberorientierte dynamische Strategien

Es gibt sowohl kooperative Entscheidungssituationen, in denen die Unternehmen (Spieler) Interesse an einer Zusammenarbeit haben, als auch nicht kooperative Entscheidungssituationen, in denen sie sich bekämpfen (vgl. Simon 2000, Dixit, Nalebuff 1995). Im Zentrum der Spieltheorie stehen nicht kooperative Entscheidungssituationen, allerdings bieten auch die Erkenntnisse der kooperativen Spieltheorie Hinweise zur Erlangung dauerhafter Wettbewerbsvorteile, vor allem durch Unternehmenskooperation (vgl. dazu Kapitel 11).

8.2.1 Wettbewerberorientierte dynamische Strategien der nicht kooperativen Spieltheorie

Die nicht kooperative Spieltheorie sucht nach Lösungen, damit Spiele[20] lösbar werden und sich ein eindeutiges Ergebnis der interdependenten Entscheidungssituationen ergibt. Von besonderer Bedeutung sind dabei die Erwartungen über die wechselseitig abhängigen Handlungen der Akteure bei unvollkommener Information. Bindende Verpflichtungen reduzieren die Unsicherheit. Besonders wichtig sind bei Markteintrittsüberlegungen sog. „sunk costs" (nicht mehr liquidierbare Investitionen, vgl. Holler, Illing 2005, S. 20) sowie Hinweise auf Vergeltungsmaßnahmen. „**Sunk costs**" begründen stabile Erwartungen, die dazu beitragen, Entscheidungen zu treffen.

Die nicht kooperative Spieltheorie erklärt durch dynamische Mehrperiodenspiele, dass die angestrebte Wettbewerbsposition nur dann erreicht wird, wenn die Aktionen des Unternehmens erfolgreich sind. Dies ist anzunehmen, wenn keine Reaktion der Wettbewerber erwartet wird und diese Unternehmen somit im Wettbewerb verlieren (vgl. Chen, MacMillan 1992; Chen, Miller 1994). Die angestrebte Wettbewerbsposition wird folglich nur dann erreicht, **wenn auf Aktionen keine Reaktionen der Wettbewerber aufgrund einer Beschränkung des Handlungsraumes erfolgen können.** Im Extremfall verfügen die Wettbewerber nicht mehr über strategische Alternativen (vgl. Weigelt, MacMillan 1988, S. 32). Da diese Annahme der statischen Strategieforschung, dass die Wettbewerber nicht reagieren werden, generell nicht zutrifft, bedarf es dynamischer Strategien, durch die die Handlungsfähigkeit der Wettbewerber begrenzt werden soll. Aktionen haben jedoch nicht das Ziel, die Gewinnchancen der Branche zu schwächen. Dies wäre der Fall, wenn über einen Preiskrieg oder einen ruinösen Wettbewerb Wettbewerber zur Aufgabe oder zur Duldung von Aktionen bewogen werden sollen.

Ein Grundproblem der nicht kooperativen Spieltheorie ist, dass sich in Abhängigkeit von Form und Lage der Reaktionsfunktionen das Ergebnis des Entscheidungsmodells ändert (vgl Abb. 8-1). Diese Abhängigkeit der Ergebnisse von Veränderungen der Annahmen wird als großes methodisches Defizit der Spieltheorie angesehen (vgl. Teece u. a. 1997). Es sollten deshalb hier nur Forschungsergebnisse vorgestellt werden, die empirisch bestätigt sind und als relativ robust angesehen werden können (vgl. dazu Chen, MacMillan 1992; Chen u. a. 1992).

---

[20] Eine Spielsituation kann dabei über die Menge N = {1,…,n} der Spieler, über die Menge S der Strategiekombinationen s = {s₁,…sᵢ,…sₙ} und über die Menge der Ereignisse E formal vollständig dargestellt werden. Daraus ergibt sich der Strategieraum als die Menge aller möglichen Kombinationen aus Strategien sᵢ ∈ S der verschiedenen Spieler i (i = 1,…,n). Zudem ist die Beschreibung der Spielregeln notwendig. Sie legt fest, in welcher Reihenfolge die Spieler zum Zuge kommen und welches Ereignis e(S) ∈ E durch die Strategiekombination s bestimmt wird (vgl. Holler, Illing 2005, S. 3). Die formale Darstellung erfolgt entweder im Rahmen einer Ausgangsmatrix oder durch einen Spielbaum (wie in Abb. 8-1).

Chen, MacMillan (1992, S. 567) zeigen, dass die Unsicherheit der reagierenden Unternehmen hinsichtlich der Ernsthaftigkeit von Aktionen abnimmt, wenn das agierende Unternehmen die Irreversibilität der Aktionen deutlich macht. Diese Irreversibilität schränkt die Reaktionsmöglichkeiten ein. Untersuchungen von Ghemawat (1991) und Porter (1991a, S. 107) belegen, dass Reaktionen der Wettbewerber um so wahrscheinlicher sind, je stärker sie bindende Verpflichtungen („**commitment**") eingehen und je stärker sie den Ruf aufbauen bzw. signalisieren, dass sie auf Aktionen mit Vergeltungsreaktionen („**signalling**") antworten.

„**Signalling**" und „**commitment**" als Demonstration von Irreversibilität können gemäß der nicht kooperativen Spieltheorie im Wettbewerb um Produkte (Wettbewerbsarena Produkte) und im Wettbewerb um Ländermärkte (Wettbewerbsarena Ländermärkte) erreicht werden. Sie ergeben sich damit durch große Investitionen in Produkte und in Ländermärkte (vgl. Dixit 1979; Chen, MacMillan 1992; Chen, Miller 1994 oder Bulow u. a. 1985).

Durch große Investitionen in Ländermärkte und Produkte signalisieren Unternehmen ihren Wettbewerbern, dass sie in einem Markt bzw. in einer Branche eine bedeutende Rolle in Zukunft spielen wollen. Die Investitionen, die nur mit großen Verlusten rückgängig gemacht werden können, zeigen die Entschlossenheit, die Strategie (Aktion) auch umzusetzen.

Investitionen in Märkte und Produkte zeigen außerdem ein „commitment". Wettbewerber, die neu in den Markt kommen, können davon ausgehen, dass die hier bereits etablierten Unternehmen, Verluste an Marktanteilen und Gewinnen nicht hinnehmen werden.

Aus diesen marktorientierten Erklärungen von Wettbewerbsvorsprüngen ergeben sich zwei Ansatzpunkte für wettbewerberorientierte dynamische Strategien (Abb. 8-2):

- „signalling" und „commitment" durch große Investitionen in Produkte und

- „signalling" und „commitment" durch große Investitionen in Ländermärkte.

Abbildung 8-2:   *Erklärung wettbewerberorientierter dynamischer Strategien durch*
                       Begrenzung des Handlungsspielraums der Wettbewerber

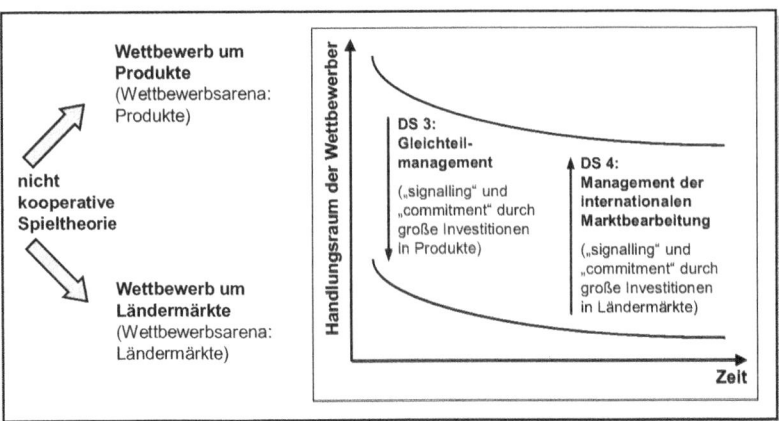

Große Investitionen in Produkte erfolgten lange Zeit in Produktionskapazitäten, um Größendegressionsvorteile erzielen zu können. Einige Unternehmen, z. B. in der Automobilindustrie, errichteten Weltfabriken, d. h. Produktionsbetriebe, die Kunden weltweit beliefern sollen. Aufgrund der hohen Transportkosten und der zunehmenden Individualisierung der Nachfrage wird verstärkt in flexible Produktionsanlagen investiert. In Verbindung mit Gleichteilen und Plattformen lässt sich eine hohe Variantenvielfalt und damit Differenzierung bei relativ niedrigen Kosten erreichen. Damit versuchen die Unternehmen Flexibilität und Wettbewerbsfähigkeit zu signalisieren und den Handlungsspielraum der Wettbewerber zu begrenzen. Große Investitionen in Gleichteile zwingen Wettbewerber zu hohen Investitionen, wenn sie in den Markt wollen. Da vielen Unternehmen dazu die Finanzkraft fehlt oder die Unterstützung durch Shareholder mit kurzfristigen Ertragserwartungen, können sie in einem Investitionswettlauf nicht mithalten. Ein „signalling" und „commitment" durch große Investitionen in Produkte wird heute durch eine dritte wettbewerberorientierte dynamische Strategie angestrebt:

▓ **DS 3:**   Gleichteilmanagement.

Große Investitionen in Ländermärkte erfolgten lange Zeit in Märkten der hoch entwickelten Länder. Seit den neunziger Jahren rücken nun aber auch verstärkt die weniger entwickelten Ländermärkte ins Zentrum des Interesses vieler multinationaler Unternehmen, da sie in allen wichtigen Weltregionen und -märkten vertreten sein wollen. In weniger entwickelten Ländern reagieren sie vor allem auf Investitionsanreize, mit denen die Regierungen dieser Länder ausländische Direktinvestitionen anzuziehen versuchen. Sie beteiligen sich am Wettbewerb um neue Produktionskapazitäten wie z. B. europäische und japanische Automobilunternehmen in China. Dabei muss die Bearbeitung der internationalen Märkte koordiniert werden. Ein „signalling" und „commitment" durch große Investitionen in Ländermärkte wird deshalb heute mit einer vierten wettbewerberorientierten dynamischen Strategie angestrebt:

▨ **DS 4:**   Management der internationalen Marktbearbeitung (vgl. Abb. 8-2).

8.2.2   Wettbewerberorientierte dynamische Strategien der kooperativen Spieltheorie

Kooperieren die Unternehmen, dann kommen die spieltheoretischen Modelle zu anderen Ergebnissen als ohne Kooperation. Die Verteilung zusätzlicher Gewinne durch die Kooperation hängt von der Verhandlungsposition und den Verhandlungszielen ab. Damit ein potenzieller Kooperationspartner freiwillig seinen Handlungsraum im Markt einschränkt, muss er einen Gegenwert erhalten. Sonst ließe sich kein rational handelndes Unternehmen auf eine Kooperation ein.

Eine Ausnahme bilden Fälle, in denen die Marktsituation so unübersichtlich ist, dass der Kooperationspartner die Gefahren nicht überblicken kann. Auch in einem solchen Markt sind Gewinne möglich, es wird jedoch zu keiner dauerhaften Kooperation kommen, die auf gegenseitigem Nutzen beruht (vgl. Weigelt, MacMillan 1988).

Ein ökonomisch sinnvolles Kooperationsmanagement wird erleichtert durch Komplementarität, z. B. der Unternehmensvorteile der Kooperationspartner. Um den Mehrwert zu maximieren, sind Kooperationsstrategien anzustreben, die die Unternehmensvorteile nicht nur zufällig zusammenführen (vgl. Collis, Montgomery 1998, S. 72), sondern aufeinander beziehen. Komplementarität kann auf Wertschöpfung beruhen oder auf Kompetenzen (vgl. Teece 1982; Rautenstrauch u. a. 2003, S. 37).

Milgrom und Roberts (1990 und 1992) begründen die Notwendigkeit von Komplementarität mit **einem traditionellen mikroökonomischen Optimierungsmodell.** Der Wert der Zielfunktion ist um so höher, je gleichgerichteter die Variablen sind. Bei der Zielfunktion handelt es sich um eine nichtlineare und nicht konvexe Gewinnfunktion, die nicht nur ein Optimum haben kann (vgl. auch Murty 1988, S. XXXVIII). Dies entspricht der Realität bei der Festlegung von Kooperationsstrategien, da bei derart komplexen Entscheidungsproblemen oft multiple Lösungen möglich sind. Ein solches nicht konvexes Optimierungsproblem lässt sich nicht mit den in der Operations Research Forschung verbreiteten Verfahren lösen (vgl. Ellinger u. a. 2001, S. 204). Eine Lösung erfolgt deshalb bei Milgrom und Roberts (1990 und 1992) über die Optimierung supermodularer Funktionen. Dadurch ist es möglich, aus einer Vielzahl relativer Optima die angestrebten Unternehmensvorteile (der Kooperationspartner) gewinnmaximal zusammenzuführen. Die **optimale Lösung ergibt sich dann, wenn die Haupt- und Nebenwirkungen zueinander komplementär sind** (vgl. Milgrom, Roberts 1990, S. 513 und S. 516 sowie Topkis 1998, S. 70). Dies bedeutet, dass das Streben nach dem Unternehmensvorteil i, z. B. durch eine Kooperation, keine negative Rück-wirkung auf den Vorteil j hat (vgl. Milgrom, Roberts 1990, S. 525). In diesem Falle wird durch die interne Konsistenz der angestrebten Unternehmensvorteile der Optimal-punkt mit dem höchsten Zielerreichungsgrad (hier dem Gewinn) erreicht[21].

Für Unternehmen bedeutet dies, dass Komplementarität der Kooperationspartner maximale Gewinne durch **Synergien** verspricht. Synergien werden sehr allgemein im Sinne von „Zusammenwirken" bzw. Wirkung der gemeinsamen Nutzung wirtschaft-licher Potentiale durch mindestens zwei Geschäftsbereiche verstanden (vgl. Neuber-ger 1993, S. 23)[22]. Sie bedeuten Kosteneinsparungen oder/und Verbesserungen der Leistung. Damit unterstützen Kooperationen die dynamischen Strategien gegenüber gemeinsamen Wettbewerbern im Rahmen der nicht-kooperativen Spieltheorie. Mit Kooperationspartnern ist ein „signalling" und „commitment" gegenüber den Wettbe-werbern durch große Investitionen in Produkte und Ländermärkte eher möglich.

Im Extremfall ergibt sich die Akquisition des einen Unternehmens durch ein anderes Unternehmen oder die Fusion beider Unternehmen. Akquisitionen und Fusionen sind aber anders zu behandeln, weil es hierfür meist nicht nur strategische Gründe gibt, sondern auch finanzielle Gründe und Gründe der Corporate Governance. Sie sollen hier nicht betrachtet werden, auch, weil sich aus Sicht der Spieltheorie die Entschei-dungssituation verändert (Wegfall eines Spielers).

Aus diesen marktorientierten Erklärungen von Wettbewerbsvorteilen durch Synergien aufgrund einer Kooperation mit komplementären Partnern ergibt sich ein weiterer Ansatzpunkt für wettbewerberorientierte dynamische Strategien (Abb. 8-3):

▨ Synergien durch Kooperation mit komplementären Partnern.

Solche Synergien müssen in einer weiteren wettbewerberorientierten dynamischen Strategie umgesetzt werden:

▨ **DS 5:**   Kooperationsmanagement.

---

21   Die Mathematik supermodularer Optimierungen ist sehr kompliziert, so dass für eine vertief-te Auseinandersetzung mit der Optimierungsmethode auf die Literatur verwiesen wird (vgl. z. B. Topkis 1978 und 1998; Murty 1988 oder Kojima u. a. 1991). Wichtig hier ist die Komple-mentarität der Elemente (z. B. der Unternehmensvorteile) der zu optimierenden Zielfunktion. Werden komplementäre Unternehmensvorteile gewählt, dann ist aufgrund der Optimierung supermodularer Funktionen eine optimale Entscheidung möglich (vgl. z. B. Milgrom, Roberts 1990, S. 513 und S. 516 sowie Topkis 1998, S. 70).

22   In diesem Sinne ist der Synergieeffekt oder „2+2=5-Effekt" sehr allgemein das Ergebnis einer „Unternehmenspolitik, die darin besteht, eine Absatzmarkt-Position zu erreichen, bei der die Gesamt-Leistungsfähigkeit größer ist als die Summe ihrer Teile" (Ansoff 1966, S. 97).

Abbildung 8-3: *Erklärung wettbewerberorientierter dynamischer Strategien durch Synergien*

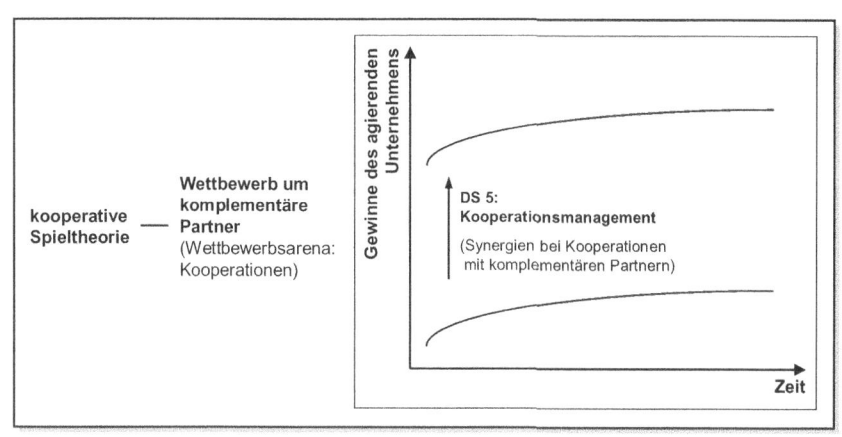

8.3 Fehlentwicklungen bei der Umsetzung wettbewerberorientierter dynamischer Strategien

In vielen Branchen besteht ein starker Wettbewerbskampf um Marktanteile, in dem Hersteller wie Zulieferer den drei wettbewerberorientierten dynamischen Strategien folgen. Es erfolgt ein Gleichteilmanagement und ein Management der internationalen Marktbearbeitung mit dem Ziel des „signalling" und „commitment" durch große Investitionen in Produkte oder Ländermärkte, um Irreversibilität von Aktionen zu demonstrieren und Rentenpotenziale der Wettbewerber zu entwerten. Zudem bilden sich immer größere Allianzen, Kooperationen und Fusionen, um durch ein Kooperationsmanagement mit komplementären Partnern Synergien zu erzielen.

Dennoch gibt es Fehlentwicklungen bei der Umsetzung der wettbewerberorientierten dynamischen Strategien.

Im Rahmen der Umsetzung des **Gleichteilmanagements bei großen Investitionen in Produkte** kommt es immer häufiger zu **Fehlentwicklungen durch eine undifferenzierte Verwendung von Gleichteilen und Plattformen,** durch die nahezu identische Produkte entstehen, deren Preisunterschiede sich nur noch durch die Marke begründen lassen. Preispremien, d. h. Preise oberhalb des Preises für die technische Grundleistung, lassen sich nicht halten, wenn sie nicht durch Differenzierung und Zusatznutzen gerechtfertigt sind (vgl. Proff, Proff 2000). Undifferenzierte Gleichteilstrategien führen in vielen Branchen zu sinkenden Preispremien. Sie fordern Wettbewerber eher zu Reaktionen auf, als dass sie sie davon abhalten. Zur Sicherung der Preispremien ist ein effizientes Preispremienmanagement notwendig.

Im Rahmen der Umsetzung **großer Investitionen in Ländermärkte** und damit eines **Managements der internationalen Marktbearbeitung** wird bei Entscheidungen über Investitionen in Ländermärkte, die aufgrund besonderer Anreize wie z. B. Zollschutz lohnend erscheinen, häufig zu wenig bedacht, dass bei Wegfall dieser Anreize die Vorteile schwinden. Gerade in Ländern mit einem kleinen Binnenmarkt, kann dann nicht mehr rentabel produziert werden, wenn z. B. der Zollschutz im Rahmen der WTO abgebaut und nicht oder nur wenig exportiert wird. Kostendegressionsvorteile werden nur bei einer Produktion für den Binnenmarkt und den Export erreicht. Bei stagnierender Weltnachfrage nach vielen Industrieprodukten wie Automobilen und elektronischen Haushaltsgeräten kommt es weltweit zu **Überkapazitäten und zur Exportkonkurrenz der Produktionsstandorte.** Diese schädlichen Wechselwirkungen zwischen den Handlungen innerhalb oder zwischen multinationalen Unternehmen in einem oder mehreren Ländermärkten werden negative Mehrmarkt-Spillover-Effekte genannt. Sie schaffen weder die gewünschte Irreversibilität noch entwerten sie Rentenpotentziale der Wettbewerber. Diese Ziele verlangen koordinierte Mehrmarktstrategien.

Kooperationen mit komplementären Partnern sind Hilfsstrategien (vgl. Jung, Kleine 1993, S. 306; Jung u. a. 2006), die die Erzielung von Wettbewerbsvorteilen oder/und den Eintritt in bzw. die Durchdringung von Auslandsmärkten unterstützen sollen. Unternehmen versprechen sich davon Synergien, d. h. Kosteneinsparung und Verbesserung der Leistungen. Kooperationen erfolgen allerdings oftmals nur unter Wachstumsgesichtspunkten (vgl. Fels 1999). Größe wird dann zu einer Strategie und begründet Kooperationen mit nicht komplementären Partnern. **Dies führt zu Fehlentwicklungen, weil unvorteilhafte Allianzen, Kooperationen und Fusionen Wert vernichten.** Deshalb bedarf es eines systematischen Kooperationsmanagements.

In den nächsten drei Kapiteln soll untersucht werden, wie Unternehmen wettbewerberorientierte dynamische Strategien effizient umsetzen können. Dabei muss überlegt werden, wie mit Fehlentwicklungen umgegangen wird. Solche dynamischen Strategien sind:

- ein effizientes Preispremienmanagement zur Vermeidung sinkender Preispremien bei großen Investitionen in Produkte (Kapitel 9),

- ein koordiniertes Mehrmarktmanagement zur Vermeidung negativer Mehrmarkt-Spillover-Effekte bei großen Investitionen in Ländermärkte (Kapitel 10) und

- ein systematisches Kooperationsmanagement zur Vermeidung bzw. Auslösung wertvernichtender Zusammenschlüsse (Kapitel 11).

9 Preispremienmanagement bei großen Investitionen in Produkte

Im Kampf um Marktanteile verfolgen immer mehr Unternehmen ein „signalling" und „commitment" durch große Investitionen in Produkte als Ansatzpunkt für eine wettbewerberorientierte dynamische Strategie (Kapitel 8).

Große Investitionen in Produkte zielen heute in der Regel auf die Verwendung von Gleichteilen. Investitionen in Gleichteile ersetzen zunehmend Investitionen in Produktionsanlagen, durch die früher Irreversibilität demonstriert und die Rentenpotenziale der Wettbewerber entwertet werden sollten. Ein solches Gleichteilmanagement wurde aufgrund der Überkapazitäten in der Produktion, und des dadurch verursachten Preisverfalls notwendig.

Die dynamische Strategie des Gleichteilmanagements stellt eine Dynamisierung statischer Strategien dar (vgl. Kapitel 7), die sich in Branchen mit Massenproduktion und einer Vielzahl von Varianten immer mehr von dem Ziel der Kostenführerschaft, realisiert durch Skalenvorteile in der Produktion, zu hybriden Strategien mit dem Ziel der kostenminimalen Differenzierung entwickeln. Hybride Strategien werden infolge stetig sinkender Produktpreise und steigender Individualisierung der Nachfrage immer bedeutsamer.

Führt der Einsatz von Gleichteilen allerdings dazu, dass sich die Produktvarianten und damit auch die Preise immer mehr angleichen, dann können Preispremien kaum noch gehalten werden. Preise oberhalb des Preises für die technische Grundleistung („value for money") lassen sich dann nicht mehr durchsetzen. Bei vielen Produkten sinken die Preispremien infolge eines Gleichteilmanagements, das zu wenig zwischen Produktgruppen differenziert. Managementfehler sind daran erkennbar, dass sich Baureihen Konkurrenz machen (Beispiel Automobilindustrie) und Marktanteile verloren gehen. Der Erhalt der Preispremien im Zeitablauf ist von großer Bedeutung, da Preispremien das Wiederkaufverhalten der Kunden beeinflussen. Wird ein Produkt nur einmal gekauft, dann sind Preispremien anders zu bewerten, als bei Produkten, die zyklisch beschafft werden und deshalb bestimmte Erwartungen der Kunden erfüllen müssen, damit die Bereitschaft zur Zahlung eines Premiums erhalten bleibt.

Durch fehlgeleitete große Investitionen in Gleichteile für unterschiedliche Produkte gehen Marktanteile verloren. Außerdem wird ein „signalling" und „commitment", das Irreversibilität demonstriert und Rentenpotenziale der Wettbewerber entwerten kann, nicht gelingen.

Deshalb ist bei großen Investitionen in Gleichteile für unterschiedliche Produkte ein effizientes Preispremienmanagement notwendig, das in diesem Kapitel vorgeschlagen wird.

Dazu wird das Gleichteilmanagement als Strategie zum „signalling" und „commitment" durch große Investitionen in Produkte beschrieben (Abschnitt 9.1), dann das Problem sinkender Preispremien aufgezeigt und erklärt (Abschnitt 9.2 und 9.3). Schließlich wird in Abschnitt 9.4 ein effizientes Preispremienmanagement zur Sicherung von Preispremien vorgeschlagen.

9.1 Gleichteilmanagement durch große Investitionen in Produkte

Die Entscheidungstheorie unterstellt, dass Manager trotz unvollkommener Informationen und unzureichender Fähigkeit, Informationen zu verarbeiten, subjektiv rational entscheiden (vgl. Kapitel 5) und versuchen werden, die Handlungen der Wettbewerber einzuschränken.

Dies soll am Beispiel zweier Unternehmen A und B verdeutlicht werden, die sich jeweils für oder gegen die Produktion eines neuen Produktes entscheiden und damit für oder gegen einen Markteintritt (vgl. dazu Brander, Spencer 1985 oder Broll, Gilroy 2000). Sie entscheiden sich damit für oder gegen große Investitionen in Produktionsanlagen oder in Gleichteile für unterschiedliche Produkte. Abb. 9-1 zeigt das Ergebnis der Entscheidung der beiden Unternehmen. Die erste der beiden Zahlen in den vier Quadranten nennt den Gewinn/Verlust des Unternehmens A, die zweite Zahl den Gewinn/Verlust des Unternehmens B.

Produzieren beide Unternehmen das gleiche Produkt und investieren sie beide in Produktionsanlagen oder in Gleichteile, dann machen beide Unternehmen aufgrund der geteilten Skalenvorteile Verluste (-5). Produziert dagegen nur ein Unternehmen dieses Produkt, so erhält es alle Rentenpotenziale im Markt (100). Die Lösung dieser Entscheidungssituation (dieses Spiels) hängt davon ab, welches Unternehmen zuerst deutlich erkennbar zeigt, dass es investiert bzw. investieren wird. Das Modell kann erweitert werden, indem mehrere Spieler betrachtet und Quersubventionen von Produkten berücksichtigt werden. Abb. 9-1 zeigt, dass ein „signalling" und „commitment" durch große Investitionen in Produkte vorteilhaft ist und einen Ansatzpunkt für eine wettbewerberorientierte dynamische Strategie (DS 3: Gleichteilmanagement) bietet.

Abbildung 9-1: *Gewinne oder Verluste in Abhängigkeit von den Unternehmensentscheidungen*

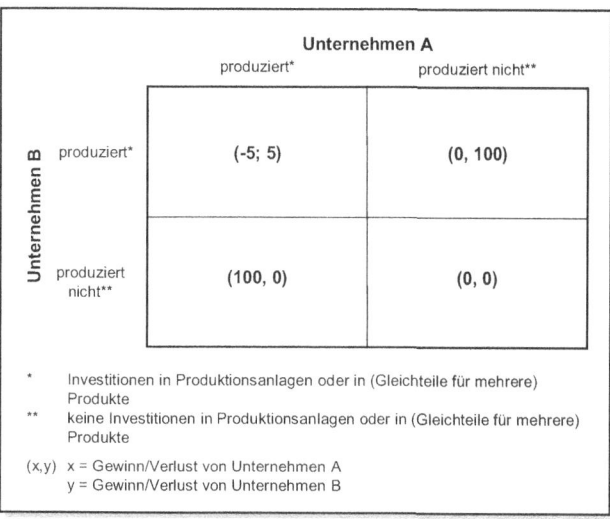

Markteintrittsbarrieren durch „signalling" und „commitment" großer Investitionen in Produkte entstehen mit unterschiedlicher Zielsetzung: mit der Zielsetzung großer Produktionsanlagen und mit der Zielsetzung der Verwendung von Gleichteilen (vgl. Abb. 9-2). Bis in den neunziger Jahren erfolgten entsprechend der Strategie der Kostenführerschaft große Investitionen überwiegend in Produktionskapazitäten zur Erzielung von Skalenvorteilen (vgl. Kapitel 7). Dadurch entstanden große, nicht ausgelastete Kapazitäten. Durch Angebote zu Grenzkosten wurden Wettbewerberreaktionen verhindert. Angesichts der Überkapazitäten werden die Produktionskapazitäten kaum noch erweitert. Statt dessen wird in flexible Produktion und in Gleichteile bzw. Plattformen investiert, die Skalenvorteile und zugleich Differenzierung ermöglichen und dadurch Markteintrittsbarrieren schaffen, die Wettbewerberreaktionen erschweren.

Abbildung 9-2: *Phasen des „signalling" und „commitment" durch große Investitionen in Produkte*

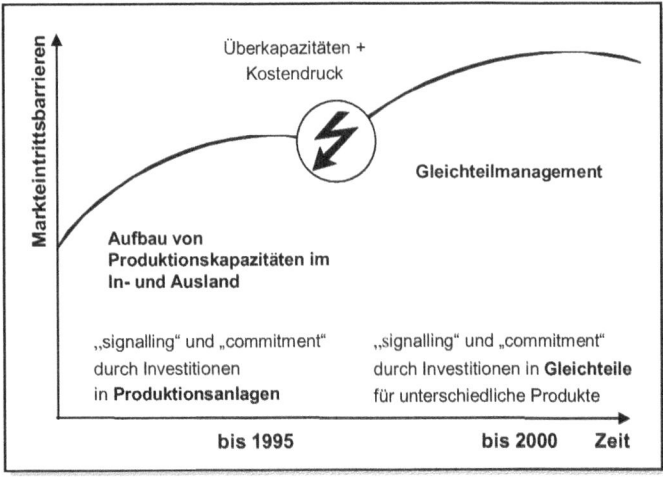

Ein Gleichteilmanagement kann in zwei oder drei Schritten erfolgen: (1) Entwicklung einer einheitlichen Produktstruktur bzw. Produktarchitektur, aus der (2) Plattformen entwickelt werden können und (3) Prüfung der Markenverträglichkeit von Modulen und Plattformen (vgl. Abb. 9-3).

Abbildung 9-3: *Prozess des Gleichteilmanagements*

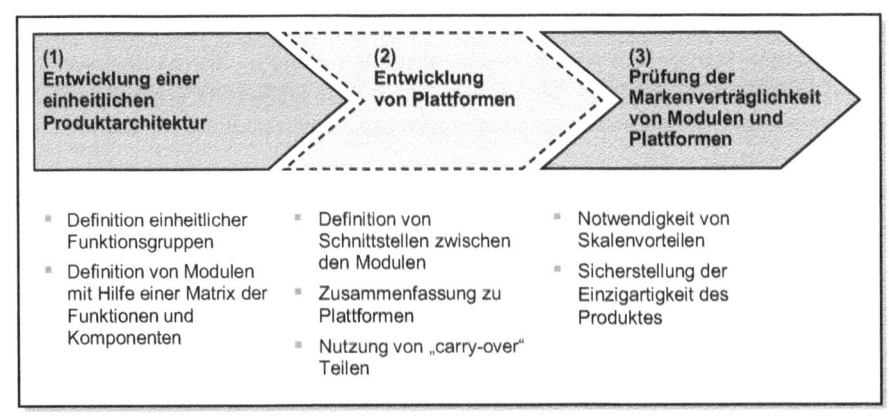

(1) Entwicklung einer einheitlichen Produktarchitektur

In vielen Branchen gibt es Produktarchitekturen mit klar definierten Schnittstellen zwischen den Modulen. Dazu wurden Gruppen von Funktionen bestimmt, die ein Produkt erfüllen muss, wie z. B. Sicherheit, Gesundheit und Komfort, und in einer Matrix z. B. auf Fahrzeugkomponenten, wie Klimaanlage, Armaturenbrett, Lampen und Sitze bezogen.

Die Entwicklung einer einheitlichen Produktarchitektur ist ein ressourcenintensiver und komplexer Prozess, der durch kurzfristige Aktionen nicht gestört werden sollte (Meyer, Lehnerd 1997, S. 22). Für die Produktivität der Montagewerke ist sehr wichtig, die Zahl der Module und Varianten möglichst gering zu halten (z. B. MacDuffie u. a. 1996). Eine abgestimmte Produktarchitektur schafft die Voraussetzung für eine Modularisierung.

(2) Entwicklung von Plattformen

Sind die Module definiert, dann können sie standardisierten Plattformen zugeordnet werden. Plattformen verbinden kundenferne Module, bei denen die Kunden die Standardisierung nicht oder als nicht bedeutend wahrnehmen. Ein Beispiel für eine Plattform ist die sog. Bodengruppe von Fahrzeugen als Teil der Karosserie mit Fahrwerk, Achsen und Rädern, Brems- und Lenksystem, Getriebe und Abgasanlage. Solche Plattformen erfordern in der Regel einen hohen Entwicklungsaufwand und haben einen erheblichen Anteil an den Produktionskosten. Aus Plattformen können „abgeleitete Produkte" entwickelt und produziert werden (Meyer, Lehnerd 1997 S. xii), d. h. unterschiedliche Fahrzeuge mit gleicher Plattform.

Plattformen bzw. für mehrere Produkte verwendete Gleichteile sind von sog. „carry-over" Teilen zu unterscheiden, d. h. Teilen, die von einer Produktgeneration unverändert in die nächste übernommen werden. „Carry-over" Teile sind sinnvoll, wenn Teile hohe Entwicklungs- und Produktionskosten bei nur geringen variablen Kosten verursachen, die sich nur über einen langen Zeitraum amortisieren. Plattformen und Gleichteile ermöglichen Skalenvorteile, z. B. in der Beschaffung von Komponenten und in der Produktion.

Bei der Plattformentwicklung handeln differenzierende Hersteller etwas vorsichtiger als Kostenführer, da sie stärker auf die Eigenständigkeit der Produktgruppe als Kern der Differenzierung achten müssen. Dennoch kann es auch bei ihnen zu einer Angleichung der Produktgruppen kommen.

(3) Prüfung der Markenverträglichkeit von Modulen und Plattformen

Sind Module und gegebenenfalls Plattformen bestimmt, müssen im dritten Schritt eines optimalen Gleichteilmanagements die Plattformen und Module auf ihre Verträglichkeit für die einzelnen Produkte und Marken hin überprüft werden. Hier geht es u. a. um die Entscheidung über Stückzahlen je Modell und Marke. Aus Kostensicht sind große Stückzahlen und wenige Varianten erstrebenswert, aus Marketingsicht Einzigartigkeit und Eigenständigkeit des Produktes in der Wahrnehmung des Kunden, d. h. viele Varianten mit jeweils geringen Stückzahlen.

9.2 Sinkende Preispremien als Fehlentwicklung des Gleichteilmanagements

Gleichteile und Plattformen werden dann zum Problem, wenn sich dadurch Produkte und Marken angleichen und das Differenzierungspotenzial und das erreichbare Preispremium deutlich verringern. Diese Gefahr ist dann groß, wenn Gleichteile oder eine Plattform für unterschiedliche Produkte mit sehr ähnlichem Design verwendet werden, und die potenziellen Kunden nicht mehr die Produkte unterscheiden können. Eine Hybridstrategie, die Preispremien weitgehend halten kann, setzt voraus, dass auf einer Plattform mit gleichen Teilen für unterschiedliche Kundengruppen optisch sehr unterschiedliche Produkte angeboten werden. Da Gleichteile und Plattformen nur die technische Basis hybrider Strategien sind (vgl. Kap. III, 7), müssen äußerliche, deutlich sichtbare Unterschiede hinzukommen (vgl. Proff, Proff 1997, S. 803).

Im Segment der Luxusprodukte sind Gleichteilstrategien weniger verbreitet, da hier Imagefaktoren wichtiger sind als bei Standardprodukten. Da sich Preispremien ohne diesen Zusatznutzen nicht halten lassen, bestehen hier nur geringe Standardisierungsmöglichkeiten und Kostensenkungspotentiale.

9.2.1 Definition von Preispremien

Die wenigen Arbeiten über **Preispremien** verwirren durch unterschiedliche Definitionen. Klein und Leffler (1981, S. 624) verstehen Preispremien als Preis für eine höhere Qualität und unterstellen somit Qualitätsunterschiede zwischen den Produkten. Im Unterschied dazu verstehen Rao und Monroe (1996) Preispremien als Differenz zwischen einem sehr hohen Preis für ein Produkt und dem Wettbewerbspreis für ein qualitativ vergleichbares Produkt. Sie unterstellen keine Qualitätsunterschiede zwischen Produkten mit unterschiedlichen Preisen.

Preispremien sind aus Sicht der Kunden nur durch eine **wahrgenommene** und **erkennbare höhere Qualität** gerechtfertigt. Die Vorstellung, dass sehr hohe Preise allein durch das Markenimage aufgrund von Werbung ohne jede Zusatzleistung erzielt werden können, ist für Produkte mit starkem Wettbewerb, die von den Kunden stark beachtet und wahrgenommen werden, sehr unrealistisch. Aus Marktsicht lässt sich allerdings nicht erkennen, welcher Anteil des Preispremiums durch Differenzierung ohne zusätzliche Leistung (Preispremien im engen Sinn) und welcher Anteil durch eine Zusatzleistung (Preispremium im weiten Sinne) bedingt ist (vgl. Rao, Monroe 1996, S. 517). Weil sich die Zusatzleistung nicht genau quantifizieren lässt, wird meist die weite Definition des Preispremiums, der auch hier gefolgt wird, zugrunde gelegt: ein Preis oberhalb des Preises für ein qualitativ vergleichbares Produkt mit marktüblicher Leistung („value for money") aufgrund einer Zusatzleistung. Für diese Zusatzleistung sind die Nachfrager bereit, einen Preisaufschlag zu zahlen, obwohl sie diese Leistung nicht quantifizieren können.

Dieses Verhältnis von Preispremien im engen und im weiten Sinne zeigt Abbildung 9-4.

Abbildung 9-4: *Preispremien im engen und weiten Sinne*

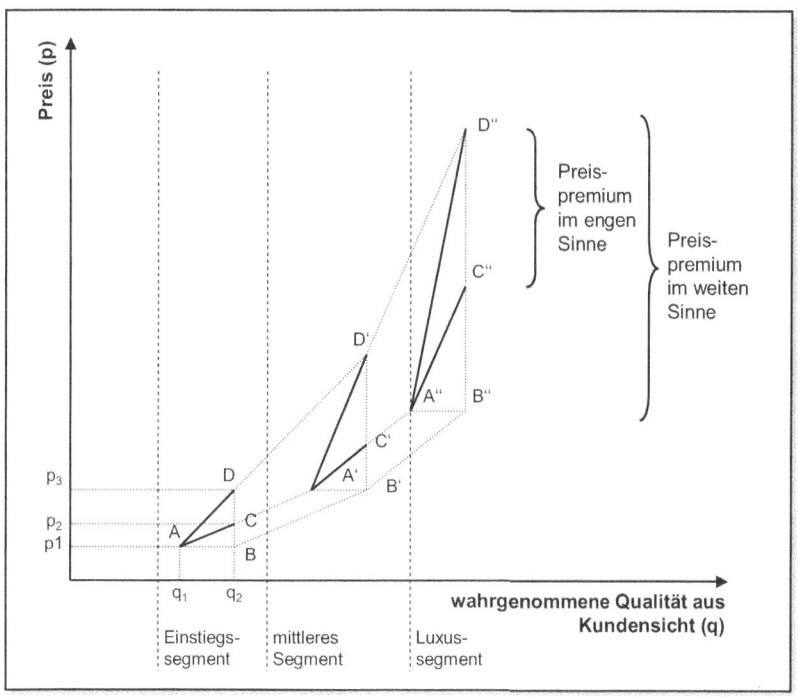

Am Beispiel eines Einstiegssegmentes lässt sich zeigen, dass die zum Preis p_3 anbietenden Differenzierer ein Preispremium (im weiten Sinne) in Höhe von ($p_3 - p_1$) bzw. DB am Markt gegenüber den Anbietern anderer Produkte zum Preis p_1 erzielen können, wenn sie den Kunden dafür die Zusatzleistung $q_2 - q_1$ bieten. Im engen Sinne umfasst das Preispremium den Preisaufschlag $p_3 - p_2$ oder DC, hinter dem keine höhere Qualität, sondern die gleiche Qualität q_2 steht. Im mittleren und im Luxussegment sind die Preispremien im engen Sinne noch höher (D'C'und D'' C'').

Die Einflussfaktoren auf das Preispremium lassen sich mit Hilfe eines multivariaten Verfahrens, dem sog. „conjoint measurement", ableiten. Damit können für Kunden-bewertungen von Produkten mit vielen Attributen, z. B. Marke, Leistung und Design, die Beiträge der einzelnen Attribute an der Gesamtbewertung bestimmt werden (vgl. Proff, Proff 1997).

9.2.2   Erklärung sinkender Preispremien

Die Tendenz sinkender Preispremien (im weiten Sinne) lässt sich durch den Modell-zyklus und durch den Wettbewerb erklären. Innerhalb eines Produkt- oder Modell-zyklus nehmen die Preispremien ab, weil das Produkt bei späterer Einführung von Konkurrenzprodukten ohne Verbesserungen veraltet und ein Preisnachlass erforder-lich ist. Über mehrere Modellzyklen hinweg werden ohne Innovationen die am Markt durchsetzbaren Preispremien abnehmen, da sonst die Unterschiede zwischen den Pro-dukten zunehmend verschwinden werden (vgl. D'Aveni 1995, S. 94).

Um die Tendenz sinkender Preispremien (im weiten Sinne) aufzufangen, müssen die Hersteller Zusatzleistungen zur Differenzierung der Produkte kürzen, um das Preispremium im engen Sinne konstant zu halten. Ein Erhalt des Preispremiums ist nur dann möglich, wenn die Kunden die Leistungskürzungen nicht wahrnehmen, weil sonst ihre Bereitschaft zur Zahlung von Preispremien sinken würde. Bei Produkten, die die Kunden sehr gut kennen, kennen sie auch die Preis-Leistungs-Relation. Da Veränderungen genau wahrgenommen werden, sind Leistungskürzungen als Reakti-onen auf sinkende Preispremien meist nur in begrenztem Maße möglich. Sie dürfen dem Kunden nicht bewusst werden, da sonst das Preispremium (im weiten Sinne) überproportional verlieren würde. Dieser Effekt lässt sich mit steigenden Transak-tionskosten begründen. Bei einem sinkenden Preis-Qualitäts-Verhältnis werden die Nachfrager Produkte anderer Anbieter wählen. Aufgrund des weiter zurückgehenden Absatzes müssen die Zusatzleistungen noch weiter gekürzt werden, bis im Extrem das Preispremium verschwunden ist. Diesen Zusammenhang verdeutlicht Abbildung 9-5 in Erweiterung von Abbildung 9-4.

Abbildung 9-5: *Selbstverstärkende Wirkung sinkender Preispremien*

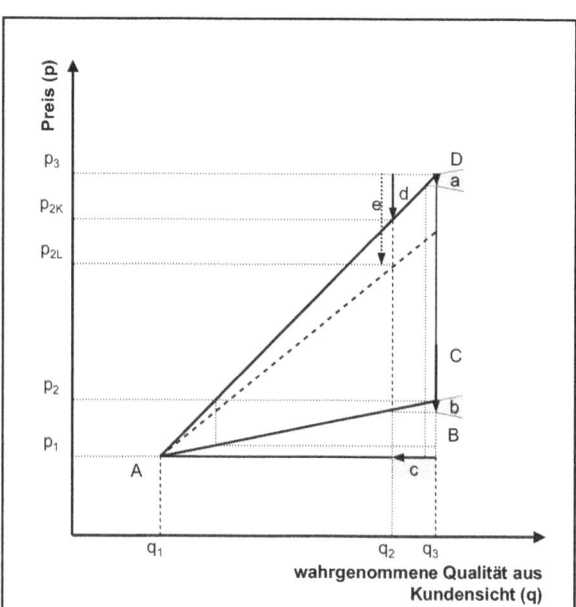

Abbildung 9-5 zeigt, dass der allgemeine Trend (um a) sinkender Preispremien hingenommen werden muss, wenn ein Abbau von Zusatzleistungen zur Vermeidung sinkender Stückgewinne (b = a) von den Nachfragern als Rückgang der Qualität um c von q_3 auf q_2 wahrgenommen wird. Dies führt dann kurzfristig zu einer um d geringeren Preisbereitschaft und einem Preis von (p_{2K}), der langfristig weiter auf (p_{2L}) um e Einheiten sinken wird, da bei wahrgenommen Qualitätsverlusten die Bereitschaft sinkt, Preispremien zu zahlen. Dieser Zusammenhang wird auch an dem um e gesunkenen Preispremium deutlich. In einem kumulativen Prozess wird das Preispremium verschwinden (Punkt A).

9.3 Spieltheoretische Erklärung der Sicherung von Preispremien

Einen Ansatzpunkt zur Ableitung von Handlungsparametern zur Sicherung der Preispremien und damit der statischen Differenzierungs- und Hybridstrategien wie auch der dynamischen Strategie des Gleichteilmanagements bietet das Modell einer dynamischen Mehrperiodenbetrachtung von Oligopolen durch Heuss (1965). Es unterstellt feste Preisrelationen zwischen Preisführern und Preisfolgern, was für schrumpfende und stagnierende Oligopolmärkte typisch ist. Dabei handelt es sich um einen Sonderfall des Grundmodells von Dixit (vgl. Abb. 7-1 in Kapitel 7).

Das Modell von Heuss wird kurz vorgestellt, um daran ein Preispremienmanagement verdeutlichen zu können.

Wird ein heterogenes Dyopol mit einem Preisverhältnis von

$$(1) \ p_1 = m \ p_2$$

unterstellt, ergibt sich die individuelle Nachfrage- bzw. Preis-Absatz-Funktion der differenzierenden Unternehmen (vgl. Fehl, Oberender 1994, S. 274 und 2004):

$$(2) \ x_1 = A_1 - a_{11} \ p_1 + a \ p_2$$

mit dem Niveauparameter A_1, der Preissensibilität der Kunden des differenzierenden Anbieters a_{11}, dessen Angebotspreis p_1, der Preissensibilität der Kunden des Konkurrenten a und dessen Angebotspreis p_2. Gemäß Gleichung (2) hängt der Absatz des differenzierenden Anbieters x_1 zum Zeitpunkt t (wobei der Zeitindex vernachlässigt wird) negativ vom Preis des eigenen Produktes und positiv vom Preis der Produkte des undifferenzierten Anbieters ab. Durch Einsetzen von Gleichung (1) in Gleichung (2) ergibt sich:

$$(3) \ x_1 = A_1 - (a_{11} - a \ / \ m \ ) \ p_1.$$

Während Heuss nach Erklärungen für das Verhalten von Preisführer und Preisfolger sucht, interessieren hier nur die Determinanten des Preispremiums (m). Dazu lässt sich durch Umformung von Gleichung (3) das Preispremium als Funktion der übrigen Parameter ausdrücken:

$$(4) \ m = (p_1 \ a \ / \ x_1 - A_1) + a \ / \ a_{11}.$$

Aus der Sicht des differenzierenden Anbieters sind der Preis, die Preissensibilität der Kunden und die Menge beeinflussbare Parameter des Preispremiums und damit Handlungsparameter. Die Niveaukonstante und die Preissensitivität der Kunden des Konkurrenten sind dagegen aus Sicht der Differenzierer konstant. Daraus ergibt sich

$$(5) \ m = f \ (p_1 , x_1, a_{11}).$$

Einem Unternehmen – zumindest aus Sicht des strategischen Managements – geht es jedoch nicht nur um das Preispremium (m) „an sich", sondern um den dadurch erzielbaren Gewinn. Der hängt auch von den Kosten (k) ab. Dixit und Heuss betrachten nur die Preisabsatz- und die Reaktionsfunktion der Unternehmen. Die Kostenfunktion wird als konstant angenommen. Dahinter steht die in der marktorientierten Sichtweise verbreitete Annahme, dass jede Qualität ihren Preis hat und damit eine Kostensenkung zu einer für den Kunden wahrnehmbaren Produktveränderung mit entsprechenden Reaktionen führt.

Die Diskussion um hybride Strategien in Kapitel 7 hat gezeigt, dass eine kostenminimale Differenzierung möglich ist, indem die Kosten der kundenfernen Aktivitäten gesenkt und der Nutzen der kundennahen Aktivitäten erhöht werden. Dennoch kann es wie gezeigt zu Fehlentwicklungen kommen (Abschnitt 9.2). Es können auch die indirekten Kosten ($k_{1\,ind}$) der Abstimmung der arbeitsteiligen Produktion und die der Komplexität reduziert werden, ohne dass ein Kunde ein qualitativ schlechteres Produkt bekommt. Die gesamten Kosten lassen sich den einzelnen Kostenblöcken wie Verwaltung, Beschaffung und FuE zuordnen. Diese Kostenblöcke enthalten (indirekte) Kosten bzw. vom Lieferanten in Rechnung gestellte Kosten für Planung, Lagerhaltung von Vor-, Zwischen- und Endprodukten sowie Komplexitätskosten, die für den Endkunden keinerlei Nutzen stiften. Hat ein Unternehmen die Beschaffungskette nicht im Griff und daher hohe (kurzfristige) Kapitalkosten, dann bringt das dem Endkunden nichts - im Gegenteil. Diese Kosten sind in der betrieblichen Praxis von großer Bedeutung, da sie bis zu 20 Prozent der Vollkosten ausmachen können. Allerdings sind es Kosten, die nicht von einem Funktionsbereich wie Beschaffung oder Produktion alleine minimiert werden können. Sie sind folglich eine klassische, bislang jedoch vernachlässigte Aufgabe des (strategischen) Managements.

Daher ergibt sich aus der Sicht differenzierender Anbieter

(6) $m = f(p_1, x_1, a_{11}, k_{1\,ind})$.

Ein effizientes Preispremienmanagement kann sich auf diese Handlungsparameter stützen. Angesichts des starken Wettbewerbsdrucks werden meist Maßnahmen zur Erhöhung der Differenzierung Vorrang haben, die durch die Kostensenkungen finanziert werden.

Als Voraussetzung für das Preispremienmanagement muss zunächst abgeleitet werden, wie die drei Handlungsparameter aus Gleichung (4) das Preispremium beeinflussen. Dazu müssen partielle Ableitungen gebildet werden, d. h. Ableitungen der Funktionen nach den einzelnen Variablen (ceteris paribus), die die Steigung angeben. Wird vereinfachend eine stetige Funktion unterstellt, ergibt sich

(7) $\delta m / \delta p_1 = a / (x_1 - A_1)$ > 0

(8) $\delta m / \delta x_1 = -p\, a / (x_1 - A_1)^2$ < 0

(9) $\delta m / \delta a_{11} = -1 / a_{11}^2$ < 0.

Die partiellen Ableitungen begründen drei Beziehungen:

1. je höher der Angebotspreis ist, desto höher ist das Preispremium,

2. je höher die Absatzmenge ist, desto geringer ist das Preispremium und

3. je höher die Preissensibilität der eigenen Kunden ist, desto geringer ist das Preispremium.

Hinzu kommt die Beziehung:

4. je geringer die indirekten Kosten kundenferner Aktivitäten sind, desto höher sind die durch Preispremien erzielbaren Gewinne bzw. desto größer ist der Handlungsspielraum zur Steigerung des Preispremiums im Markt.

Diese vier Beziehungen bieten Ansatzpunkte für ein Preispremienmanagement zur Umsetzung der dynamischen Strategie des „signalling" und „commitment" durch große Investitionen in Produkte durch

1. Sicherung hochpreisiger Marktsegmente,

2. Begrenzung der Absatzmenge von Produkten mit einem Preispremium,

3. Verringerung der Preissensibilität der Kunden und

4. Verringerung der indirekten Kosten kundenferner Aktivitäten.

9.4 Entwicklung eines Preispremienmanagements

Ein umfassendes Preispremienmanagement erweitert das Gleichteilmanagement (Abschnitt 9.1). Deshalb müssen die vier Ansatzpunkte, die sich aus der Betrachtung von Mehrperiodenspielen für ein Preispremienmanagement ergeben (Sicherung hochpreisiger Marktsegmente, Begrenzung der Absatzmenge, Verringerung der Preissensibilität der Kunden und Verringerung der indirekten Kosten) im Prozess des Gleichteilmanagements (Abb. 9-6) ergänzt werden. Sie differenzieren dabei die dritte Phase des Gleichteilmanagements (markenadäquater Einsatz von Modulen und Plattformen) aus. Das ist die Phase, die bislang vernachlässigt wurde und in der es deshalb zu Fehlentwicklungen durch eine undifferenzierte Verwendung von Gleichteilen gekommen ist. Die bisherigen Teilschritte (Nutzung von Skalenvorteilen und Prüfung der Markenadäquanz) werden nun durch die spieltheoretisch begründeten Ansatzpunkte für ein Preispremienmanagement konkretisiert und vorgestellt.

Sind im Rahmen des Gleichteilmanagements Module definiert und gegebenenfalls Plattformen bestimmt (Phasen (1) und ggf. (2) des Gleichteilmanagements, vgl. Abschnitt 9-1), dann geht es im Rahmen des Preispremienmanagements um den markenadäquaten Einsatz von Modulen und ggf. der Plattformen in vier Teilschritten:

(a) Sicherung hochpreisiger Marktsegmente,

(b) Begrenzung der Absatzmengen,

(c) Senkung der Preissensibilität der Kunden und

(d) Senkung der indirekten Kosten.

Abbildung 9-6: *Prozess eines Preispremienmanagements als Erweiterung des Gleichteilmanagements*

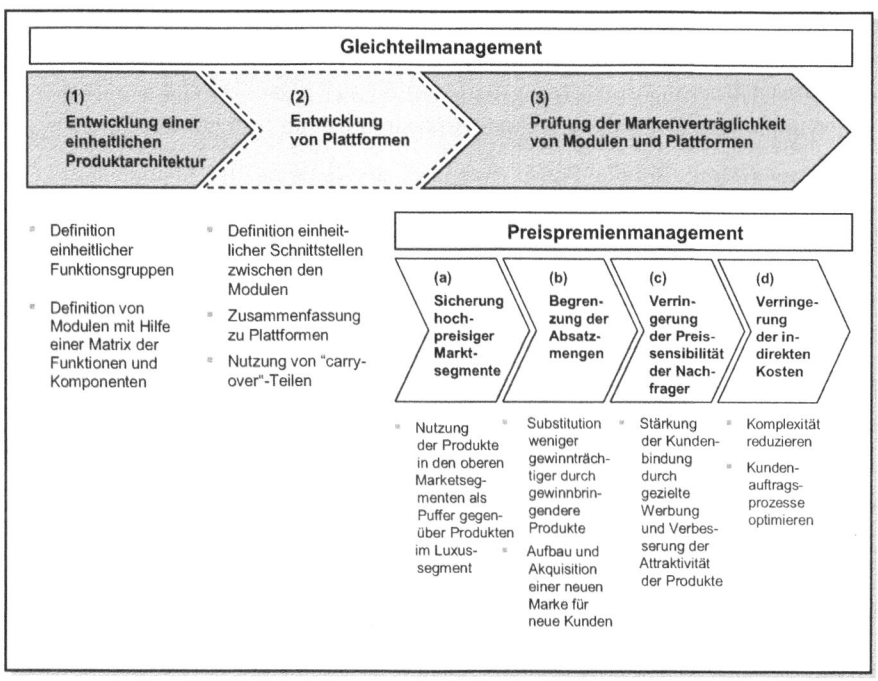

(a) Sicherung hochpreisiger Marktsegmente

Die unterstellte positive Beziehung zwischen einem Anstieg der Preise und der Preispremien bedeutet, dass die im Luxussegment erzielbaren Preispremien geschützt werden können, wenn niedrigere Marktsegmente die hochpreisigen Segmente vor der Konkurrenz abschirmen. Das ist dann möglich, wenn differenzierende Hersteller Produkte der oberen Marktsegmente als Puffer der in den Luxussegmenten angebotenen Produkte positionieren und dadurch gegen den Wettbewerb mit Herstellern ohne Produktdifferenzierung schützen.

Noch höher positionierte Produkte sind dagegen weniger geeignet die Preispremien zu stabilisieren und damit Differenzierungs- und Hybridstrategien zu sichern. Angesichts der Tendenz sinkender Preispremien werden dann vermutlich die Preispremien der in größeren Stückzahlen absetzbaren bisherigen Luxusprodukte spürbar zurückgehen. Dies dürfte zu insgesamt sinkenden Gewinnen führen. Anstatt in das Angebot für wenige sehr Wohlhabende zu investieren, erscheint die Investition der Ressourcen in die Entwicklung innovativer Produkte der mittleren und oberen Marktsegmente sinnvoller.

(b) Begrenzung der Absatzmengen von Produkten mit einem Preispremium

Bei sinkenden Stückgewinnen infolge sinkender Preispremien werden Shareholder eine Erlösstabilisierung durch Mengenausweitung der Markenprodukte und Diversifikation um interne Kompetenzen einer Mengenreduzierung vorziehen.

Eine Voraussetzung für hohe Preispremien ist jedoch eine relative Knappheit des Produktes und der Marke. Durch Mengenausweitung würde ein kumulativer Prozess einsetzen, der das Sinken der Preispremien beschleunigt (Raubitschek 1987). Die unterstellte Beziehung sinkender Preispremien bei hohen Absatzmengen zeigt, dass sich die Preispremien nur durch eine Begrenzung der Absatzmengen stabilisieren lassen. Das ist nicht nur durch die Entwicklung neuer Produkte möglich, sondern auch:

1. durch die Substitution von Produkten mit geringem Gewinn durch Produkte mit hohem Gewinn und

2. durch Aufbau oder Erwerb einer zusätzlichen Marke.

Zu 1: Hersteller mit Differenzierungsstrategie werden neue Produkte entwickeln, wenn sie bei einer Überprüfung des Gewinnbeitrages der Produkte feststellen, dass sie die Preispremien nur durch neue Produkte halten können. Dabei sind Imagewirkungen der Neuentwicklung wichtig. Verlustbringer, die langfristig vor allem in den oberen Marktsegmenten entstehen, müssen aufgegeben werden, wenn sie durch Produktverbesserungen nicht beseitigt werden können.

Zu 2: Hersteller mit Differenzierungsstrategie können durch neue Marken auf stark wachsenden Märkten insbesondere in Asien neue Absatzpotenziale in Einstiegs- und Mittelklassesegmenten erschließen. Auch wenn hier die Preispremien geringer ausfallen als in Ober- und Luxusklassesegmenten der Triademärkte Westeuropa, Nordamerika und Japan, können bei begrenzten Stückzahlen die Preispremien und neue Absatzvolumina über neue Märkte erschlossen werden. Bei Kooperationen und Akquisitionen muss nicht nur auf eine Ergänzung der Kundengruppen und Verträglichkeit der Unternehmenskulturen geachtet werden, sondern auch auf die Verträglichkeit der Marken, da sie Kooperationen entlang der Wertkette erleichtert. Dabei gilt, dass Markenverträglichkeit voraussetzt, dass sich die Produktpaletten der Unternehmen nicht überschneiden und dass die Unternehmen in Forschung und Entwicklung sowie Fertigung und Marketing nicht zusammenarbeiten.

Werden Überschneidungen in der Produktpalette abgebaut, dann kann eine neue Marke zu einer Imageschärfung der Marke mit Produktdifferenzierung führen. Ein Technologie- und Imagetransfer auf eine tiefer positionierte Marke muss vermieden werden, wenn die Absatzmenge der premienträchtigen Produkte begrenzt werden soll.

(c) Verringerung der Preissensibilität der Nachfrager

Die Annahme sinkender Preispremien bei steigender Preissensibilität fordert vom Preispremienmanagement eine Verringerung der Preissensibilität der Kunden. Steigende Preissensibilität kann sowohl durch sinkende Einkommen bzw. Kaufkraft als auch durch eine abnehmende Wertschätzung der Marken erklärt werden. Unternehmen können auf die Wertschätzung der Marken setzen und einem Trend sinkender Wertschätzung durch attraktive Marken begegnen. Die Preissensibilität ist umso höher, je geringer die materiellen Komponenten in einem Leistungspaket bewertet werden, aber auch je stärker Prestige als Produkt- und Differenzierungsmerkmal an Bedeutung verliert (Herrmann u. a. 1997).

Hersteller mit Differenzierungsstrategie müssen deshalb im Rahmen eines umfassenden Preispremienmanagements bisherige und neue Kunden in neuen Produktsegmenten durch gezielte Werbung, Verbesserung der Produktanmutung und Hintergrundinformationen an die Marke binden. Mit dieser Differenzierungsstrategie können sie sinkenden Preispremien entgegenwirken und bei sinkender Profitabilität auf oligopolistischen Märkten selbst Hybridstrategien verfolgen.

(d) Verringerung der indirekten Kosten

Preispremien lassen sich nur stabilisieren, wenn auch die indirekten Kosten gesenkt werden und die eingesparten Mittel in die Differenzierung, d. h. in die Sicherung von hochpreisigen Marktsegmenten, die Begrenzung der Absatzmengen und die Verringerung der Preissensibilität der Nachfrage reinvestiert werden.

Unternehmen können die indirekten Kosten reduzieren, indem sie 1. die Komplexität verringern und 2. den Kundenauftragsprozess optimieren.

Zu 1: Die Komplexität kann durch Ausstattungsbündel verringert werden. Dabei müssen Erlöspotenziale durch Erfüllung von Kundenwünschen durch Produktvarianten und Komplexitätskosten der Fertigung der zusätzlichen Produktvarianten gegeneinander abgewogen werden. Dabei müssen die Gründe der Komplexität aufgespürt werden, um unnötige Komplexität, die durch neue Modelle zur Auslastung der Produktionsanlagen entstanden ist, abzubauen. Die Modellpflege im Produktlebenszyklus muss auf eine Verringerung von Komplexität gerichtet werden.

Zu 2: **Kundenaufträge** lassen sich durch Fertigungsoptimierung und Verringerung der Lagerhaltung optimieren. Bei Fertigung nach Kundenauftrag („build to order") ist eine bessere Planung der Fertigungsreihenfolge möglich als bei Fertigung nach (oft groben) Absatzprognosen („build to forecast"). Lieferanten haben oft nur einen kurzen zeitlichen Vorlauf von etwa einem Tag, um die benötigten Teile „just in time" (JIT) oder „just in sequence" (JIS) ans Band zu bringen. Deutsche Hersteller beschaffen deshalb noch viele Vorprodukte in Deutschland. Wird durch Optimierung der Auftragsbearbeitung der Vorlauf auf 3 bis 4 Tage erhöht, dann könnten auch polnische und slowenische Lieferanten in JIS- und JIT-Programme integriert werden. Für Lieferanten könnten dann Lieferantenparks zur Falle werden, wenn sie eine Folge schlechter Planung der Endprodukthersteller sind, die Fehlplanungen durch erzwungene Nähe der Lieferanten ausgleichen.

Alle genannten Einzeloptimierungen müssen im Rahmen eines umfassenden Preispremienmanagements zusammengeführt werden und das Gleichteilmanagement verbessern. Statt einer getrennten Kosten- und Erlösoptimierung bedarf es einer koordinierten Gesamtoptimierung.

10 Koordiniertes Mehrmarktmanagement bei großen Investitionen in neue Ländermärkte

Im Kampf um Anteile auf den Weltmärkten reicht „signalling" und „commitment" durch große Investitionen in Produkte (Kapitel 9) alleine nicht mehr aus, um die Unumkehrbarkeit großer Investitionen („Irreversibilitäten") zu demonstrieren und die Rentenpotenziale den Wettbewerbern nicht zu überlassen. Immer mehr Unternehmen investieren auch in Ländermärkte und verdeutlichen ihren Anspruch auf eine starke Position in diesen Märkten. Der Kampf um Anteile auf den Weltmärkten beschränkte sich in vielen Branchen lange Zeit auf die Märkte der hoch entwickelten Länder. Seit aber immer mehr dieser Märkte weitgehend gesättigt sind und stagnieren, errichten Unternehmen im Rahmen von Wachstumsstrategien nun auch in weniger entwickelten Ländern Produktionsbetriebe, um auch hier den Anspruch auf eine starke Marktstellung zu verdeutlichen. Zu Investitionen in neue Produktionsanlagen in weniger entwickelten Ländern kommt es vor allem bei Standardgütern wie Autos und elektronischen Erzeugnissen, deren Produktion kein Geheimnis mehr darstellt.

Diese Expansionsstrategien der multinationalen Unternehmen werden von den potenziellen Ansiedlungsländern durch **Investitionsanreize** gefördert: früher lockten Industrieländer mit Infrastrukturausbau und – in strukturschwachen Regionen – mit Ansiedlungsförderung, heute bieten Entwicklungs- und Schwellenländer massive Zollbefreiungen und Steuererleichterungen. Die Regierungen dieser Länder versprechen sich dadurch eine Stärkung bzw. Entwicklung von Wirtschaft und Industrie.

Durch große, häufig unkoordinierte Investitionen von immer mehr multinationalen Unternehmen weltweit in neue Produktionsanlagen kommt es zunehmend zu negativen Auswirkungen, sog. negativen **Mehrmarkt-Spillover-Effekten**, zwischen den Aktivitäten der verschiedenen Standorte dieser Unternehmen (vgl. Grundlach, Nunnenkamp 1996; Poaponsaorn, Fuller 1998; Bulow u. a. 1985 oder Proff 2004b). Aufgrund von Unteilbarkeiten der Investitionsmittel und Fehleinschätzungen des Marktwachstums sind große Überkapazitäten entstanden. In der Automobilindustrie sind bis zu 40 % der Kapazitäten nicht ausgelastet.

Negative Spillover-Effekte können bereits in einem Land zwischen verschiedenen Unternehmen durch große Investitionen in Produktionsanlagen entstehen, mit denen sie Wachstumsziele zu erreichen suchen. Noch stärker werden solche Wechselwirkungen bei großen Direktinvestitionen vieler multinationaler Unternehmen in vielen Ländern zugleich. Dabei erscheinen große Investitionen in Produktionsanlagen in einem sich entwickelnden Land bei isolierter Betrachtung der einzelnen Investitionsprojekte durchaus rational, weil sie ökonomische Renten versprechen. Es wird jedoch übersehen, dass ein **Mehrmarktwettbewerb mit starken Überkapazitäten** entsteht, wenn viele Unternehmen in wenigen Branchen diese Strategie verfolgen.

In diesem Kapitel wird zunächst das Management der internationalen Marktbearbeitung als Konkretisierung von „signalling" und „commitment" durch große Investitionen in neue Ländermärkte weiter ausgeführt (Abschnitt 10.1). Dann werden negative Mehrmarkt-Spillover-Effekte bei isolierter Ländermarktbetrachtung als Fehlentwicklung des Managements der internationalen Marktbearbeitung beschrieben und erklärt (Abschnitt 10.2). Aus einem Mehrmarktmodell (Abschnitt 10.3) wird schließlich ein koordiniertes Mehrmarktmanagement entwickelt (Abschnitt 10.4).

10.1 Management der internationalen Marktbearbeitung durch große Investitionen in Märkte

Während in Kapitel 9 (Abb. 9-1) der Wettbewerb zweier Unternehmen, A und B, durch Investitionen in ein Produkt dargestellt wurde, wird nun angenommen, dass sie statt um ein Produkt um einen neuen Markt konkurrieren, in dem nur ein Anbieter wirtschaftlich agieren kann. Investitionen in einen Produktionsbetrieb zeigen die Absicht, in diesem Markt Produkte anzubieten und Konkurrenten abzuwehren. Treten durch die Investitionen negative Mehrmarkt-Spillover-Effekte auf, dann können sie nicht durch ein Preispremienmanagement korrigiert werden, sondern nur durch ein Mehrmarktmanagement. Dies lässt sich mit einem Mehrmarktmodell, einer Erweiterung des in Kapitel 7 skizzierten Oligopolmodells von Dixit (1979), durch Betrachtung zweier Märkte begründen.

Abb. 10-1 verdeutlicht in Erweiterung von Abb. 9-2 in Kapitel 9 die Entwicklung von Direktinvestitionen: nach einer Phase starker Investitionen in Produktionsanlagen in den Industrieländern (bis Anfang der 90er Jahre), gingen dort mit der Marktsättigung die Investitionen zurück. Investitionen erfolgten nun in diesen Ländern vor allem in die Produktion von gleichen Teilen (Gleichteilen) für mehrere Produkte (Kapitel 9) und in neuen Ländermärkten in neue Produktionsanlagen.

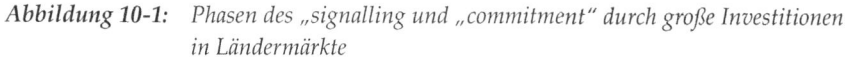

Abbildung 10-1: *Phasen des „signalling und „commitment" durch große Investitionen in Ländermärkte*

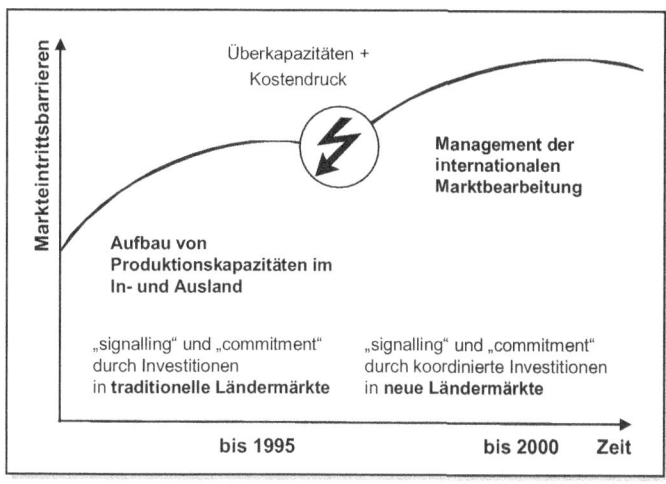

„Signalling" und „commitment" durch große Direktinvestitionen in neue Ländermärkte konkretisiert sich in vielen multinationalen Unternehmen als ein Management der internationalen Marktbearbeitung (vierte wettbewerberorientierte dynamische Strategie DS 4), d. h. als Suche nach Anreizen für Direktinvestitionen.

Investitionsanreize haben das Ziel, das Investitionsverhalten von Unternehmen zu beeinflussen, um daraus Nutzen zu erhalten, der Kosten selbst bei Marktbeschränkungen, z. B. durch Zölle, überkompensiert (vgl. dazu Laffont, Tirole 1991). Eine industrieökonomische Erklärung von Direktinvestitionen bietet die **Theorie der Überwindung von Handelsschranken**.[23] Sie nimmt Investitionsanreize explizit als Erklärungsvariablen auf.

Die Theorie der Überwindung von Handelsschranken beruht auf Studien von Hirsch (1976) und Smith (1993). Sie wurde in neueren Untersuchungen der Beziehung zwischen Handel und Direktinvestitionen multinationaler Unternehmen weiterentwi-

---

[23] Direktinvestitionen ermöglichen international operierenden Unternehmen Gewinne in internationalen Märkten. Die Gewinnmöglichkeiten sind so vielfältig wie die Erklärungen von Direktinvestitionen (vgl. den Überblick z. B. bei Welge, Holtbrügge 2006). Sie werden in der Regel nach Schwerpunkten geordnet: Theorie des internationalen Handels, Standorttheorie, Kapitalmarkttheorie, Industrieökonomie und Theorie der Unternehmung (vgl. Bea 1995 oder Stein 1998).

ckelt (z. B. Brainard, Loel 1997). Sie kann die Beziehungen zwischen Wirtschaftspolitik und Internationalisierungsstrategien, Handel oder Direktinvestition, erklären. Diese Beziehungen sind bedeutsam, weil die Wirtschaftpolitik Investitionsanreize setzt.

Ein Gewinn maximierendes multinationales Unternehmen muss entscheiden, ob es einen Auslandsmarkt durch Exporte oder Direktinvestitionen bearbeitet. Von Smith, der den Ansatz von Hirsch und traditionelle Oligopolmodelle der Außenhandelstheorie in der Industrieökonomie weiterentwickelt, stammt ein Modell oligopolistischer Interaktionen. Zur Vereinfachung wird nur ein inländisches und ein ausländisches Unternehmen betrachtet, d. h. eine ausländische Tochtergesellschaft (TG) eines multinationalen Unternehmens und nicht die Auswirkungen auf ihre Muttergesellschaft, die in diesen Ländermarkt investiert und noch mindestens eine weitere Tochtergesellschaft in einem anderen Ländermarkt einschließlich des Heimatmarktes hat.

Das ausländische (multinationale) Unternehmen produziert in seinem Heimatmarkt mit konstanten variablen Kosten, den „sunk costs" K_{su} (z. B. Forschungs- und Entwicklungsausgaben) und den fixen Produktionskosten K_f. Erfolgt die Produktion durch die Tochtergesellschaft im Ausland, dann entstehen zwar variable Kosten (K_v) und fixe Kosten (K_f), aber nicht K_{su} (Smith 1993, S. 54). Das inländische Unternehmen produziert unter denselben Bedingungen. Das ausländische Unternehmen muss zusätzlich Investitionsbarrieren berücksichtigen. Soll das Produkt exportiert werden, dann entstehen auch noch Transportkosten in gleich bleibender Höhe (s) pro Einheit des produzierten Gutes (x) and Zölle (t). Die Nachfragefunktion (P(x)) wird als konkav angenommen. Das gewinnmaximierende ausländische Unternehmen (ff) wird gemäß Hirsch (1976, S. 264) oder Smith (1993, S. 55), Direktinvestitionen (DI) Exporten (E) vorziehen, wenn

$$\text{Gl. (1) } P(x_{ff\,DI})\, x_{ff\,DI} - K_v\, x_{ff\,DI} - K_f - B > P(x_{ff\,E})\, x_{ff\,E} - (K_v + s + t)\, x_{ff\,E}.$$

Steigen die Zölle (t), dann wird die Absatzmenge des ausländischen Unternehmens sinken. Für das Gewinn maximierende ausländische Unternehmen stellt sich die Frage, ab welchem Zollsatz (t*) Exporte zugunsten von Direktinvestitionen aufgegeben werden. Aus dem Oligopolmodell (vgl. Kap. 7) lässt sich als Entscheidungsregel ableiten: Im einfachsten Modell werden die Gewinne des ausländischen Unternehmens (π) als Funktion der Zölle angenommen (Broll, Gilroy 2000). In diesem Fall würden bei Export die Unternehmensgewinne mit einem Zollanstieg sinken, während die Unternehmensgewinne bei Direktinvestitionen unverändert bleiben. Bei Direktinvestitionen sind die Gewinne wesentlich stärker von den lokalen Produktionsbedingungen abhängig. Dabei sind aber die doppelten Investitionskosten (K_f) und zusätzliche Investitionsbarrieren (B, z. B. „local content"-Erfordernisse) zu berücksichtigen.

Es lässt sich als **Regel für die Entscheidung zwischen Export und Direktinvestition** festhalten, dass Exporte durch Direktinvestitionen dann ersetzt werden sollten, wenn die Gewinne der Direktinvestitionen höher sind als Gewinne aus den Exporten (vgl. Abb. 10-2).

Abbildung 10-2:   Theorie der Überwindung von Handelsschranken

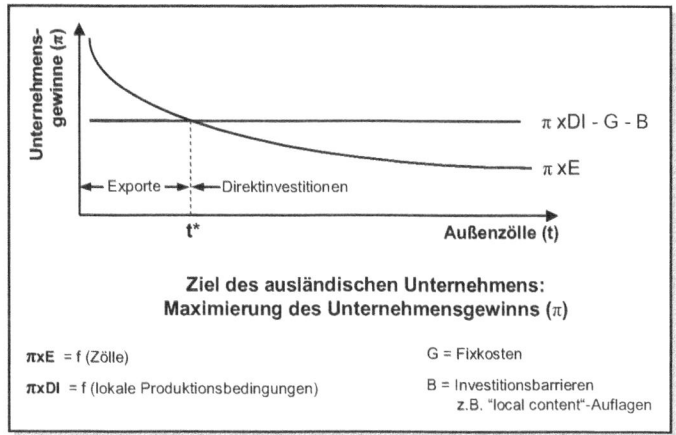

In dieser in Wissenschaft und Praxis verbreiteten Entscheidungsregel zwischen Export und Direktinvestition wird die Auswirkung einer Direktinvestition auf andere Märkte im Mehrmarktwettbewerb, d. h. der Mehrmarkt-Spillover-Effekt (Bulow u. a. 1985) nicht beachtet (vgl. Stehn 1992 und Welge, Holtbrügge 2006). Würden die negativen Mehrmarkt-Spillover-Effekte (MMSE) berücksichtigt, dann würde sich der Gewinn durch eine Direktinvestition verringern. Dadurch würde das „signalling" einer großen Investition (in Produktionsanlagen) in einen neuen Ländermarkt an Vorteilhaftigkeit verlieren, wie im nächsten Abschnitt erklärt wird.

Zuvor soll aber der **Prozess des Managements der internationalen Marktbearbeitung** skizziert werden, mit dem ein „signalling" und „commitment" durch große Investitionen in Ländermärkte erreicht werden soll. Er umfasst vier Schritte (vgl. Abb. 10-3): 1. Bestimmung attraktiver Märkte und Standorte, 2. Entscheidung über die Form der Internationalisierung, 3. Entscheidung über Form und Zeitpunkt der Ansiedlung und 4. Integration des neuen Standortes in das Wertschöpfungsnetzwerk.

Abbildung 10-3: *Prozess des Managements der internationalen Marktbearbeitung*

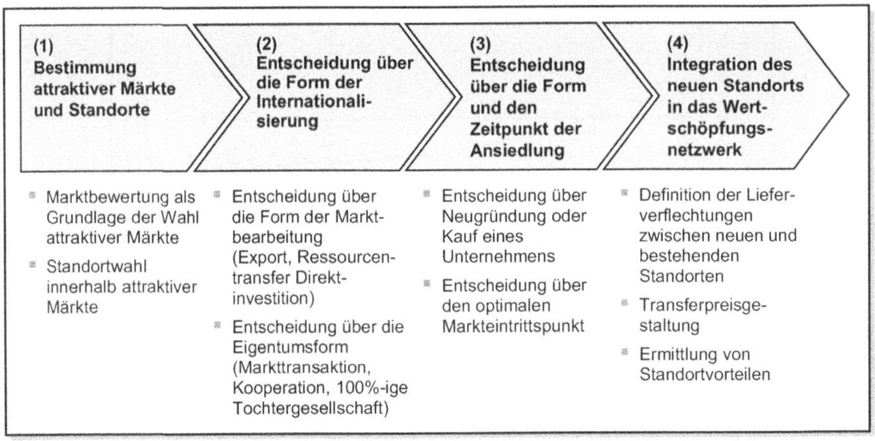

---

(1) Bestimmung attraktiver Märkte und Standorte	(2) Entscheidung über die Form der Internationalisierung	(3) Entscheidung über die Form und den Zeitpunkt der Ansiedlung	(4) Integration des neuen Standorts in das Wertschöpfungsnetzwerk
▪ Marktbewertung als Grundlage der Wahl attraktiver Märkte ▪ Standortwahl innerhalb attraktiver Märkte	▪ Entscheidung über die Form der Marktbearbeitung (Export, Ressourcentransfer Direktinvestition) ▪ Entscheidung über die Eigentumsform (Markttransaktion, Kooperation, 100%-ige Tochtergesellschaft)	▪ Entscheidung über Neugründung oder Kauf eines Unternehmens ▪ Entscheidung über den optimalen Markteintrittspunkt	▪ Definition der Lieferverflechtungen zwischen neuen und bestehenden Standorten ▪ Transferpreisgestaltung ▪ Ermittlung von Standortvorteilen

---

(1) Bestimmung attraktiver Märkte und Standorte

Die Wahl attraktiver Märkte erfolgt mit Hilfe einer Marktbewertung. Dabei werden in der Regel Marktgröße, Marktzugang und Marktwachstum betrachtet. Oftmals wird die **Portfolioanalyse** angewendet.

Um Standorte innerhalb der attraktiven Märkte systematisch ermitteln zu können, sind **Nutzwertanalysen** sinnvoll, die verschiedene Standortfaktoren berücksichtigen. Dabei werden alle relevanten Standortfaktoren, wie z. B. Lohnkosten und Steuerhöhe, aufgelistet und nach ihrer Bedeutung für das Unternehmen gewichtet. Anschließend erfolgt die Bewertung der Standortfaktoren für jeden einzelnen Standort, wobei der Bewertung eine bestimmte Punktzahl (z. B. 1 bis 5) zugrunde liegt. Die Multiplikation der Gewichtung mit der Bewertung ergibt dann den Nutzen des betreffenden Standortfaktors, die Summe aller Nutzen der verschiedenen Standortfaktoren schließlich den Gesamtnutzen des jeweiligen Standortes. Vorteilhaft ist der Standort, der den höchsten Nutzen bringt.

(2) Entscheidung über die Form der Internationalisierung

Bei der Entscheidung über die Form der Internationalisierung geht es

▪ um die Entscheidung über die Form der Marktbearbeitung, d. h.
  - zunächst um die Entscheidung, ob ein Gewinn maximierendes multinationales Unternehmen einen Zielmarkt durch Exporte oder durch eine Direktinvestition erschließt und

- dann um die Entscheidung über die optimale Wertschöpfung (Entscheidung zwischen einer kompletten Fertigung, die z. B. in der Automobilindustrie die Komponenten- und Aggregatefertigung, Gießerei, Presswerk, Endmontage und Lackiererei umfasst, und einer Montage, beschränkt auf Endmontage und Lackiererei) und schließlich

- um die Entscheidung über die Eigentumsform (Entscheidung zwischen Markttransaktionen, d. h. einer Auslagerung („outsourcing") in den Markt, Kooperationen und einer 100%-igen Tochtergesellschaft).

Die Entscheidung zwischen einer Marktbearbeitung über Exporte oder über Direktinvestitionen wird häufig durch Direktinvestitionsanreize beeinflusst. Hier hilft die Theorie der Überwindung von Handelsschranken (Abb. 10-2) weiter, die als Regel für die Wahl zwischen Export und Direktinvestition begründet, dass Exporte dann durch Direktinvestitionen ersetzt werden sollten, wenn die Gewinne der Direktinvestitionen, trotz Fixkosten und Investitionsbarrieren wie z. B. „local content"-Auflagen, höher sind als Gewinne aus den Exporten. Da dies sehr stark von der Höhe der Zölle bestimmt wird, gilt: Je höher die Zölle, desto ungünstiger werden die Exporte und desto eher lohnt sich eine Direktinvestition.

Auch die Entscheidung über die Wertschöpfungstiefe der Produktion im Ausland hängt von der Höhe der Zölle und den **„local-content"-Auflagen** ab, die viele Länder festsetzen, um die Industrialisierung zu fördern.

Ein Land mit einer Industrialisierungsstrategie wird versuchen, vollständige Wertschöpfungsketten aufzubauen. Vor allem die Entwicklung von Schlüssel- bzw. Kernindustrien wird in „emerging markets" durch hohe Zölle geschützt, da für Unternehmen in gering entwickelten Ländern Importe kompletter Großserienprodukte kostengünstiger sind als CKD-(completely-knocked-down)Fertigungen, d. h. als die Montage fertiger Bausätze und erst recht als eine Produktion kleiner Serien mit hoher lokaler Wertschöpfung. Dies liegt darin begründet, dass bei geringen Stückzahlen die Logistik sehr teuer ist und Doppelinvestitionen in Produktionsbetriebe im Heimatland und Montagebetriebe im Gastland notwendig werden.

Die **Entscheidung über die Eigentumsform** hängt grundsätzlich ab vom Grad der Besonderheit (Spezifität), von der Häufigkeit der Transaktionen und von Unsicherheiten im Umfeld. Bei geringer Spezifität, häufigen Transaktionen und geringer Unsicherheit ist eine Markttransaktion bzw. Auslagerung kostenminimal und damit vorteilhaft. Bei hoher Transaktionsspezifität, Transaktionshäufigkeit und Unsicherheit erscheint dagegen eine Kooperation vorteilhaft. Bei hoher Spezifität und hoher Unsicherheit, aber nur seltenen Transaktionen bietet eine 100%-ige Tochtergesellschaft Vorteile (vgl. Proff 2004b, S. 215 und Welge, Holtbrügge 2006). In sich entwickelnden Ländern, die Unternehmen in Kernindustrien Investitionsanreize bieten, sind zwar in der Regel die Spezifität und die Unsicherheit in den Märkten hoch, aber beherrschbar. Deshalb wurden in diesen Ländern bevorzugt 100%-ige Tochtergesellschaften errichtet.

Da auch länderspezifische Faktoren die Wahl der Eigentumsform bestimmen, sind Kooperationen häufig in Ländern, in denen eine 100%-ige Tochtergesellschaft nicht erlaubt wird. Auch unternehmensspezifische Faktoren, wie die Unternehmensgröße, beeinflussen die Wahl der Eigentumsform. Kleinere und mittlere Unternehmen bevorzugen Kooperationen, Großunternehmen eher 100%-ige Tochtergesellschaften.

(3)   Entscheidung über Form und Zeitpunkt der Ansiedlung

Entscheidet sich ein Unternehmen für eine Tochtergesellschaft, dann muss über die Form und den Zeitpunkt der Ansiedlung entschieden werden, d. h. ob auf Ressourcen im Gastland zurückgegriffen werden soll (Erwerb eines Unternehmens oder Beteiligung) oder ob eine völlig neue Ressourcenkombination aufgebaut werden soll (Unternehmensgründung). Zur Wahl der Ansiedlungsform bietet das internationale Management wenig Anhaltspunkte. Empirische Studien zeigen, dass beim Erwerb von Unternehmen die Misserfolgsquote hoch ist. Das gilt vor allem, wenn die organisatorische und kulturelle Distanz zwischen dem akquirierenden und dem akquirierten Unternehmen sehr hoch ist, wie meist in Ostasien und Schwarzafrika. Eine Untersuchung der Ansiedlungsformen deutscher Unternehmen in Russland durch Holtbrügge (1996) kommt zu dem Ergebnis, dass bei kapitalintensiver Produktion Unternehmen eher erworben werden, bei arbeitsintensiver Produktion eher neu gegründet werden. In sich entwickelnden Ländern sind deshalb Unternehmensneugründungen verbreitet.

Bei der Wahl des Eintrittszeitpunktes kann z. B. nach Kutschker, Schmid (2005, Kap. 6.4) und Welge, Holtbrügge (2006) idealtypisch ein Pionier- und ein Folgerverhalten unterschieden werden. Erklärungen von Pioniervorteilen durch die Österreichische Schule (Schumpeter und von Hayek) geben Hinweise für die Wahl des Markteintrittszeitpunktes. Vorteile eines frühen Markteintritts bestehen demnach vor allem darin, Pioniergewinne abzuschöpfen und umfangreiche Markteintrittsbarrieren zu errichten. So können z. B. Produktstandards leichter durchgesetzt werden und Kundenpräferenzen und Kundenbindungen für Produkte und Dienstleistungen geschaffen werden. Außerdem ist eine frühzeitige Bindung der Zulieferer und Absatzmittler möglich. Die Vorteile eines späten Markteintritts ergeben sich auch in Märkten mit hoher Unsicherheit und schnellem Wandel der Konsumgüterpräferenzen. Unternehmen, die sich früh engagieren, werden von den Gastländern häufig durch Investitions- und Steueranreize bevorzugt.

(4)   Integration in das bestehende Wertschöpfungsnetzwerk

Das Management der internationalen Marktbearbeitung darf sich nicht nur auf den Markteintritt konzentrieren, auf das „going international", sondern muss auch die Koordination aller internationalen Aktivitäten im Kampf um Marktanteile, das „being international", beachten. Die Integration neuer Auslandsstandorte in das bestehende Wertschöpfungsnetzwerk gelingt vielen Unternehmen nicht. Hier kommt es zu den negativen Mehrmarkt-Spillover-Effekten, die im Folgenden skizziert werden.

10.2 Negative Mehrmarkt-Spillover-Effekte als Fehlentwicklung

10.2.1 Negative Mehrmarkt-Spillover-Effekte

Mehrmarktwettbewerb entsteht durch Investitionen in immer mehr Tochtergesellschaften durch immer mehr multinationale Unternehmen in immer mehr sich entwickelnden Ländern in wenigen Industriezweigen als Reaktion auf Investitionsanreize. Da die Produktionskapazitäten die Aufnahmefähigkeit der Binnenmärkte meist weit übersteigen, muss exportiert werden, wenn es nicht zu Überkapazitäten kommen soll. Exporte der neuen Tochtergesellschaften multinationaler Unternehmen entsprechen zwar den Interessen der sich entwickelnden Länder, führen jedoch zu einem unerwünschten Mehrmarktwettbewerb, der den Rentabilitätserwartungen der Muttergesellschaften entgegensteht (Abb. 10-4).

Es kann unterstellt werden, dass **alle Länder das Ziel** verfolgen, durch ein möglichst hohes Wachstum **das Volkseinkommen zu erhöhen.** Eine Veränderung des Volkseinkommens ergibt sich durch Veränderungen des Konsums (C), der Investitionen (I), der Staatsausgaben (G), der Exporte (Ex) abzüglich der Veränderungen der Importe (Im), vgl. Gl. (2) und Abb. 10-4:

Gl. (2) $\quad \Delta Y = \Delta I + \Delta C + \Delta G + \Delta Ex - \Delta Im$

Ausgangspunkt der steigenden Exportkonkurrenz sind die Maßnahmen, mit denen gering entwickelte Länder eine Erhöhung des Volkseinkommens anstreben. Wie bereits erläutert (Abschnitt 10.1) sollen mit einem auf wenige Kernindustrien oder industrielle Kerne gerichteten Entwicklungsansatz die Wertschöpfungsverflechtungen in der Wirtschaft erhöht und international wettbewerbsfähige Produktionsbetriebe gefördert werden (vgl. Grundlach, Nunnenkamp 1996 oder Poapongsaorn, Fuller 1998). Dies lässt sich am besten durch Förderung von Branchen mit besonders hohen Multiplikatoreffekten in vor- und nachgelagerten Industriezweigen erreichen. Zu den Instrumenten gehören Handelsschranken, Exportförderung und „local content"-Auflagen.

Durch hohe Handelsschranken sollen große Produktionskapazitäten in den meist kleinen Binnenmärkten aufgebaut werden (Erhöhung der Investitionen), durch Maßnahmen der Exportförderung, wie z. B. Steuerbefreiungen oder Subventionen, sollen Exporte angeregt werden (Erhöhung der Exporte). Durch hohe „local content"-Auflagen sollen wichtige lokale Zulieferindustrien begünstigt werden, die Importe substituieren (Verringerung der Importe). Mit all diesen Maßnahmen versuchen entwickelnde Länder eine exportorientierte Entwicklung und Industrialisierung (vgl. z. B. Armstrong, Taylor 1985 oder McGregor u. a. 1996).

Abbildung 10-4: *Interessenkonflikte zwischen einem sich entwickelnden Land, der Tochtergesellschaft eines multinationalen Unternehmens und der Muttergesellschaft*

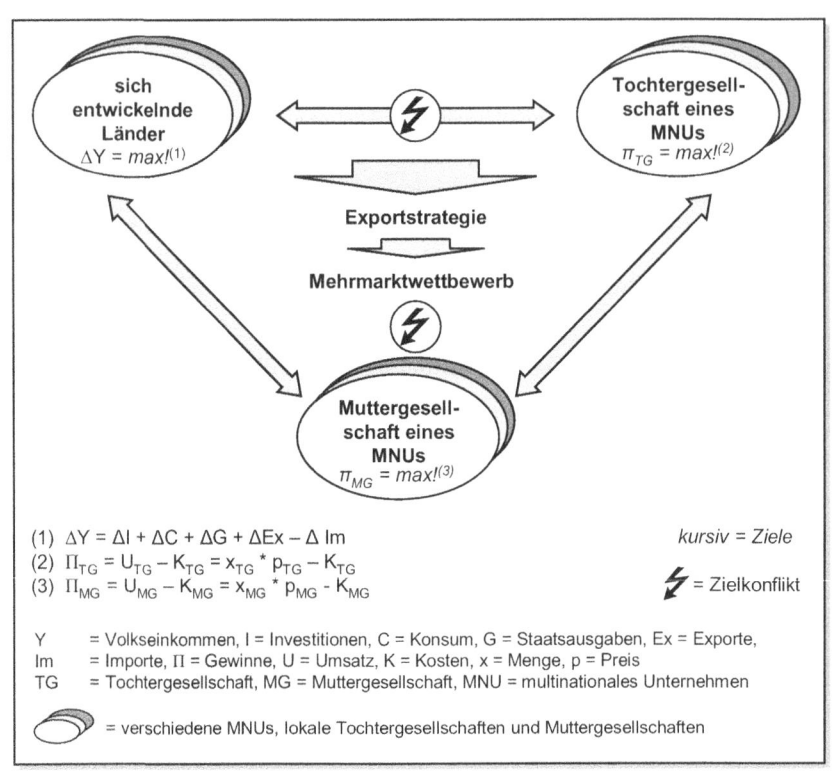

(1) $\Delta Y = \Delta I + \Delta C + \Delta G + \Delta Ex - \Delta Im$ *kursiv = Ziele*
(2) $\Pi_{TG} = U_{TG} - K_{TG} = x_{TG} * p_{TG} - K_{TG}$
(3) $\Pi_{MG} = U_{MG} - K_{MG} = x_{MG} * p_{MG} - K_{MG}$ ⚡ = Zielkonflikt

Y = Volkseinkommen, I = Investitionen, C = Konsum, G = Staatsausgaben, Ex = Exporte,
Im = Importe, Π = Gewinne, U = Umsatz, K = Kosten, x = Menge, p = Preis
TG = Tochtergesellschaft, MG = Muttergesellschaft, MNU = multinationales Unternehmen

= verschiedene MNUs, lokale Tochtergesellschaften und Muttergesellschaften

Die **lokale Tochtergesellschaft (TG)** verfolgt allgemein **das Ziel**, den **Gewinn (Π_{TG})** zu **maximieren**. In der betrieblichen Zielfunktion ist dies möglich durch Maximierung der Differenz zwischen Umsatz (U_{TG} = Preis (p_{TG}) * Menge (x_{TG})) der Tochtergesellschaft und ihren Kosten (K_{TG}), vgl. Gl. (3)

Gl. (3) $\Pi_{TG} = T_{TG} - K_{TG} = x_{TG} * p_{TG} - K_{TG}$.

Die **Gewinnmaximierung der lokalen Tochtergesellschaften** steht allerdings in **Konflikt mit den Interessen des gering entwickelten Landes** an einer exportorientierten Entwicklung, da die Absatzmenge von der Größe des Binnenmarktes abhängt und nicht von Investitionsanreizen. Sie ist selbst in den kleinen Binnenmärkten stark wachsender Länder meist unzureichend.

Die Preise der lokalen Tochtergesellschaften des multinationalen Unternehmens werden durch Handelsschranken beeinflusst, die den Preis der importierten Konkurrenzprodukte bestimmen und damit die Preisobergrenze. Gering entwickelte Länder beschränken zwar in der Regel den Handel, die Einfuhrbeschränkungen sinken jedoch tendenziell mit der weltweiten Liberalisierung im Rahmen der WTO und mit der Entstehung regionaler Integrationsräume (vgl. Siebert 1997). Damit sinken auch die Preise der lokalen Tochtergesellschaften. Andererseits sind die Kosten abhängig von der Größe der Märkte und von den „local content"-Auflagen. Bei kleinen Binnenmärkten und hohen „local content"-Auflagen können insbesondere kapitalintensive Vorprodukte nur ineffizient mit hohen Kosten produziert werden.

Eine Senkung der Kosten kann unter den gegebenen Rahmenbedingungen nur erreicht werden, wenn die Produktionsmenge steigt. Bei einem nur sehr begrenzt aufnahmefähigen Binnenmarkt zwingt dies zu Exportanstrengungen **(Export-Push-Effekt)**. Exporte der lokalen Tochtergesellschaft des multinationalen Unternehmens entsprechen dem Interesse des sich entwickelnden Landes an einer exportorientierten Entwicklung. Wenn sich nun viele Tochtergesellschaften vieler multinationaler Unternehmen in vielen sich entwickelnden Ländern für eine Exportstrategie entscheiden, dann führt dies zu einem Überangebot auf den nur begrenzt wachsenden Weltmärkten, zu Überkapazitäten und einem zunehmenden Mehrmarktwettbewerb in und zwischen den multinationalen Unternehmen.

Ein solcher Mehrmarkt-Wettbewerb steht den **Interessen der Muttergesellschaften dieser Unternehmen** auf dem Weltmarkt entgegen, da auch die Muttergesellschaft (MG) das Ziel verfolgt, den Gewinn (Π_{MG}) zu maximieren und damit die Differenz zwischen Umsatz (U_{MG}) und Kosten (K_{MG}), vgl. Gl. (4) und Abb. 10-4.

$$\text{Gl. (4)} \quad \Pi_{MG} = U_{MG} - K_{MG} = x_{MG} * p_{MG} - K_{MG}.$$

Auch der Umsatz der Muttergesellschaft ergibt sich als Produkt von Menge und Preis der weltweit abgesetzten Güter. Die Absatzmenge ist abhängig von der weltweiten Nachfrage, die bei Standardgütern nur langsam wächst. Die Weltmarktpreise sind abhängig von den weltweiten Überkapazitäten. Bei steigenden Überkapazitäten besteht die Gefahr eines überproportionalen Preisverfalls, der nur durch Leistungsaufwertung vermieden werden kann. Die Kosten sind dagegen abhängig von der Absatzmenge und „local content"-Auflagen in den einzelnen Märkten. Sie steigen bei hohen „local content"-Auflagen, tendenziell sinkenden Handelsschranken und den kaum wachsenden Weltmärkten für Standardgüter.

Durch negative Mehrmarkt-Spillover-Effekte sinken die Preise und Gewinne multinationaler Unternehmen. **Mehrmarktwettbewerb kollidiert dann mit den Interessen der Muttergesellschaften** der multinationalen Unternehmen. Diese Konflikte werden in den Erklärungen von Direktinvestitionen als Reaktion auf Investitionsanreize vernachlässigt.

10.2.2 Notwendigkeit einer Berücksichtigung von Mehrmarkt-Spillover-Effekten

Wenn überhaupt werden bislang nur positive Mehrmarkt-Spillover-Effekte, wie z. B. der Transfer von Image und Marken, beschrieben. Überkapazitäten mit der Folge eines weltweiten Preis- und Kostendrucks und damit Beispiele für negative Wirkungen von Direktinvestition werden nicht beachtet. In Entscheidungen über Direktinvestitionen werden somit positive und negative Mehrmarkt-Spillover-Effekte vernachlässigt (vgl. Buckley 1996, S. 29 und Proff 2004b).

Werden negative Mehrmarkt-Spillover-Effekte (MMSE) in der Entscheidungsregel in Abb. 10-2 berücksichtigt, dann sinken dadurch die Gewinne der Direktinvestitionen.

Abbildung 10-5: *Entscheidungsregel für einen Markt entsprechend der Theorie der Überwindung von Handelshemmnissen*

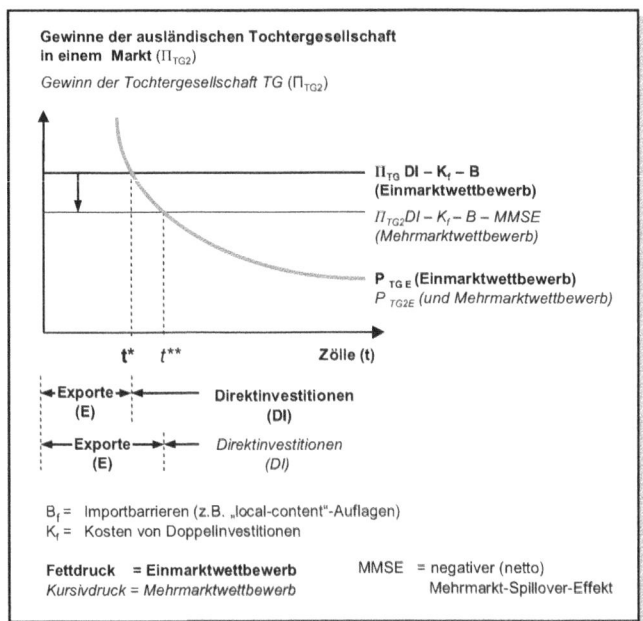

Die Gewinne der Direktinvestitionen sinken gemäß Gl. (5):

$$\text{Gl. (5)} \quad P(x_{TG2DI}) \times x_{TG2DI} - K_v \times x_{TG2DI} - K_f - B - MMSE$$
$$> P(x_{TG2E}) \, x_{TG2E} - (K_v + s + t) \, x_{TG2E}.$$

Der kritische Zollsatz (t*) verschiebt sich zum Zollsatz (t**, vgl. Abb. 10-5). Der weltweite, von der WTO ausgehende Liberalisierungsdruck führt tendenziell dazu, dass entsprechend Gl (1) anstelle der Option Direktinvestition die Option Export gewählt wird.

Hinweise auf die Minderung der Gewinne aus Direktinvestitionen durch negative Mehrmarkt-Spillover-Effekte, aber auch auf Möglichkeiten der Vermeidung von Gewinnminderungen geben Erklärungen der negativen Mehrmarkt-Spillover-Effekte, die nun vorgestellt werden.

10.3 Erklärungen der Einflussfaktoren auf negative Mehrmarkt-Spillover-Effekte

Mehrmarktmodelle unterstellen in der einfachsten Form (vgl. z. B. Bulow u. a. 1985) ein Duopol zweier Unternehmen in einem Ländermarkt α und ein Monopol eines der beiden Unternehmen in einem weiteren Markt β. Damit wird die Theorie der Überwindung von Handelsschranken auf die Betrachtung der Interdependenz zweier Märkte erweitert.

Übertragen auf Direktinvestitionsentscheidungen bedeutet dies, dass eine Muttergesellschaft (MG) durch eine Tochtergesellschaft (TG_1) in einem Ländermarkt α mit einem lokalen Wettbewerber (Com) konkurriert. Reagiert die Muttergesellschaft auf Investitionsanreize in einem Ländermarkt β mit der Gründung oder Erweiterung einer Tochtergesellschaft (TG_2), die dort Monopolist ist, dann ergibt sich der Gewinn der Muttergesellschaft aus der Summe der Gewinne der beiden Tochtergesellschaften TG_1 und TG_2. Angesichts des begrenzt aufnahmefähigen Ländermarktes β wird zusätzlich eine Exporttätigkeit der Tochtergesellschaft TG_2 erforderlich mit der Folge negativer Mehrmarkt-Spillover-Effekte auf dem Ländermarkt α.

Gemäß dem Modell von Bulow u. a. (1985) lassen sich Mehrmarkt-Spillover-Effekte in vier Schritten ableiten:

1. Im ersten Schritt wird die Zielfunktion der Tochtergesellschaft TG_2 (Gl. (6)) um eine Störvariable (z) infolge der Investitionsanreize in Land β erweitert. Für Bulow u. a. (ebd.) können sich daraus Monopolrenten ergeben. Bei Direktinvestitionen als Reaktion auf Investitionsanreize sind es die Investitionsanreize:

$$\text{Gl. (6)} \quad \Pi_{TG2} = U_{TG2} - K_{TG2} + z.$$

2. Um den Gewinn der Muttergesellschaft (MG) zu maximieren, müssen im zweiten Schritt in den traditionellen industrieökonomischen Modellen die Funktionen simultan maximiert werden:

1. die erweiterte Gewinnfunktion der Tochtergesellschaft (TG$_2$) in Land β,

2. die einfache Gewinnfunktion der Tochtergesellschaft (TG$_1$) und

3. aufgrund der oligopolistischen Interdependenz die Funktion des Wettbewerbers (Com) in Land α:

Gl. (7) δΠTG2 / δx TG2 β= δUTG2 / δxTG2 β - δKTG2 / δxTG2 β + z = 0
          δΠTG1 / δx TG1α = δUTG1 / δxTG1 α - δKTG1 / δxTG1 α   = 0
          δΠCom / δxComα= δUCOM / δxCOM α - δKCOM / δxCOM α = 0 .

3. Im dritten Schritt erfolgt dann eine Sensitivitätsbetrachtung der Auswirkungen einer Veränderung der Störvariable (z), d. h. der Investitionsanreize in Land β, auf den Gewinn der Tochtergesellschaft Π$_{TG1}$ in Land α. Dazu wird das totale Differential der ersten Ableitung von Gl. (7) gebildet (vgl. Brauch u. a. 1985):

Gl. (8) δ2 ΠTG2 / δxTG2β δxTG1α * d xTG1α + ... = 0
          δ2 ΠTG1 / δxTG1α δxTG1α * d xTG1α + ... = 0
          δ2 ΠCom / δxComα δTG1α * d xTG1α + ... = 0.

4. Dieses Gleichungssystem hat keine analytisch geschlossene Lösung mehr. Es lässt sich jedoch in einem vierten Schritt in einem umfangreichen mathematischen Prozess umformen, um den Term

Gl. (9) d ΠTG1 / d z = [(δ2 ΠTG2 / δxTG2β δxTG1α)
          * (δ2 ΠCom / δxComα δTG1α]

zu erhalten. Bulow u. a. (1985) zeigen, dass die Höhe der Gewinne von TG$_1$ eine Folge der Bemühungen um Monopolrenten (z) von TG$_2$ sind und durch drei Faktoren beeinflusst werden:

1. die Nachfrageinterdependenzen zwischen den Produkten der Tochtergesellschaft (TG$_2$) in Land β und der Tochtergesellschaft (TG$_1$) in Land α,

2. die Nachfrageinterdependenzen zwischen den Produkten der Tochtergesellschaft (TG$_2$) in Land β und des Wettbewerbers (Com) in Land α, die beide die Reaktionsfunktionen und damit die abgesetzten Mengen x$_{TG2}$, x$_{TG1}$ und x$_{COM}$ verändern und den Umsatz sowie die Gewinne der Tochtergesellschaft TG$_2$ (U$_{TG2}$, Π$_{TG2}$) und damit auch der Muttergesellschaft (U$_{MG}$, Π$_{MG}$) (Gl. 5) beeinflussen und

3. die Angebotsinterdependenzen zwischen den Kosten der Tochtergesellschaft (TG$_2$) in Land β und der Tochtergesellschaft (TG$_1$) in Land α, die die Kosten und damit die Gewinne der Tochtergesellschaft TG$_2$ und damit auch der Muttergesellschaft (Π$_{TG2}$, Π$_{MG}$) beeinflussen (Gl. 4).

Nachfrageinterdependenzen ergeben sich durch die Substituierbarkeit der Produkte sowohl zwischen den Tochtergesellschaften eines multinationalen Unternehmens als auch zwischen diesem Unternehmen und den Wettbewerbern. Angebotsinterdependenzen ergeben sich durch Größen- und Verbundvorteile („economies of scale" und

„economies of scope") bzw. Größen- und Verbundnachteile („diseconomies of scale" und „diseconomies of scope") zwischen den Tochtergesellschaften des multinationalen Unternehmens.

Die Suche nach Monopolrenten in einem weiteren Ländermarkt (z) bewirkt nach Bulow u. a. (1985) bei Substituierbarkeit der Produkte in einem multinationalen Unternehmen oder zwischen multinationalen Unternehmen und/oder bei Größen- und Verbundvorteilen zwischen den Tochtergesellschaften eines multinationalen Unternehmens positive Mehrmarkt-Spillover-Effekte. Sie senken die Kosten (K_{TG2}, K_{MG}) und erhöhen den Umsatz der Tochtergesellschaft TG_2 und damit auch der Muttergesellschaft (U_{TG2}, U_{MG}) und dem Gesamtgewinn (Π_{TG}, Π_{MG}). Bei Substituierbarkeit der Produkte und/oder Größen- und Verbundnachteilen führt diese Strategie dagegen zu negativen Mehrmarkt-Spillover-Effekten, durch die die Kosten erhöht und Umsatz und Gewinne der Muttergesellschaft gesenkt werden.

Damit ergeben sich aus dem Mehrmarktmodell von Bulow u. a. (1985), das auch empirisch gestützt wird (vgl. Proff 2004a, S. 168-169 und 2004b), vier Gruppen von Maßnahmen für multinationale Unternehmen zur Vermeidung von negativen Mehrmarkt-Spillover-Effekten und damit Gewinneinbußen bei Direktinvestitionen als Reaktion auf Investitionsanreize gegenüber einer Einmarktbetrachtung. Sie sind Grundlage einer dynamischen wettbewerberorientierten Strategie des koordinierten Mehrmarktmanagements:

1. Verringerung der Produktsubstituierbarkeit in multinationalen Unternehmen,

2. Verringerung der Produktsubstituierbarkeit zwischen multinationalen Unternehmen,

3. Verringerung von Größen- und Verbundnachteilen in multinationalen Unternehmen und

4. Verringerung von Größen- und Verbundnachteilen zwischen multinationalen Unternehmen.

10.4 Entwicklung eines koordinierten Mehrmarktmanagements

Ein koordiniertes Mehrmarktmanagement (DS 4 erw.) erweitert das Management der internationalen Marktbearbeitung (DS 4 Abschnitt 10.1). Deshalb müssen die vier Maßnahmen, die sich aus der volkswirtschaftlichen Betrachtung des Mehrmarktwettbewerbs ergeben (Verringerung der Produktsubstitution und/oder der Größen- und Verbundnachteile innerhalb und zwischen multinationalen Unternehmen) durch das Management der internationalen Marktbearbeitung (Abb. 10-3) ergänzt werden. Dadurch wird die vierte Phase des Managements der internationalen Marktbearbeitung (Integration des neuen Standorts in das bestehende Wertschöpfungsnetz) ausdifferenziert. Da diese Phase bislang vernachlässigt wurde, ist es zu Fehlentwicklungen, zu Überkapazitäten und zur Exportkonkurrenz gekommen. Die genannten Schritte (Lieferverflechtungen, Transferpreise und Standortvorteile) werden nun durch die Ansatzpunkte für ein koordiniertes Mehrmarktmanagement konkretisiert (Abb. 10-6).

Abbildung 10-6: *Prozess eines koordinierten Mehrmarkmanagements*

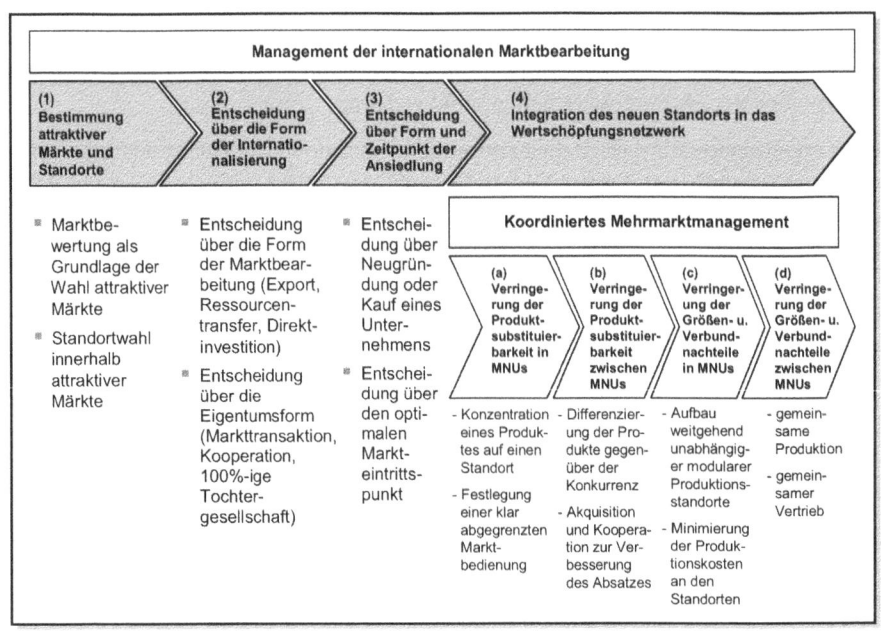

Wurden attraktive Märkte und Standorte gewählt und über Form und Zeitpunkt der Internationalisierung und Ansiedlung entschieden (Phasen (1) bis (3) des Managements der internationalen Marktbearbeitung, vgl. Abschnitt 10.1), dann geht es im Rahmen des koordinierten Mehrmarktmanagements um die Integration des neuen Standortes in das Wertschöpfungssystem in vier Teilschritten:

(a) Verringerung der Produktsubstituierbarkeit in multinationalen Unternehmen

(b) Verringerung der Produktsubstituierbarkeit zwischen multinationalen Unternehmen

(c) Verringerung von Größen- und Verbundnachteilen in multinationalen Unternehmen und

(d) Verringerung von Größen- und Verbundnachteilen zwischen multinationalen Unternehmen.

(a) Verringerung der Produktsubstituierbarkeit in multinationalen Unternehmen

Die Produktsubstituierbarkeit kann verringert werden, wenn die Doppelkapazitäten eines Produktes an verschiedenen Standorten aufgegeben und Produktionskapazitäten auf einen Standort konzentriert werden. Werden weiterhin die Marktgebiete klar abgegrenzt, dann muss die Preisgestaltung sicherstellen, dass Reimporte verhindert und Exporte beschränkt werden.

(b) Verringerung der Produktsubstituierbarkeit zwischen multinationalen Unternehmen

Exportkonkurrenz wird auch verhindert, wenn die Substituierbarkeit der Produkte zwischen den multinationalen Unternehmen verringert wird. Dies dürfte vor allem durch Güter- bzw. Produktdifferenzierung gegenüber den wichtigsten Wettbewerbern gelingen. Güter mit weltweiter Exportkonkurrenz, müssen spezifische Merkmale aufweisen, wenn langfristig eine profitable Markterschließung angestrebt werden soll. Auch durch den Erwerb von Unternehmen und durch Kooperationen können negative Nachfrage-Spillover-Effekte verringert und die Umsätze gesteigert werden.

(c) Verringerung der Größen- und Verbundnachteile in multinationalen Unternehmen

Eine weitere Maßnahme zur Vermeidung von Exportkonkurrenz besteht darin, Größen- und Verbundnachteile und somit Kosten in multinationalen Unternehmen zu verringern. Dies ist möglich, wenn in gering entwickelten Ländern weitgehend autonome, d. h. wirtschaftlich unabhängige Standorte aufgebaut und die Investitionskosten durch eine Verringerung der Fertigungstiefe (outsourcing) minimiert werden.

(d) Verringerung der Größen- und Verbundnachteile zwischen multinationalen Unternehmen

Schließlich lassen sich Größen- und Verbundnachteile auch durch eine Kooperation in Produktion und Vertrieb (Distribution) mit Konkurrenten vermeiden, z. B. durch eine gemeinsame Produktionsanlage für Produkte mehrerer multinationaler Unternehmen.

Um die Fehlentwicklungen, Überkapazitäten und Exportkonkurrenz zu korrigieren, müssen alle vier Einzelmaßnahmen im Rahmen eines koordinierten Mehrmarktmanagements zusammengeführt werden.

11 Systematisches Kooperationsmanagement bei komplementären Partnern

Kooperationen werden als **Hilfsstrategien** verstanden. Damit versuchen Unternehmen im Wettbewerbskampf um Marktanteile sowohl große Investitionen in Produkte als auch in Ländermärkte zu unterstützen. So können sie die Handlungen der Wettbewerber weiter einschränken, als das alleine mit einem Preispremien- und einem Mehrmarktmanagement (Kapitel 9 und 10) möglich ist.

Kooperationen beruhen auf Vereinbarungen zwischen mindestens zwei rechtlich, meist auch wirtschaftlich, unabhängigen Unternehmen (Gerybadze 1995, S. 14). Der Umfang der Vereinbarungen ist unterschiedlich, er beschränkt sich meist auf konkrete Projekte, Produktgruppen oder Geschäftsfelder. In den übrigen Geschäftsfeldern bleiben die Kooperationspartner unabhängig. Viele Kooperationen sind „**strategische Allianzen**" (vgl. z. B. Schaper-Rinkel 1998) bzw. „**strategische Partnerschaften**" (Vizjak 1990) mit oder ohne Kapitalbeteiligung. Komplexere Kooperationen sind „strategische Netzwerke" (Jarillo 1988). Zwischen Organisationen sind Unternehmensnetzwerke weit verbreitet (vgl. Renz 1998, S. 1). Sie gewinnen vor allem bei der Entwicklung von Produkten und bei der Markterschließung an Bedeutung.

Sydow (1992, S. 79) oder Sydow, van Wells (1996, S. 194) verstehen unter Kooperation die Zusammenarbeit zwischen Unternehmen in jeglicher Form mit Ausnahme der vollständigen Übernahme (vgl. zu Kooperationsformen Schuh u. a. 2005, S. 31-38; oder Rautenstrauch u. a. 2003, S. 18-30).

Kooperationen zielen auf Synergien sowohl durch gemeinsame Verwendung von Gleichteilen als auch durch eine gemeinsame Bearbeitung internationaler Märkte. Durch ein gemeinsames Gleichteilmanagement steigen die Skalenvorteile in Beschaffung und Produktion. Durch gemeinsame Bearbeitung internationaler Märkte versuchen Unternehmen mit Hilfe der Kooperationspartner die Präsenz auf den Weltmärkten zu erhöhen und die einzelnen Regionen gleich stark zu bearbeiten.

Kooperationspartner können aber nicht nur ihr Gleichteilmanagement und das Management der internationalen Marktbearbeitung durch Kooperationen verbessern, sondern auch ihr effizientes Preispremienmanagement und ein koordiniertes Mehrmarktmanagement. Dies kann gelingen, wenn durch die Verbindung mit einem oder mehreren Partnern hochpreisige Marktsegmente besser geschützt und die Kundenbindung gestärkt werden, ohne dass die Komplexitätskosten steigen, und/oder wenn es gelingt, das Produktionsnetzwerk zu straffen und besser zu koordinieren.

Durch ein Kooperationsmanagement kann also das „signalling" und „commitment" gegenüber Wettbewerbern erhöht werden, zumindest wenn die Kooperationspartner das systematische Preispremien- und das koordinierte Mehrmarktmanagement nicht vernachlässigen und damit Fehlentwicklungen beim Gleichteilmanagement und beim Management der internationalen Marktbearbeitung vermeiden[24].

Viele Kooperationen erfüllen nicht die Erwartungen (vgl. z. B. Merkle 1999, S. 3). Dies gilt nicht nur für Zuliefererernetzwerke kleiner und mittlerer Unternehmen, die unter erheblichem Druck der Hersteller von Endprodukten mit Kostensenkungsstrategien zustande kommen, sondern auch für große Unternehmen. So stellte z. B. Wildemann (1998) in einer Untersuchung von 50 weltweit tätigen Unternehmen fest, dass 60 bis 70 Prozent der strategischen Allianzen gescheitert sind (vgl. auch Luchs, Merkle 2002, S. 10). Viele Kooperationen, die im Rahmen von Wachstumsstrategien eingegangen werden, kosten oftmals unverhältnismäßig viel und vernichten Mehrwert. In Abschnitt 11.1 werden ökonomisch effiziente Kooperationsstrategien vorgestellt. In Abschnitt 11.2 wird die Wertvernichtung als Fehlentwicklung des Kooperationsmanagements beschrieben und erklärt. Aus Erklärungen von Vorteilen der Komplementarität (Abschnitt 11.3) wird dann ein systematisches Kooperationsmanagement zur Vermeidung mehrwertvernichtender Kooperationen entwickelt, bei dem die Kosten nicht den Nutzen der Kooperation übersteigen (vgl. Abschnitt 11.4).

11.1 Kooperationsmanagement mit komplementären Partnern

In Kapitel 8 wurden zwei spieltheoretisch begründete Kooperationsstrategien genannt (vgl. Simon 2000, Dixit; Nalebuff 1995):

- nicht-kooperatives Verhalten mit dem Ziel der Beschränkung des Handlungsraumes und

- kooperatives Verhalten mit dem Ziel der Nutzung komplementärer Anlagen und/oder Technologien zur Verbesserung der eigenen Marktposition.

Mit **nicht kooperativem Verhalten** versucht ein Unternehmen einen Wettbewerber, den es mit anderen Mitteln nicht abwehren kann und der zum Risiko für die Erreichung der eigenen Strategien wird, an das Unternehmen zu binden und damit seine

---

[24] Kooperationen können auch die statischen Strategien niedrige Kosten im Geschäftsbereich und gemeinsame Aufgabenverrichtung im Gesamtunternehmen durch Skalen- und Verbundvorteile direkt verbessern oder die Differenzierung und den Kompetenzaufbau (im Geschäftsbereich) sowie den Kompetenztransfer (im Gesamtunternehmen) erhöhen. Sie werden auch eingegangen, um diese statischen Vorteile zu erzielen.

Reaktionsfunktionen in oligopolistischen Entscheidungsmodellen (Abb. 7-1 in Kap. 7) zu verändern. Da in Kapitel 8 gezeigt wurde, dass diese Form der Kooperation - für die in oligopolistischen Entscheidungsmodellen große Gewinne abgeleitet werden können - eher eine Sollbruchstelle schafft, als eine dauerhafte, auf gegenseitigem Nutzen beruhende Beziehung sichert, wird diese Option hier nicht weiter beachtet. Stattdessen wird im Rahmen der kooperativen Spieltheorie nach dauerhaften Lösungen gesucht.

Zur Unterstützung des „signalling" und „commitment" durch große Investitionen in Produkte und Ländermärkte, hier insbesondere in Preispremien und in das Mehrmarktmanagement, bedarf es eines **Kooperationsmanagements** als einer wettbewerberorientierten dynamischen Strategie (DS 5). Zum Kooperationsmanagement werden in der Literatur sehr unterschiedliche Ansätze vorgeschlagen. Sie reichen von ad hoc-Strategien bis zu neuen Organisationsformen. Dyer (2000) sieht die zentralen Aufgaben im Bereich des Wissensmanagements, in der Suche nach externer Unterstützung des Kooperationsvorhabens, in der internen Koordination und in der Bewertung der Kooperation. Schuh u. a. (2005) fordern eine ganzheitliche Betrachtung und Professionalisierung des Kooperationsmanagements.

Obwohl die Aussagen über das Vorgehen uneinheitlich sind, können drei Phasen des Kooperationsmanagements unterschieden werden: die Vorfeldphase, die Transaktionsphase und die Integrationsphase (vgl. Abb. 11-1).

(1)   Vorfeldphase

In der Vorfeldphase muss zunächst die Rationalität der Kooperation untersucht werden, d. h. es sind mögliche (Verbund)Vorteile gegen mögliche (Transaktionskosten)Nachteile abzuwägen. Voraussetzung ist dabei, dass in dieser Phase der Verhandlung ein Gleichgewicht von Transparenz und Verschwiegenheit gefunden wird. Da in den Kooperationsverhandlungen viele Detailprobleme angesprochen und deshalb viele Fachleute einbezogen werden müssen, besteht die Gefahr, dass Informationen über die Kooperation durchsickern. Geschieht dies in einem zu frühen Stadium, dann werden dadurch Handlungsspielräume der potenziellen Kooperationspartner stark eingeschränkt. Betriebsräte, verunsicherte Manager, die einen Wegfall ihrer Aufgaben fürchten, und Medienberichte bringen Unruhe in den Verhandlungsprozess. Da in größeren Kooperationsverhandlungen mehrere Dutzend Mitarbeiter einbezogen sein können, die in Arbeitsgruppen teilweise unmittelbar mit dem möglichen Kooperationspartner zusammen arbeiten, gilt es strenge Vertraulichkeit zu vereinbaren.

Abbildung 11-1: Prozess eines Kooperationsmanagements

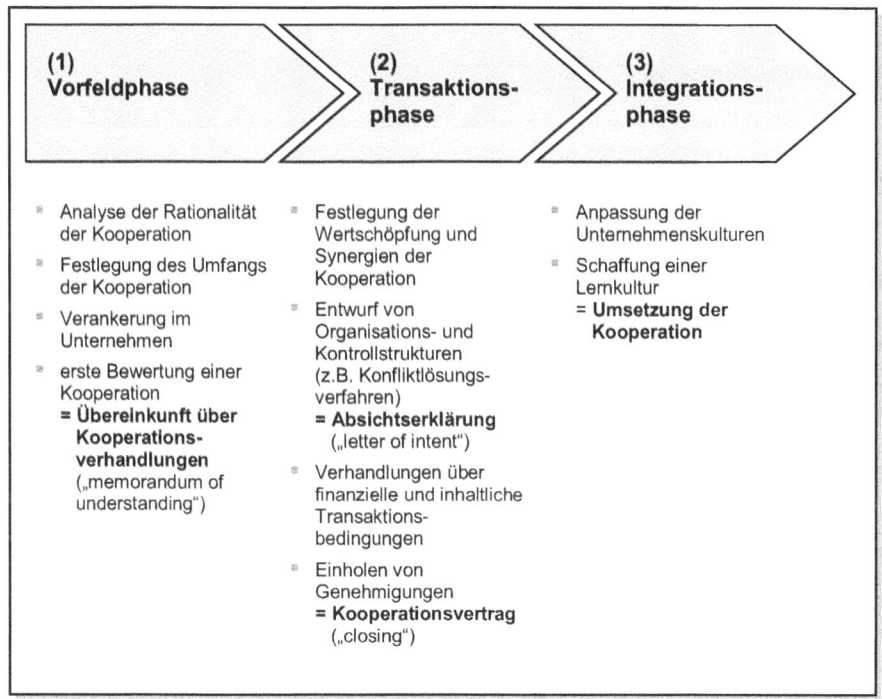

Die Kooperation kann sich auf alle Unternehmensfunktionen beziehen, z. B. auf Forschung und Entwicklung, Produktion und Absatz. Es muss deshalb über den Umfang der Kooperation entschieden werden. Dabei ist z. B. zu klären, ob in einer gemeinsamen Produktionsanlage jeder Kooperationspartner nur ein Produkt fertigen soll oder mehrere Produkte. Daraus ergibt sich die Frage, wie die Kooperation im beteiligten Unternehmen, v. a. in einem großen multinationalen Unternehmen mit weltweiten Organisationsstrukturen, verankert werden soll. Wie wird ein neues Gemeinschaftsunternehmen z. B. in Lateinamerika in diese Strukturen integriert, wer berichtet an wen und wie erreicht man eine aktive Mitwirkung der bereits im lateinamerikanischen Markt arbeitenden Unternehmenseinheiten der Kooperationspartner?

Hat ein Unternehmen einen Überblick über die Vor- und Nachteile der Kooperation gewonnen, auch über den Umfang und die mögliche Verankerung im Unternehmen, dann kann es eine erste Bewertung der Kooperation vornehmen. Dabei müssen auch mögliche Hinderungsgründe für die Kooperation abgeschätzt werden. Wird die Kooperation positiv bewertet und werden keine Hinderungsgründe gefunden, dann kann ein vorläufiger, rechtlich nicht bindender Vorvertrag über eine Kooperation abgeschlossen werden („**memorandum of understanding**"). Er stellt eine Übereinkunft über weitere Kooperationsverhandlungen dar, die die gemeinsame Sicht der Kooperationspartner auf das geplante Kooperationsprojekt festhält.

(2) Transaktionsphase

In der Transaktionsphase wird meist das Projektteam erweitert, da im Vorvertrag in der Regel die Arbeitsgruppen bestimmt werden, die Umfang und Wertschöpfung der Kooperation festlegen. Dabei geht es vor allem um eine detaillierte Bewertung von **Synergien**, d. h. der Effekte aus dem „Zusammenwirken" der Kooperationspartner. Durch sie sollen u. a. durch gemeinsames Gleichteil- und Mehrmarktmanagement, aber auch durch gemeinsame Marktbearbeitung und Beschaffung, die Kosten reduziert, die Umsätze erhöht und damit die Bilanzen beeinflusst werden[25]. Synergieeffekte beruhen auf Verbundvorteilen („economies of scope", z. B. Krauth 1996) zwischen den Kooperationspartnern und stellen die Wettbewerbsvorteile der Kooperation dar. Bei schlechtem Kooperationsmanagement können allerdings auch Kostennachteile durch steigende Opportunitätskosten des Managements, Transaktionskosten und abnehmende Größendegressionsvorteile eintreten. Verbundvorteile entstehen (vgl. Baumol, 1982 und Baumol u. a. 1988), wenn die minimalen Gesamtproduktionskosten der Outputmengen x_1 und x_2 zweier Güter 1 und 2 bei gemeinsamer Produktion geringer sind als bei getrennter Produktion. Bei Umkehrung der Ungleichung ergeben sich Verbundnachteile.

Im ersten Schritt der Transaktionsphase des Kooperationsmanagements ist festzulegen, welche Verbundvorteile in welchem Umfang erwartet und angestrebt werden. Weiterhin müssen Organisations-, Steuerungs- und Kontrollstrukturen entworfen werden, z. B. Konfliktlösungsverfahren. Gelingt dies, dann kann eine rechtlich bindende Absichtserklärung („**letter of intent**") unterzeichnet werden, unter den definierten Bedingungen eine Kooperation einzugehen.

Auf der Grundlage dieser Absichtserklärungen können dann die finanziellen und inhaltlichen Transaktionsbedingungen abschließend verhandelt und alle notwendigen formalen und administrativen Voraussetzungen erfüllt und Genehmigungen eingeholt werden. Den Abschluss der Transaktionsphase bildet die Unterzeichnung des Kooperationsvertrages („**closing**").

(3) Integrationsphase

Wurden die Verbundvorteile, Synergien und Transaktionskosten der geplanten Kooperation in der Vorfeldphase abgeschätzt und in der Transaktionsphase präzisiert, dann müssen in der Integrationsphase die unterschiedlichen Unternehmenskulturen angepasst und die Kooperation in den Unternehmen verankert werden. Um die Ko-

---

[25] Das Kooperationsmanagement schafft damit Synergien aufgrund statischer und dynamischer Wettberbsvorteile.

operation sicherzustellen, muss schließlich eine **Lernkultur** geschaffen werden (vgl. Doz 1996).

In der Integrationsphase stehen Personalveränderungsprozesse im Mittelpunkt, d. h. Entscheidungen über die personelle Umsetzung der Kooperation, über strukturelle Veränderungen und über die Anpassung der unterschiedlichen Unternehmenskulturen. In dieser Phase lernen die Kooperationspartner von einander und gemeinsam. Erfahrungen kultureller Unterschiede, Kenntnisse von Konfliktfeldern und erste Erfahrungen der Zusammenarbeit bilden eine Grundlage für die weitere Arbeit in der Integrationsphase. Bei den Managern, die in den Verhandlungen viel Zeit verbracht haben, besteht nach Vertragsabschluss die Neigung, sich wieder um das Alltagsgeschäft zu kümmern, die Kooperation nur noch wenig zu beachten und nur gelegentlich zu kontrollieren. Dieses Verhalten kann notwendige Veränderungen verhindern oder verzögern.

Bei der Umsetzung des Kooperationsplans muss beachtet werden, dass

1. die Beschäftigten Widerstand leisten können und Schulungen und Kommunikation erforderlich sind,

2. Prioritäten bei den Veränderungen gesetzt werden müssen, da nicht alle gleichzeitig vorgenommen werden können,

3. schnelle Erfolge notwendig sind, um skeptische Mitarbeiter zu überzeugen,

4. eine hohe persönliche Identifizierung der Beschäftigten erreicht wird und

5. dass die Unternehmensführung voll hinter der Kooperation steht.

Die drei Phasen des systematischen Kooperationsmanagements lassen sich aus der Perspektive der Wertstiftung wie folgt charakterisieren: In der Vorfeldphase gilt es den ökonomischen Wert der Kooperation zu bestimmen und die Synergien bzw. Verbundvorteile und Transaktionskosten einer Kooperation abzuschätzen. Kommen die Partner auf dieser Basis zu einer Vorvereinbarung, dann müssen in der Transaktionsphase die wahrscheinlichen Vor- und Nachteile berechnet und die notwendigen Organisations- und Kontrollstrukturen bestimmt werden. Dies soll zu einer Absichtserklärung und Erledigung der notwendigen Formalitäten einer vertraglichen Fixierung der Kooperation führen. In der Integrationsphase geht es dann darum, die Zusammenarbeit der Unternehmen durch Anpassung der Unternehmens- und Lernkulturen zu fördern, damit die Synergien mit minimalen Transaktionskosten erreicht werden können.

11.2 Wertvernichtung als Fehlentwicklung bei Kooperationsstrategien

11.2.1 Definition von Mehrwert

Kooperationen müssen einen Mehrwert oder einen Vorteil der Zusammenarbeit zweier multinationaler Unternehmen („parenting advantage") durch die Wettbewerbsposition bzw. einen Gesamtvorteil gegenüber einer Tätigkeit ohne Kooperation schaffen (vgl. Goold u. a. 1994, S. 7-8 oder Goold, Campbell 1998). Sie können zu Verbundvorteilen, aufgrund der Transaktionskosten und verminderten Größenvorteilen jedoch auch zu Kostennachteilen führen.

Verbundvorteile („economies of scope") wurden erstmals umfassend durch Baumol (1982) und Baumol u. a. (Kap. 4 in der überarbeiteten Auflage 1988) abgeleitet. Sie entstehen in formalisierter Darstellung, wenn die minimalen Gesamtproduktionskosten der Outputmengen x_1 und x_2 der Güter 1 und 2 bei gemeinsamer Produktion geringer sind als bei getrennter Produktion (vgl. z. B. Clarke 1991, S. 112 oder Kolbe 1991, S. 147):

$$\text{Gl. (1)} \quad K\,(x_1, x_2) < K\,(x_1, 0) + (0, x_2).$$

Bei Umkehrung der Ungleichung liegen Verbundnachteile („diseconomies of scope") vor.

Bei Vernachlässigung der innerbetrieblichen Größenvorteile und der Annahme eines linearen Verlaufs der Gesamtproduktionskosten bei getrennter Produktion, zeigt Abb. 11-2a ein Beispiel für die gesamten Produktionskosten der Verbundproduktion. In Abb. 11-2a sind diese für S (S = ½ R + ½ T) mit 2.500 geringer als bei getrennter Produktion in Höhe von 4.000 ((½ R = 1000) + (½ T = 3000)) Es liegen somit Verbundvorteile vor. In Abb. 11-2b dagegen betragen die Gesamtproduktionskosten aufgrund von Verbundnachteilen 4.500.

Abbildung 11-2:   *Gesamte Produktionskosten bei Verbundproduktion*

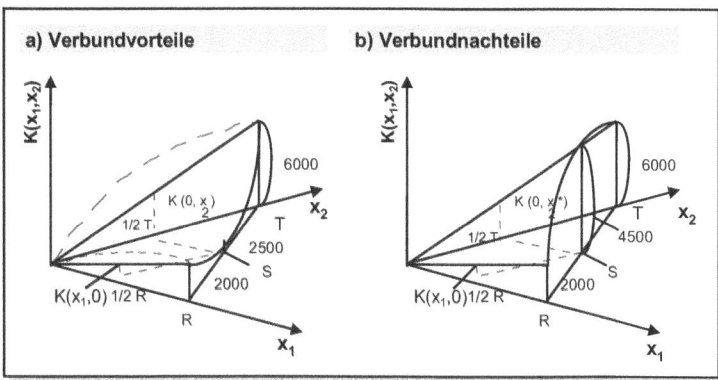

Um Verbundvorteile zu erklären, unterscheidet Teece (1982, S. 48-52) vier Typen von Verbundvorteilen:

1. unteilbares, nicht spezialisiertes Sachkapital als gemeinsamer Input für zwei und mehr Produkte, z. B. am Markt käufliches Werkzeug für zwei Fahrzeugtypen. Der Einsatz nicht beliebig teilbarer Produktionsfaktoren kann bei getrennter Produktion zu Überkapazitäten führen. Werden die Überkapazitäten für die Produktion anderer Güter genutzt, dann verbessert sich die Kapazitätsauslastung, die Kosten sinken im Vergleich zu einer getrennten Produktion.

2. unteilbares, spezialisiertes Sachkapital als gemeinsamer Inputfaktor für zwei und mehr Produkte, z. B. eine Produktionsanlage, auf der zwei Produkte hergestellt werden können. Es bestehen dann kaum Möglichkeiten, freie Kapazitäten im Markt anzubieten. Die Transaktionskosten sind dabei meist so hoch, dass es sich eher lohnt, die Kapazitäten durch neue Produkte auszulasten.

3. Humankapital als gemeinsamer Inputfaktor für zwei und mehr Produkte bzw. Know-how als quasi-öffentliches Gut. Während bei materiellen Vermögenswerten bzw. Sachkapital, wie beispielsweise einer Produktionsanlage, die Kapazitätsgrenze exakt angegeben werden kann, ist dies für immaterielle Ressourcen (Fähigkeiten) nicht möglich. Fähigkeiten und Wissen in der Vermarktung von Konsumgütern oder in der automatisierten Fertigung von Komponenten können z. B. nahezu uneingeschränkt auf die Produktion anderer Güter übertragen werden[26]. Diese

---

[26] Als Mitbegründerin des ressourcenorientierten Ansatzes empfiehlt Penrose (1959) Lernprozesse im Management und insbesondere in der Forschung und Entwicklung zur Verbesserung der Ressourcennutzung und Nutzung von Überschussressourcen (Konzept der Überschussressourcen oder „Penrose-Effekt", vgl. auch Teece 1982, S. 47 und S. 57-58). Solche Überschussressourcen - nicht zu verwechseln mit Überschusskapazitäten - können langfristig

Ressourcen sind stärker an ein Unternehmen gebunden als das Sachkapital. Deshalb sind die Transaktionskosten höher.

4. positive externe Effekte, die im Mehrprodukt- bzw. Mehrgeschäftsbereichs-Unternehmen internalisiert werden können. Räumliche Externalitäten wie z. B. ein Infrastrukturausbau fördern den Tourismus in wenig erschlossenen Räumen (vgl. Teece 1982, S. 53). Positive externe Effekte gilt es zu nutzen, bevor dies Konkurrenten tun.

Statt über unteilbares, nicht spezifisches oder spezifisches Sachkapital als gemeinsamer Input für die Produktion von zwei und mehr Gütern diskutiert das **strategische Management** meist über **Synergien**. Nach Ehrensberger (1993, S. 23) ergeben sich Synergieeffekte durch die gemeinsame Nutzung wirtschaftlicher Potenziale in mindestens zwei Geschäftsbereichen. Dabei wird nicht zwischen markt- und ressourcenorientierten Effekten unterschieden (vgl. z. B. die Kritik von Steidl 1999, S. 5). Porter (1999a, S. 413-460) nennt zwei Typen von Verflechtungen zwischen Wertketten, durch die Synergien entstehen können: materielle und immaterielle Verflechtungen.[27] Durch unteilbares Sachkapital können sich materielle Verflechtungen ergeben, die in marktorientierter Sichtweise die Grundlage für „Verbundvorteile" und marktorientierte Kooperationsstrategien bilden.

Durch immaterielles Humankapital können immaterielle Verflechtungen entstehen, die in ressourcenorientierter Sicht den gemeinsamen Input für mehrere Produkte darstellen. Darauf wird in Teil IV im Rahmen der Erklärung kompetenzorientierter dynamischer Strategien eingegangen.

Wird die Ableitung um Größenvorteile ergänzt, dann tritt ein Zielkonflikt auf zwischen Spezialisierungsverlusten bzw. abnehmenden Größenvorteilen bei einzelnen Ressourcen auf der Geschäftsbereichsebene und zunehmenden Verbundvorteilen aus der gemeinsamen Nutzung von Ressourcen auf der Gesamtunternehmensebene. Kostenvorteile einer Verbundproduktion entstehen nur, wenn die Spezialisierungsvorteile vollständig durch Verbundvorteile kompensiert werden, sonst entstehen Verbundnachteile. Dieser Kompensationseffekt wird bei der Bewertung von Kooperationen häufig übersehen.

---

auf neue Aktivitäten übertragen werden und damit zu einer Mehrprodukt- bzw. diversifizierten Tätigkeit beitragen.

[27] Es wurde bereits erwähnt, dass materielle Verflechtungen „aus der Möglichkeit [entstehen], Aktivitäten in der Wertkette mit verwandten Unternehmenseinheiten gemeinsam durchzuführen, was aufgrund gemeinsamer Abnehmer, Vertriebskanäle, Technologien und anderer Faktoren zu erreichen ist" (Porter 1999a, S. 413). Zu den immateriellen Verflechtungen gehört die Übertragung von Kompetenzen zwischen Wertketten. Sie ergeben sich z. B. dadurch, dass Geschäftsbereiche, die zwar keine primären Aktivitäten gemeinsam durchführen können, dennoch Gemeinsamkeiten aufweisen, wie z. B. ähnliche Kundentypen.

11.2.2 Sinkender Mehrwert

Kooperationen können Wert vernichten, wenn die Ausdifferenzierung und damit Vielfalt zu weit geht und wenn zentrifugalen Kräften zu viel Raum gelassen wird, da dann „eine zielgerichtete gesamtunternehmerische Steuerung" (Gleissner 1994, S. 25) erschwert wird. Kooperationen vernichten dann Wert, wenn die durch sie angestrebten Unternehmensvorteile nicht erreicht werden können und die Gewinne sinken. Dies ist der Fall,

1. wenn keine Synergien möglich sind oder geschaffen werden und

2. wenn die Rahmenbedingungen nicht angepasst werden.

Zu 1.: Da Kooperationen als Hilfsstrategien angesehen werden, können sie alleine keinen Mehrwert schaffen, sondern nur Strategien in den Geschäftsbereichen und auf der Gesamtunternehmensebene der Kooperationspartner durch Verbundvorteile (Synergien) unterstützen (vgl. z. B. Schmidt 1993a und 1993b). Synergiepotenziale setzen gleichgerichtete **(komplementäre) Unternehmensziele und Geschäftssysteme** der Kooperationspartner voraus. Es reicht z. B. nicht, dass die Vorprodukte der Kooperationspartner gleich sind. Es müssen auch die Zielfunktionen beachtet werden. Dann wird z. B. deutlich, dass Chrysler eher standardisierte Teile zukauft („commodity sourcing"), bei denen die Preise im Vordergrund stehen. Daimler beschafft dagegen innovative und spezifische Teile („technical sourcing"), bei denen die Technologie im Vordergrund steht.

Um die erwarteten Synergien durch die Kooperation auch tatsächlich zu erreichen, sind selbst bei komplementären Unternehmenszielen und Strategien, z. B. zweier auf Einmaligkeit abzielender differenzierender Unternehmen, oft erhebliche Veränderungen, u. a. in der Beschaffungspolitik oder in der Organisationsstruktur erforderlich. Ist Komplementarität der Kooperationspartner nicht gegeben, dann kommt es bei einer Kooperation zur **Wertvernichtung**.

Die Transaktionskosten notwendiger Veränderungen der Unternehmensstrukturen können selbst bei komplementären Partnern insbesondere in der Anfangsphase die Effizienzvorteile der Kooperation aufzehren, weil Entscheidungen in einer Kooperation das strategische Management weit stärker fordern als autonome Unternehmensentscheidungen. Ist keine Komplementarität gegeben, dann sind die Transaktionskosten noch höher, da gemeinsame Wertschöpfungsprozesse für beide Unternehmen schwierig sind.

Zu 2.: Kooperationen vernichten auch dann Wert, wenn die Rahmenbedingungen für längerfristige Kooperationen auf der Managementebene bzw. zur Organisation der Entscheidungsprozesse nicht gegeben sind. Kooperationen müssen systematisch in alle strategischen Überlegungen der Unternehmen einbezogen werden. Beschränkungen der Kooperation werden tendenziell an Bedeutung verlieren, Chancen der Kooperation dagegen durch neue Technologien verstärkt (vgl. dazu Schuh u. a. 2005, S. 148; Picot u. a. 2003).

Da verfestigte Handlungsmuster selbst bei großem Einverständnis über gemeinsame Ziele zu erheblichen Problemen und Konflikten führen können, ist es wichtig, dass die Kooperationspartner die Kooperation in der Unternehmenskultur verankern, - bezogen auf die Kooperation - Wissen austauschen und **gemeinsam lernen**. Ein einseitiger Abfluss von Know-how wird zu Konflikten und letztlich zum Scheitern der Kooperation führen.

11.3 Erklärung von Vorteilen der Komplementarität

Eine Voraussetzung für eine ökonomisch sinnvolle Kooperationsstrategie bildet die **Komplementarität der Kooperationspartner**. Um den Mehrwert zu maximieren, genügt es nicht, die Unternehmensvorteile zusammenzuführen (vgl. Collis, Montgomery 1998, S. 72), es müssen komplementäre Kooperationsstrategien entwickelt werden, gegründet auf

- komplementären Zielen und Wertschöpfungsaktivitäten und

- einer komplementären Unternehmenskultur

(vgl. Rautenstrauch u. a. 2003, S. 37 und Fubini u. a. 2007, S. 36-37).

Milgrom und Roberts (1990 und 1992) begründen den Vorteil von Komplementarität mit einem **traditionellen mikroökonomischen Optimierungsmodell**. Der Wert der Zielfunktion ist um so höher, je stärker die Variablen, d. h. Ziele und Wertschöpfungsaktivitäten, gleichgerichtet sind. Bei der Zielfunktion handelt es sich um eine nichtlineare und nicht konvexe Gewinnfunktion, die mehr als ein Optimum aufweisen kann (vgl. auch Murty 1988, S. XXXVIII). Eine solche Ausdifferenzierung ist realistisch für Kooperationsstrategien, da bei derart komplexen Entscheidungen oft mehrere Lösungen möglich sind.

Nicht konvexe Optimierungsprobleme lassen sich nicht mit den in der Operations Research-Forschung verbreiteten Verfahren, wie z. B. von Kuhn-Tucker lösen (vgl. Ellinger u. a. 2001, S. 204). Eine Lösung erfolgt deshalb bei Milgrom und Roberts (1990 und 1992) über die **Optimierung supermodularer Funktionen**. Sie ermöglicht, aus einer Vielzahl relativer Optima eine gewinnmaximale Zusammenführung der angestrebten Zusammenarbeit der Wertschöpfungselemente der beiden Unternehmen abzuleiten.

Abb. 11-3 zeigt die optimale Entscheidungsfindung bei nichtlinearen und nicht konvexen Problemen. Mit M und B gibt es mehr als ein Optimum. Erfolgt nun ausgehend von Punkt A eine traditionelle iterative Optimierung, dann wird sich als Ergebnis der Optimierung der Zielfunktion (hier der Gewinnfunktion $\prod$) stets B ergeben. Das liegt an den Rechenschritten der eingesetzten Verfahren, die so lange eine weitere Iteration durchführen, wie der Wert der Zielfunktion gesteigert werden kann. Von Punkt A beginnend, bedürfte es jedoch zunächst einer Reduktion von $\prod$ um den Weg AM zu durchlaufen. Dies ist mit traditionellen Verfahren nicht möglich. Abb. 11-3 zeigt jedoch, dass M das absolute Maximum ist und dass es mehrere deutlich bessere Entscheidungen als B gibt.

Abbildung 11-3: *Multiple Gleichgewichte bei nicht-linearen und nichtkonvexen Entscheidungsproblemen*

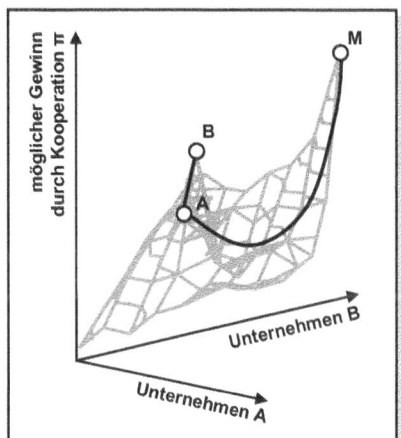

Bei einer Optimierung supermodularer Funktionen bezogen auf Gitterstrukturen, die in Abb. 11-3 über die Zielfunktion gelegt werden, lässt sich zeigen, dass es einen größten und einen kleinsten Wert in dieser Gitterstruktur gibt (vgl. Milgrom, Roberts 1990, S. 518 oder Topkis 1998, S. 15). Damit ist das Entscheidungsproblem lösbar, da die Optimierung M als größten und B als kleinsten Wert bestimmt.

Da die Berechnung supermodularer Optimierungen sehr schwierig ist, wird hier auf die Darstellung der Optimierungsmethode in der Literatur verwiesen (vgl. z. B. Topkis 1978 und 1998, Murty 1988 oder Kojima u. a. 1991). Die optimale Lösung ergibt sich, wenn komplementäre Wertschöpfungseinheiten zusammengeführt werden (vgl. Milgrom, Roberts 1990, S. 513 und S. 516 sowie Topkis 1998, S. 70) und die gemeinsame Wertschöpfungseinheit i, z. B. durch eine Kooperation, keinerlei negative Rückwirkungen auf die Wertschöpfungseinheit j hat (vgl. Milgrom, Roberts 1990, S. 525). Es wird aufgrund der **internen Konsistenz** der durch Kooperation erreichten Wertschöpfungseinheiten der Optimalpunkt mit dem höchsten Zielerreichungsgrad (hier Gewinn) ausgewiesen.

Kooperationsstrategien mit komplementären Partnern entsprechen dem ökonomischen Prinzip, wenn durch minimalem Ressourceneinsatz das maximale Ergebnis erzielt wird. Bei Kooperationen wird die Komplementaritätsbedingung jedoch bisher noch wenig beachtet.

11.4 Entwicklung eines systematischen Kooperationsmanagements

Die traditionelle Kooperationsstrategie (DS 5, Abschnitt 11.1) kann durch ein systematisches Kooperationsmanagement (DS 5 erw.) erweitert und vertieft werden. Dies ist aber nur möglich, wenn zuvor geprüft wird, ob überhaupt Komplementarität gegeben ist und ob die Unternehmen zusammen passen, d. h. ob sich die Unternehmenskulturen miteinander vereinbaren lassen.

Deshalb muss der Prozess des Kooperationsmangements (Abb. 11-1) ergänzt werden um

(a) die Überprüfung der Komplementarität der Ziele und Wertschöpfungsaktivitäten der Kooperationspartner und

(b) die Überprüfung der Vereinbarkeit der Unternehmenskulturen im Rahmen der Analyse der Rationalität der Kooperation in der Vorfeldphase sowie

(c) die Verbesserung der Anpassung der Unternehmenskulturen in der Integrationsphase.

Die drei Teilschritte werden bislang vernachlässigt und führen zu einer Wertvernichtung als Fehlentwicklung des Kooperationsmanagements. Werden diese Teilschritte durchgeführt, dann ergibt sich ein systematisches Kooperationsmanagement (Abb. 11-4), das nun näher erläutert wird.

Abbildung 11-4: *Systematisches Kooperationsmanagement*

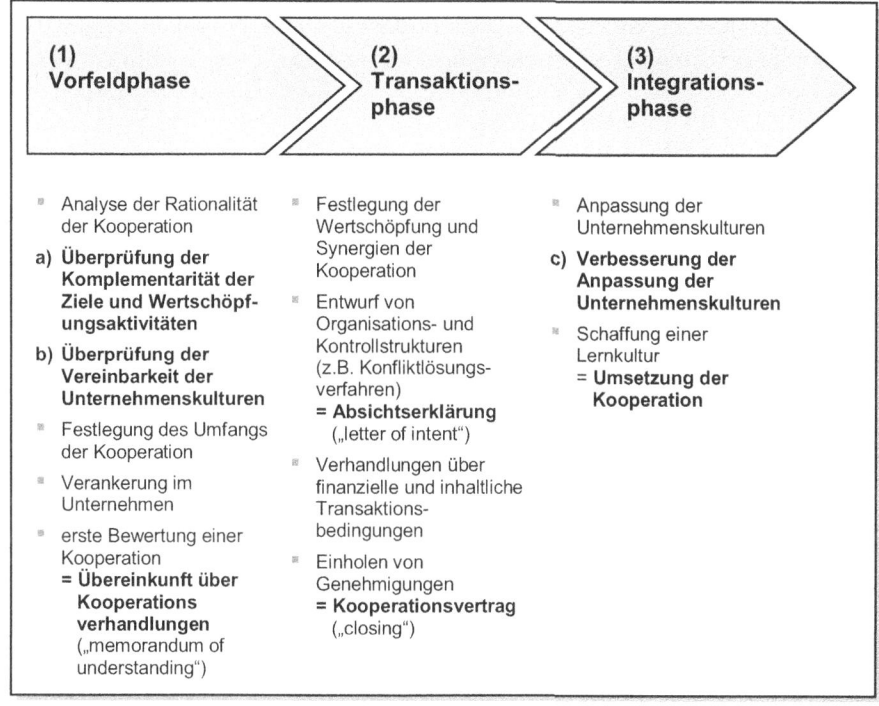

(a) Ergänzung der Vorfeldphase um eine Überprüfung der Komplementarität der potenziellen Kooperationspartner

Es muss im Vorfeld der Kooperation bekannt sein, ob und inwieweit die Unternehmensziele und Wertschöpfungsaktivitäten der potenziellen Kooperationspartner zusammenpassen, da es nur dann möglich ist, Synergien zu erreichen und die Transaktionskosten zu minimieren.

Möglich ist dies durch das **Verfahren der „Wertkettenkopplung"**, mit dem systematisch geprüft wird, bei welchen Wertschöpfungsaktivitäten der Kooperationspartner Synergien wahrscheinlich sind. Eine solche Wertkettenkoppelung ermöglicht detaillierte Aussagen zur Rationalität einer Kooperation.

(b) Ergänzung der Vorfeldphase um eine Überprüfung der Vereinbarkeit der Unternehmenskulturen der potenziellen Kooperationspartner

Die negativen Erfahrungen mit Wert vernichtenden Kooperationen haben Unternehmen und Banken vorsichtig werden lassen (vgl. Fubini u. a. 2007, S. VIII). Es interessieren nicht mehr nur die Synergiepotenziale, sondern mehr die Aussicht, sie auch zu erreichen. Das ist nur wahrscheinlich, wenn die Unternehmenskulturen der Kooperationspartner zueinander passen, d. h. sich ergänzen oder angleichen lassen. Dies muss in der Vorfeldphase geprüft werden. Dazu müssen dann die Wertvorstellungen, Verhaltensnormen, Handlungsanweisungen der Kooperationspartner verglichen werden (vgl. Scherm 1995, S. 63), was angesichts der in der Regel kurzen Kooperationsverhandlungen ein zeitkritischer Prozess ist.

(c) Ergänzung der Integrationsphase um eine bessere Anpassung der Unternehmenskulturen der potenziellen Kooperationspartner

Für eine bessere Anpassung der Unternehmenskulturen der potenziellen Kooperationspartner sind fünf Ansatzpunkte denkbar (vgl. Fubini u. a. 2007, S. 2):

1. frühzeitige Bildung eines gemeinsamen Führungsteams,

2. Schaffung von Kommunikationsstrukturen,

3. Festlegung auf eine Wert stiftende Unternehmenskultur,

4. Stakeholder Management und

5. Begründung gemeinsamer Lernprozesse.

Die drei Aufgaben (Überprüfung der Komplementarität und der Vereinbarkeit der Unternehmenskulturen in der Vorfeldphase sowie bessere Anpassung der Unternehmenskulturen in der Integrationsphase) müssen im Rahmen eines systematischen Kooperationsmanagements zusammengeführt werden, um die durch Wertvernichtung fehl gelaufenen Kooperationsstrategien wieder zu verbessern.

Teil IV

Dynamische Strategien im

Wettlauf um Kompetenzen

IV

Im dritten Hauptteil des Buches werden dynamische Strategien begründet, durch die ein Vorsprung im Wettbewerb um Kompetenzen erreicht werden soll. Kompetenzorientierte Erklärungen dynamischer Strategien setzen bei den kompetenzorientierten Erklärungen statischer Strategien (Grundmodell des Kompetenzaufbaus) an (Kapitel 12). Durch Dynamisierung dieser Strategien lässt sich die Kompetenzentwicklung erklären (Kapitel 13).

Selbst sehr erfolgreiche Unternehmen müssen sich fortwährend bemühen, ihren Kompetenzvorsprung zu halten bzw. sich vor einer Kompetenzerosion zu schützen. Deshalb müssen sie im Kompetenzwettlauf eine überdurchschnittliche Kompetenzerneuerung erreichen. Da der Wettlauf um Kompetenzen im horizontalen Wettbewerb zwischen direkten Konkurrenten und im vertikalen Wettbewerb zwischen Herstellern und Zulieferern stattfindet, benötigen sie:

1. ein „Management der Kompetenzentwicklung im horizontalen Wettbewerb", das sich auf Erklärungen der Erneuerung von Kompetenzen im Rahmen der Theorie der Kompetenzentwicklung stützt (Kapitel 14) und

2. ein „Management der Kompetenzentwicklung im vertikalen Wettbewerb", das auf Erklärungen der Kompetenzerneuerung, auf Erklärungen der Optimierung der Unternehmensgrenze im Rahmen der Theorie der Unternehmung und auf Erklärungen der nachholenden Kompetenzentwicklung bei einem Rückstand beruht (Kapitel 15).

12 Kompetenzorientierte Erklärungen statischer Strategien

Kompetenzorientierte Erklärungen folgen aus der Kompetenzperspektive im strategischen Management als Weiterentwicklung der ressourcenorientierten Sichtweise. Diese Forschungsrichtung im strategischen Management unterstellt heterogene Ressourcen, die sich in einer asymmetrischen Ressourcenallokation und damit in einer unterschiedlichen Ressourcenausstattung der Geschäftsbereiche widerspiegeln. Sie werden durch unvollkommene Faktormärkte für vorteilschaffende Ressourcen verursacht. Die Sicherung ökonomischer Renten bzw. dauerhafter Erfolge bezieht sich damit auf die Nutzung und die **Ausweitung der Ressourcenheterogenität**.

Während durch marktorientierte Wettbewerbsvorteile verhindert werden soll, dass alle Anbieter die gleiche Marktposition haben, schützen Ressourcen- und Kompetenzvorteile davor, dass sich die Ressourcenausstattung der Konkurrenten angleicht (vgl. Kapitel 2).

Wie die Erklärungen ressourcenorientierter Wettbewerbsvorteile in Teil II beruhen auch die Erklärungen kompetenzorientierter Vorteile auf der Markttheorie im engen Sinne (vgl. Abb. 2-1). Im Unterschied zu (natürlichen und institutionellen) Ressourcenvorteilen werden sie jedoch nicht durch eine, verglichen mit den Wettbewerbern, bessere Ressourcenausstattung erklärt, sondern durch einen effizienteren Ressourceneinsatz (vgl. zu dieser Unterscheidung z. B. Peteraf 1993, S. 180 oder Proff 2002a, S. 31). Dazu müssen auch ökonomische und verhaltenswissenschaftliche Erklärungsmuster der Theorie der Unternehmung herangezogen werden.

Ein im Vergleich zu den Wettbewerbern effizienterer Ressourceneinsatz lässt sich aus Kompetenzvorteilen begründen, die dadurch entstehen, dass Kompetenzen aus den Ressourcen aufgebaut werden. Aus einem „Grundmodell des Kompetenzaufbaus" (Abschnitt 12.1) lassen sich Kompetenzvorteile bei statischer Betrachtung ableiten (Abschnitt 12.2). Diese Wettbewerbsvorteile bilden kompetenzorientierte statische Strategien, die in Abschnitt 12.3 klassifiziert werden oder stützen die marktorientierten statischen Strategien, die in Kapitel 7 identifiziert wurden.

12.1 Das Grundmodell des Kompetenzaufbaus

In der traditionellen ressourcenorientierten Sichtweise im strategischen Management werden meist nur natürliche und institutionelle Wettbewerbsvorteile (Kapitel 3) begründet, die statische Strategien stützen oder ergänzen. Sie nennt zwar unterschiedliche Merkmale von Kompetenzen, leitet daraus aber keine Wettbewerbsvorteile ab. Dies ist erst möglich, wenn die „black-box" des Kompetenzaufbaus aus Vermögenswerten und Fähigkeiten näher untersucht wird (vgl. Proff 2000). Dazu werden die unterschiedlichen Merkmale von Kompetenzen zu Anforderungen an Kompetenzen zusammengefasst. Diese Anforderungen werden dann in einem „Modell des Kompetenzaufbaus" durch „Veredelung" von Ressourcen (Rasche 1994) zusammengeführt. Das Modell wird so entwickelt, dass es den Übergang von am Markt käuflichen Vermögenswerten und Fähigkeiten in Kompetenzen aufzeigt. Da der Aufbau von Kompetenzen im Unternehmen als Prozess verstanden wird, müssen die Anforderungen nacheinander erreicht werden.

Markttheoretische Überlegungen strukturieren das Prozessmodell des Kompetenzaufbaus. Da für die Ableitung von Wettbewerbsvorteilen die Aussagen zu stark aggregiert und deshalb nur schwer operationalisierbar sind, müssen zusätzliche ökonomische und verhaltenswissenschaftliche Erklärungen im Rahmen der Theorie der Unternehmung berücksichtigt werden.

Die folgenden Merkmale von Kompetenzen werden häufig genannt. Sie leisten 1. einen Beitrag zu den von den Kunden wahrgenommenen Vorteilen des Endproduktes, sie sind 2. still (verborgen), komplex und spezifisch, 3. nicht leicht erkennbar, 4. begrenzt nach außen transferierbar und 5. begrenzt imitierbar, sowie 6. knapp und wertvoll. Sie haben 7. die Fähigkeit, Werte zu binden, sind 8. in Organisationen eingebunden, sichern 9. dauerhafte Unternehmensvorteile und eröffnen 10. einen potenziellen Zugang zu einem breitem Spektrum von Märkten (vgl. z. B. Prahalad, Hamel 1990; Barney 1991; Peteraf 1993 oder Thiele 1997).

Diese Merkmale von Kompetenzen sind zum Teil voneinander abhängig (vgl. Proff 2000 und 2002a). So sind z. B. nur stille, komplexe und spezifische Ressourcen (Merkmal 2) in Organisationen eingebunden (Merkmal 8) und deshalb nicht leicht erkennbar (Merkmal 3), nur begrenzt transferierbar (Merkmal 4) und imitierbar (Merkmal 5). Nur solche Ressourcen können Werte binden (Merkmal 7). Diese Merkmale lassen sich vier Hauptanforderungen an Kompetenzen zuordnen:

1. Nutzenstiftung am Markt,

2. begrenzte Handel- und Imitierbarkeit,

3. Abstimmung von Umfelddynamik und Kompetenzvorteile, sowie

4. Transferierbarkeit in der Organisation.

Transferierbarkeit in der Organisation ist nur für diversifizierte Unternehmen bedeutsam. Da dieses Buch nur Strategien auf der Geschäftsbereichsebene anspricht, wird diese Anforderung hier nicht weiter betrachtet.

Das Prozessmodell des Kompetenzaufbaus ist Teil eines umfassenden strategischen Managements. Einen Ansatzpunkt hierfür bietet die Kompetenzperspektive (Abb. 12-1) als Weiterentwicklung der ressourcenorientierten Sichtweise (vgl. Sanchez, Heene 1996). Sie ist auf den Markt gerichtet und bietet damit einen Ansatzpunkt für die Verbindung der beiden Forschungsrichtungen im strategischen Management als Grundlage von Strategien, die allerdings entsprechend den mikroökonomischen Wurzeln in der ressourcenorientierten Sichtweise sehr stark auf den unternehmensinternen Kompetenzaufbauprozess verengt wird. Gemäß der Kernkompetenzperspektive folgt ein Unternehmen einer strategischen Managementausrichtung, die mit den Entscheidungen über die Aufgaben und Ressourcenverteilung in einer Wechselbeziehung steht. Werden die genannten Hauptanforderungen an Kompetenzen (Nutzenstiftung am Markt, begrenzte Handel- und Imitierbarkeit, Abstimmung von Umfelddynamik und Kompetenzvorteilen) erfüllt und darauf bezogen die Vermögenswerte abgestimmt, werden Inputressourcen veredelt. Sie können dann in einem oder mehreren Produkt-Markt-Feld(ern) für die Operationen (Entwicklung, Produktion, Distribution oder Vermarktung) verwendet werden. Als Produktangebote erreichen sie schließlich die Produktmärkte.

Der Erfolg der Unternehmen am Markt erklärt sich durch Unternehmensstrategien, die auf den Aufbau von Kompetenzvorteilen ausgerichtet sind und die die genannten Anforderungen an Kompetenzen erfüllen. Die Kompetenzperspektive weist mehrfache Rückkopplungsprozesse auf. Abweichungen von der strategischen Managementausrichtung können in jeder Phase durch Anpassung oder Veränderungen korrigiert werden, wobei auch ein Rückgriff auf externe Ressourcen möglich ist.

Da der Kompetenzaufbau weitgehend eine „black box" geblieben ist, wurden ressourcenorientierte Wettbewerbsvorteile bislang nur vage operationalisiert. Als Bestandteile eines Prozessmodells des Kompetenzaufbaus werden daher die drei Anforderungen an Kompetenzen auf der Ebene der Geschäftsbereiche in acht Teilanforderungen zerlegt. Sie bilden die Ansatzpunkte zur Ableitung von kompetenzorientierten Wettbewerbsvorteilen.

Abbildung 12-1:   *Der Kompetenzaufbau im Rahmen der Kompetenzperspektive*

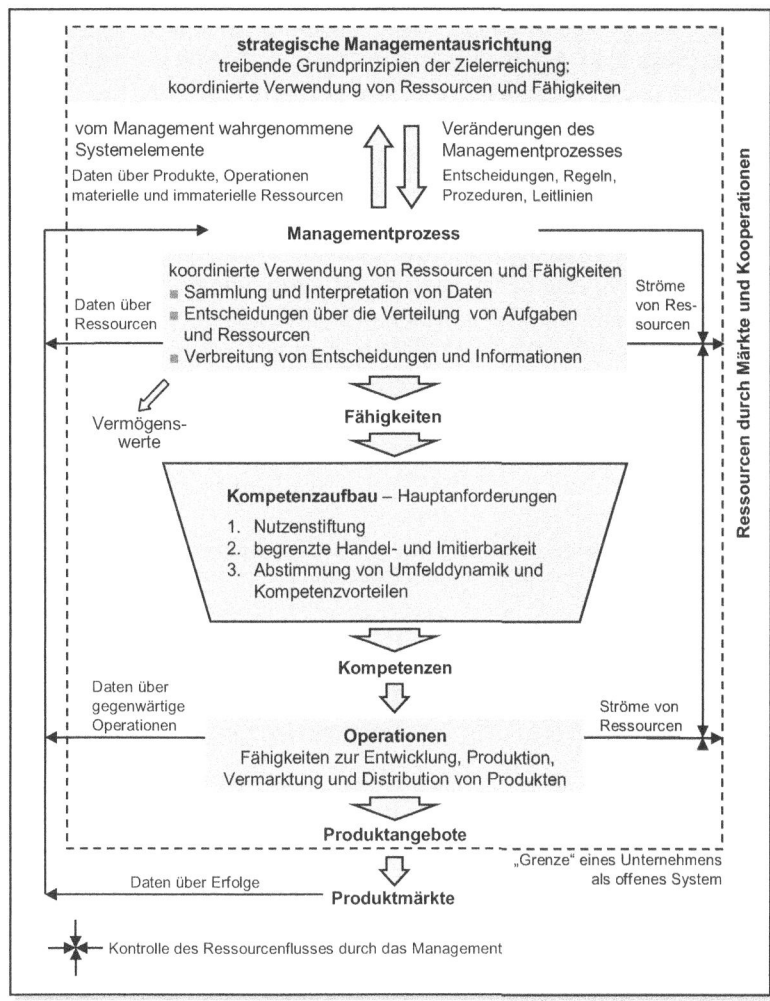

In den folgenden Abschnitten (12.1.1 bis 12.1.3) werden die Haupt- und Teilanforderungen an Kompetenzen kurz beschrieben und anschließend in Abschnitt 12.1.4 zum Prozessmodell des Kompetenzaufbaus zusammengeführt, um daraus in einem weiterem Schritt kompetenzorientierte Wettbewerbsvorteile zum Schutz ökonomischer Renten abzuleiten.

12.1.1 Nutzenstiftung am Markt als erste Hauptanforderung an Kompetenzen

Es tragen nur die Ressourcen zu den von den Kunden wahrgenommenen Vorteilen der Produkte (Merkmal 1) bei, die knapp bzw. selten und damit wertvoll (Merkmal 6) bzw. strategisch relevant sind (vgl. z. B. Barney 1991, S. 102). Nach Rasche (1994, S. 88-90) stiften sie einen Nutzen am Markt. Eine solche Nutzenstiftung am Markt ergibt sich durch Ressourcen „that are available and useful in detecting and responding to market opportunities or threats" (Sanchez u. a. 1996, S. 8). Obwohl die Nutzenstiftung erst aus dem Produktangebot ersichtlich wird, entsteht sie bereits durch die **Wahl geeigneter und effizienter Inputressourcen** (1. Voraussetzung für Kompetenzen) und durch **deren unternehmensdienliche Verwendung** (2. Voraussetzung für Kompetenzen). Damit ist die Nutzenstiftung die Grundlage des Managementprozesses (vgl. z. B. Hennemann 1997, S. 213-216), da nicht alle Inputressourcen zu Kompetenzen beitragen können und nicht jede Veredelung von Ressourcen zu Kompetenzen einen Mehrwert für das Unternehmen schafft. Eine unternehmerische Zielsetzung bzw. strategische Logik muss die Vorauswahl und den Kompetenzaufbau bestimmen. In der Mikroökonomie wird in der Regel unterstellt, dass die Inputressourcen Arbeit und Kapital die gleiche Qualität aufweisen. Die ressourcen- und kompetenzorientierte Sichtweise im strategischen Management unterscheidet dagegen zwischen Vorteil schaffenden und nicht Vorteil schaffenden Ressourcen.

12.1.2 Begrenzte Handel- und Imitierbarkeit als zweite Hauptanforderung an Kompetenzen

Die Fähigkeit Werte zu binden (Merkmal 7, vgl. Grant 1988, S. 128) betrifft die Verfügungsrechte an immateriellen Ressourcen. Werden die Verfügungsrechte nicht eindeutig geregelt, dann können z. B. durch Weggang eines Mitarbeiters Ressourcen und Fähigkeiten verloren gehen, wenn sie nicht auf mehrere Mitarbeiter verteilt sind. Vorteilhafte Ressourcen und Kompetenzen sollten deshalb in die Organisation eingebunden werden (Merkmal 8, vgl. Barney 1991), und nur begrenzt nach außen erkennbar sein (Merkmal 3, vgl. Grant 1991, S. 125). Sie entstehen durch stille, komplexe und (unternehmens)spezifische Ressourcen (Merkmal 2, vgl. Reed, DeFillippi 1990) und sind eine Voraussetzung für die begrenzte Transferier- bzw. Handelbarkeit von Kompetenzen (Merkmal 4) und der begrenzten Imitierbarkeit (Merkmal 5). Der Schutz von Ressourcen und Kompetenzen vor Handel- und Imitierbarkeit ist nur möglich, wenn zwischen Ressourcen und Kompetenzen diffuse und nicht nachvollziehbare Zusammenhänge bestehen („causal ambiguity", vgl. Lippman, Rumelt 1982, S. 420 oder Reed, DeFillippi 1990).

Die Zusammenhänge zwischen Kompetenzen und Unternehmensvorteilen können so diffus sein, dass sie nicht einmal von den Managern des Unternehmens oder des Geschäftsbereiches verstanden werden. Reed und DeFillippi (1990, S. 90-91) rücken von der Vorstellung extrem diffuser Zusammenhänge ab und gehen von der realistischeren Vorstellung aus, dass Manager im Unternehmen die Zusammenhänge besser verstehen als Wettbewerber. Sie vermuten, dass der Gefahr der Handel- und Imitierbarkeit von Kompetenzen mit mindestens einer der drei sich gegenseitig verstärkenden Eigenschaften begegnet werden kann: a) Stillschweigen über Ressorucen, b) Komplexität der Ressourcen und c) Unternehmensspezifität der Ressourcen im Prozess der Veredelung zu Kompetenzen. Sind diese Eigenschaften gegeben, dann lassen sich Unternehmensvorteile erreichen.

1. **Stillschweigen über effiziente Ressourcen** beruht auf Erfahrung und Praxis bzw. „learning by doing" (3. Voraussetzung für Kompetenzen). Verborgenes Wissen lässt sich nicht durch Nachbau („reverse engineering") aufdecken (vgl. Nelson, Winter 1982, S. 123). Es ist nach außen nicht genau erkennbar und lässt sich deshalb auch nicht einschätzen.

2. **Komplexität** (vgl. Dierickx, Cool 1989, S. 1508 oder Barney 1991, S. 110-111) der organisatorischen Ressourcen soll sicherstellen, dass einzelne Komponenten der unternehmensspezifischen Ressourcenbasis, z. B. Stakeholder-Beziehungen oder die Unternehmenskultur, nicht isoliert werden können (4. Voraussetzung für Kompetenzen). Je vielfältiger die Technologien und je breiter die Kenntnisse sind, umso wahrscheinlicher entsteht ein komplexes Ressourcenbündel, das nur wenige Insider, aber keine Außenstehenden bewerten können (vgl. Reed, DeFillippi 1990, S. 92). Komplexität erschwert den Handel mit Ressourcen und verringert die Transparenz und damit die Nachahmung (vgl. z. B. Grant 1991, S. 126-127).

3. **Spezifität der Ressourcenposition** verursacht hohe Transaktionskosten, wenn einzelne Ressourcen aus dem Kontext heraus gelöst werden (5. Voraussetzung für Kompetenzen). Der Handel mit Ressourcen wird dadurch teuer (vgl. Williamson 1985). Verlieren Ressourcen infolge der Bindung an ein Unternehmen für Konkurrenten an Wert, wird von einem Quasi-Renten-Potenzial einer Ressource gesprochen.

Da keineswegs sicher ist, ob ein Geschäftsbereich einen Wettbewerbsvorteil auch halten kann (vgl. Reed, DeFillippi 1990, S. 94), ist die andauernde Abstimmung von Umfelddynamik und Kompetenzvorteilen in einem Geschäftsbereich sehr wichtig. Diese Fähigkeit zum Erhalt der Kompetenzen stellt die dritte Hauptanforderung an Kompetenzen dar.

12.1.3 Abstimmung von Umfelddynamik und Kompetenzvorteilen als dritte Hauptanforderung an Kompetenzen

Da Kompetenzen dauerhaft gesichert werden müssen (Merkmal 9, vgl. Grant 1988 oder Thiele 1997, S. 54-55), ist eine fortwährende Abstimmung zwischen Umfelddynamik und Kompetenzvorteilen eines Geschäftsbereichs erforderlich.

Über Auswirkungen von Umfeldveränderungen auf Kompetenzen wird wenig gearbeitet. Hinweise geben wirtschafts- und verhaltenswissenschaftliche Untersuchungen zur Theorie der Unternehmung (vgl. zu Knyphausen-Aufsess 1995, Abschnitt 2.2 oder Mahoney 1995). Von besonderer Bedeutung sind Aussagen zu Lernprozessen und zur Wissensakkumulation (vgl. Argyris, Schön 1978). „Consequently, improving firm´s strategic flexibility to create new competences in response to environmental changes is likely to require rethinking the ways a firm can create and acquire new knowledge and may require entirely new concepts for applying new knowledge to greatest strategic effect. The topic of organizational learning and knowledge has received much recent attention" (Sanchez, Heene 1997, S. 3).

Um Wissen und Fähigkeiten der Mitarbeiter, der technischen Systeme und des Managements flexibel und innovativ zu nutzen, müssen die Ressourcen ständig hinterfragt, überprüft und angepasst werden (vgl. Leonhard-Barton 1992). Dies sind Voraussetzungen für eine dynamische Ressourcenanpassung, für die Weiterentwicklung und Verbesserung der Kompetenzen und letztlich für Innovationen. Umfelddynamik und ressourcenbasierte Wettbewerbsposition lassen sich nur dann abstimmen, wenn **„organisationales Lernen"** möglich ist. In Anlehnung an Sanchez u. a. (Sanchez, Heene 1997, S. 4-6) wird Lernen im Unternehmen als Prozess der Veränderung des gemeinsamen Wissens der Mitarbeiter verstanden. Wissen ist dabei ein „shared set of beliefs about causal relationships held by individuals within a group" (vgl. auch Duncan und Weiss 1979; Schneider 1996 oder Schreyögg, Eberl 1998, S. 519).

Aussagen zu Lernprozessen und zum Wissensmanagement beziehen sich auf unterschiedliche Grade der Umfelddynamik. Sanchez (1997) unterscheidet zwischen einem stabilen Umfeld, einem sich schrittweise verändernden Umfeld und einem sich stark verändernden Umfeld in Abhängigkeit von der Stärke und Häufigkeit von Umfeldveränderungen (vgl. Basil, Cook 1974, S. 206 und darauf bezogen Proff 2002a, S.286-292). Gleichzeitig unterscheidet er verschiedene Arten von Wissen: „Know-how" als praktische Kenntnis der Managementprozesse (konkretes Problemlösungswissen), „Know-why" als Erklärung der Managementprozesse und „Know-what" als strategisches Verständnis der Managementausrichtung, die den Managementprozessen zugrunde liegen. Den verschiedenen Arten von Wissen können unterschiedliche Lernprozesse, sog. Lernschleifen nach Argyris und Schön (1978) zugeordnet werden, die das „in der Literatur am häufigsten zitierte und wohl bekannteste Modell des organisationalen Lernens" (Nagl 1997, S. 60) abbilden (vgl. Abb. 12-2).

Abbildung 12-2: *Lernschleifen nach Argyris und Schön (1978)*

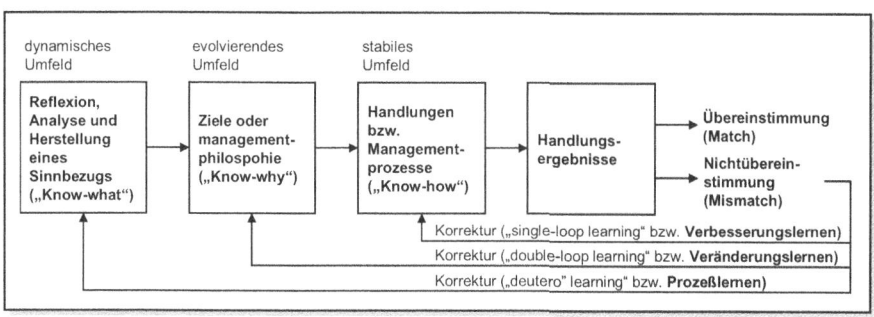

In einem stabilen Umfeld kann die **praktische Kenntnis der Managementprozesse ("Know-how")** zu einer Optimierung dieser Prozesse führen (vgl. Sanchez 1997, S. 176). "Know-how" als Problemlösungswissen wird dabei auf ein konkretes Gebiet, wie z. B. das Fertigungs-Know-how, konzentriert (vgl. Boeglin 1992, S. 86 oder Hennemann 1997, S. 168). Durch kontinuierliche Verbesserungen auf der Grundlage von Routinen[28] werden die Managementprozesse effizienter. Diskrepanzen zwischen Handlungen bzw. Managementprozessen und Handlungsergebnissen können durch Verbesserungslernen oder Lernen in einer Schleife ("single-loop learning", vgl. Abb. 12-2)[29] im Sinne eines "learning by doing" abgebaut werden (Argyris 1993, S. 5). Die **Optimierung der Managementprozesse durch Verbesserungslernen in einem stabilen Umfeld** ist notwendig, um nutzenstiftende und begrenzt handel- und imitierbare Ressourcen dauerhaft mit diesem Umfeld abstimmen zu können. Die Optimierung der Managementprozesse bildet die 6. Voraussetzung für Kompetenzen bei Berücksichtigung von Umfeldveränderungen.

Die **Erklärung von Managementprozessen ("Know-why")** kann in einem evolvierenden Umfeld dazu führen, dass die Ziele geändert und die Managementprozesse angepaßt werden. "Know-why" beruht auf der Kenntnis der Beziehungen zwischen den Elementen eines Systems, z. B. auf dem Wissen, warum die Teile eines Produktes zusammen funktionieren (Produktwissen) und warum die Maschinen in einem Prozess zusammenarbeiten (Prozesswissen, vgl. Sanchez 1997, S. 176). "Know-why" liefert zusätzlich zum Wissen über die Optimierung der Fertigungsprozesse Wissen über die notwendigen Veränderungen dieser Fertigungsprozesse. So hat z. B. die abnehmende optimale Betriebsgröße die Anpassung an unstetige Märkte erleichtert. Dauerhafte

---

[28] Unter Routinen werden regelmäßig wiederkehrende Verhaltensmuster von Unternehmen verstanden (vgl. Nelson, Winter 1982, S. 14 oder auch Hennemann 1997, S. 135-163).

[29] "Single loop learning [...] corrects errors by changing routine behaviour. It is incremental and adaptive, something like a thermostat that is set to turn on the heat of the room if temperature drops below 68 degrees" (Argyris 1993, S. 5).

ökonomische Renten in einem evolvierenden Umfeld hängen davon ab, ob eine Veränderung der Managementprozesse durch Veränderungslernen in einer doppelten Schleife („double-loop learning", Argyris und Schön 1978, S. 18) gelingt[30]. Dazu ist sowohl eine Änderung der grundlegenden Normen bzw. Ziele oder der Managementphilosophie als auch eine Modifizierung der Managementprozesse erforderlich. Argyris und Schön (1978, S. 22) sprechen von einer doppelten Rückkopplung (vgl. Abb. 12-2). **Die Anpassung der Managementprozesse durch Veränderungslernen in einem evolvierenden Umfeld** ist notwendig, um die nutzenstiftenden und begrenzt handel- und imitierbaren Ressourcen dauerhaft mit diesem Umfeld abstimmen zu können. Diese Optimierung der Umfeldabstimmung bildet die 7. Voraussetzung für veredelte Ressourcen bzw. Kompetenzen bei Berücksichtigung von Umfeldveränderungen.

Strategisches Wissen („Know what") kann die Ziele, die Managementphilosophie und damit die Managementprozesse in einem dynamischen Umfeld radikal verändern. In einem solchen Umfeld reicht eine Anpassung an Umfeldveränderungen nicht mehr aus (vgl. Stalk u. a. 1992, S. 62). Hier ist Prozeßlernen („deutero learning") erforderlich, d. h. die Einsicht in den „Ablauf der Lernprozesse, in dem Lernen zu lernen der zentrale Bezugspunkt wird" (Probst, Büchel 1998, S. 39). Ein Beispiel für Veränderungen von Managementprozessen läßt sich anhand der Herstellung von Filmkameras und Filmen verdeutlichen. Mit den neuen Basisinnovationen und der Entwicklung digitaler Aufnahme- und Wiedergabetechnologien reichte das „Know-how" zur Optimierung der Fertigungs- und Vertriebsstrukturen ebenso wenig aus wie das „Knowwhy" zur Anpassung der Fertigungsstrukturen an Umfeldveränderungen z. B. durch outsourcing und Betriebsgrößenanpassung, als Videosysteme erfunden wurden und das traditionelle Filmmaterial ersetzten. Das strategische Wissen („Know-what) erlaubt die Suche nach Anwendungsmöglichkeiten der neuen Aufnahmetechnologie. Die Einführung der Videosysteme verändert die Managementprozesse. Die organisationalen Lernprozesse werden damit selbst zum Gegenstand des Lernens. Lerninhalt oder Lerngegenstand sind Lernprozesse in einer Schleife oder in einer doppelten Schleife, die auf Funktionstüchtigkeit geprüft und gegebenenfalls verbessert werden müssen. Die **Änderung der Managementprozesse durch Prozesslernen in einem dynamischen Umfeld** bildet die 8. Voraussetzung für Kompetenzen bei Berücksichtigung von Umfeldveränderungen.

Die drei Lernschleifen nach Argyris und Schön (vgl. Abb. 12-2) sind hierarchisch aufgebaut. Prozeßlernen der dritten Lernschleife muß erst durch Veränderungs- und dann durch Verbesserungslernen ergänzt werden. Auf Veränderungslernen in der zweiten Lernschleife kann nur Verbesserungslernen folgen. Die Lernprozesse der drei

---

[30] „Double-loop learning [...] corrects errors by examining the underlying values and policies of the organization. Picture, if you will, an `intelligent' thermostat that can evaluate whether or not 68 degrees is the right temperature for optimum efficiency" (Argyris 1993, S. 5).

Lernschleifen ähneln sich, die Lernintensität nimmt jedoch von der ersten zur dritten Schleife zu (vgl. Nagl 1997, S. 63).

Die Abstimmung zwischen der Umfelddynamik und den Kompetenzvorteilen muss ständig überprüft und gegebenenfalls verändert werden. Durch die Anpassung der Managementprozesse an veränderte Ziele oder an eine neue strategische Logik verändern sich meist auch die unternehmensinternen Strukturen.

12.1.4 Zusammenführung der Hauptanforderungen an Kompetenzen in einem Grundmodell des Kompetenzaufbaus

Den Prozess des Kompetenzaufbaus durch Veredelung von Inputressourcen zu Kompetenzen zeigt Abb. 12-3. Sie konkretisiert Abb. 12-1. Die drei Hauptanforderungen von Kompetenzen (Abschnitt 12.1.1 bis 12.1.3) werden als drei Schritte zum Aufbau von Kompetenzen abgebildet:

1. Nutzenstiftung am Markt

2. begrenzte Handel- und Imitierbarkeit und

3. Abstimmung von Umfelddynamik und Kompetenzvorteilen.

Aus den acht Teilanforderungen werden Kompetenzvorteile zum dauerhaften Schutz ökonomischer Renten abgeleitet.

Die am Markt erhältlichen unspezifischen Fähigkeiten gilt es zunächst in Hinblick auf die Absatzmarktbedingungen zu prüfen (Übergangsbedingung 1). Dies erfordert in einem ersten Schritt zur Schaffung von Kompetenzen die Sicherstellung der Nutzenstiftung am Markt durch die Wahl geeigneter und effizienter Inputressourcen (Teilanforderung 1) und ihre unternehmensdienliche Verwendung (Teilanforderung 2).

Zur Veredelung der Ressourcen gehört dann die Prüfung in Hinblick auf die Faktormarktbedingungen (Übergangsbedingungen 2). Dies bedarf in einem 2. Schritt zur Schaffung von Kompetenzen der Sicherstellung einer Handel- und Imitierbarkeit, indem am Markt nutzenstiftende Inputfaktoren durch Stillschweigen über effiziente Routinen (3. Teilanforderung), durch Komplexität der Ressourcen und Fähigkeiten (4. Teilanforderung) und durch Spezifität der Ressourcenposition (5. Teilanforderung) ergänzt wird.

Abbildung 12-3: Grundmodell des Kompetenzaufbaus

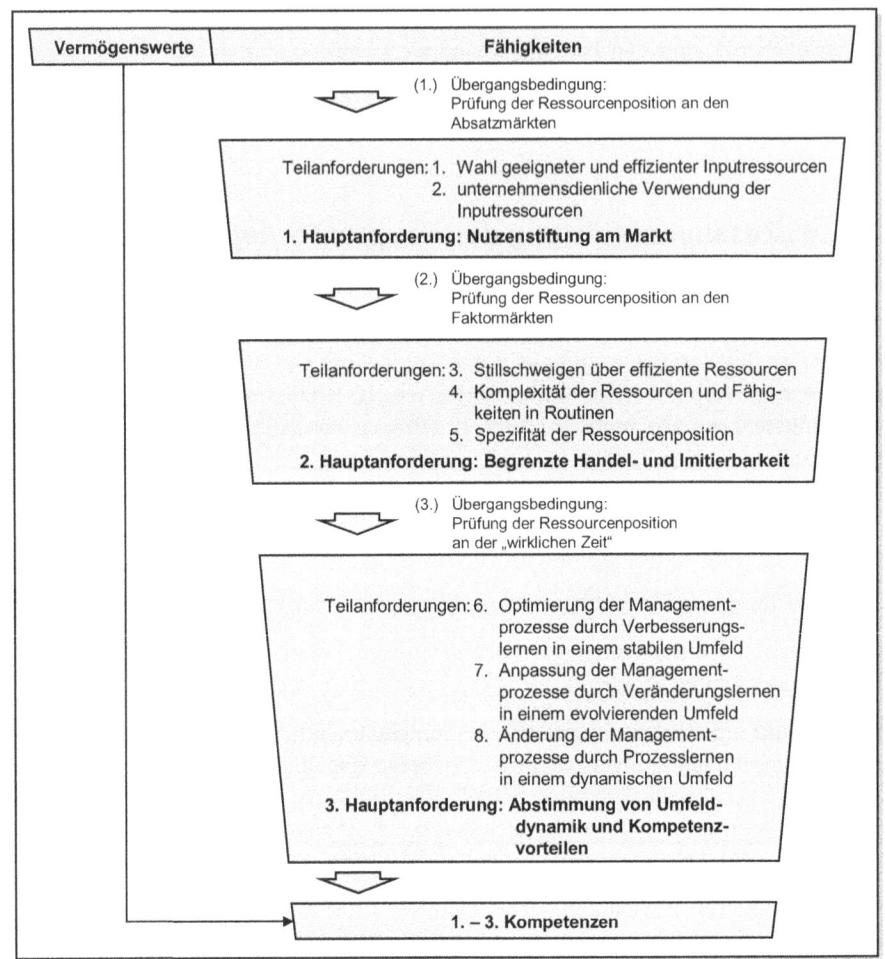

Weiterhin muss die Ressourcenposition auf die „wirkliche Zeit" im Unternehmensumfeld bezogen werden (Übergangsbedingung 3). Als 3. Schritt der Schaffung von Kompetenzen gilt es deshalb von den Inputressourcen, die Nutzen stiften und nur begrenzt handel- und imitierbar sind, diejenigen zu bestimmen, die Kompetenzvorteile auch bei Veränderungen erhalten. Dazu bedarf es immer Anpassungsprozessen über neues Wissen:

▓ in einem stabilen Umfeld die Optimierung der Managementprozesse durch Verbesserungslernen (6. Teilanforderung)

- in einem sich schrittweise verändernden Umfeld die Anpassung der Management-prozesse durch Veränderungslernen (7. Teilanforderung) oder

- in einem dynamischen Umfeld der Änderung der Managementprozesse durch Prozesslernen (8. Teilanforderung).

- Diese Fähigkeiten, unterstützt durch Vermögenswerte, begründen die Kompeten-zen der Geschäftsbereiche des Unternehmens.

Die acht Teilanforderungen an Kompetenzen bilden die Ansatzpunkte zur Ableitung von Kompetenzvorteilen.

12.2 Ableitung von Kompetenzvorteilen

In einem stabilen Umfeld kann durch folgende fünf Kompetenzvorteile die Wettbe-werbsposition optimiert werden:

- **Kv 1:** Sicherstellung der Nutzenstiftung am Markt bei der Wahl der Inputressourcen,

- **Kv 2:** Sicherstellung der Nutzenstiftung am Markt bei der Verwendung der Inputressourcen,

- **Kv 3:** Einsatz still gehaltener Ressourcen in Routinen

- **Kv 4:** Einsatz komplexer organisatorischer Ressourcen sowie

- **Kv 5:** Verwendung unternehmensspezifischer Ressourcen.

Diese fünf Kompetenzvorteile verstärken die Marktvorteile der Geschäftsbereiche (niedrige Kosten, Differenzierung und kostenminimale Differenzierung, vgl. Kapi-tel 7).

Die Prüfung der Kompetenzen an der „wirklichen Zeit" erfordert in einem stabilen Umfeld die Optimierung der Managementprozesse durch Verbesserungslernen und in einem evolvierenden Umfeld die Anpassung der Managementprozesse durch Verän-derungslernen. In einem dynamischen Umfeld ist dagegen eine Änderung der Mana-gementprozesse durch Prozesslernen nötig. Ressourcen, die eine dieser drei Voraus-setzungen erfüllen, bilden dauerhafte Kompetenzen bei Berücksichtigung von Um-feldveränderungen in einem Geschäftsbereich.

Die Ableitung eines weiteren Kompetenzvorteils in einem stabilen Umfeld setzt bei der 6. Teilanforderung der Kompetenzen an, d. h. bei der Optimierung der Manage-mentprozesse durch Verbesserungslernen. Sie ist nur erfüllt, wenn interne und externe Umfeldeinflüsse aufgenommen werden. Letztlich entspricht dies einem Lernen entsprechend der Erfahrungskurve der Boston Consulting Group. Durch die Verbesserung von Routinen können

▓ **Kv 6:**   Lern- und Erfahrungskurvenvorteile

erzielt werden. Nehmen dadurch bedingt die Stückkosten ab, dann stellt diese Fähigkeit zur Verbesserung der Produktionsprozesse einen Vorteil im Wettbewerb bzw. einen Kompetenzvorteil dar.

Porter bezeichnet diese Vorteile als dynamische Größendegressionsvorteile, die sich aus der statischen marktorientierten Sichtweise nicht erklären lassen. Bei den Lern- und Erfahrungskurvenvorteilen handelt es sich nicht um marktorientierte Größenvorteile durch Verschiebung entlang der Durchschnittskostenkurve, sondern um absolute Kostenvorteile (vgl. Lieberman 1987) durch Verschiebung der Durchschnittskostenkurve.

Die Kompetenzvorteile in einem **evolvierenden Umfeld** setzen bei der 7. Teilanforderung für Kompetenzen an, d. h. bei der Anpassung der Managementprozesse durch Veränderungslernen. Die Schaffung dauerhafter ökonomischer Renten in einem solchen Umfeld hängt davon ab, ob Veränderungslernen gelingt (vgl. Abb. 12-2).

Einen weiteren Kompetenzvorteil in einem evolvierenden Umfeld bildet

▓ **Kv 7:**   Fähigkeit zur Infragestellung organisatorischer Normen und Werte bzw. Ziele und zur schrittweisen Reorganisation.

In der Literatur zur strategischen und organisatorischen Abstimmung des Unternehmens mit einem evolvierenden Umfeld werden Flexibilität, Aufnahmefähigkeit und der Einsatz der Mitarbeiter entsprechend ihrer Qualifikation als Zeichen für hohe Lernfähigkeit genannt. Ist die Flexibilität sehr hoch, dann kann dadurch die Zeit zwischen Aufnahme und Verarbeitung von Umfeldveränderungen verkürzt werden. Das gilt auch für Reaktionen der Akteure.

▓ Schnelle Reaktion auf Umfeldveränderungen **(Kv 7a)**

können deshalb als ein Kompetenzvorteil in einem evolvierenden Umfeld bezeichnet werden, der die Fähigkeit zur Infragestellung organisatorischer Normen und Werte bzw. Ziele stützt.

Es kann jedoch nur dann schnell auf Umfeldveränderungen reagiert werden, wenn externe Veränderungen aufgenommen werden können. Cohen, Levinthal (1990, S. 133) bezeichnen diese Fähigkeit als „Absorptionsfähigkeit" externer Veränderungen in einem evolvierenden Umfeld („external absorptive capacity", Kv 7b). Die

▓ Absorptionsfähigkeit externer Veränderungen in einem evolvierenden Umfeld **(Kv 7b)**

bildet einen weiteren Kompetenzvorteil in einem solchen Umfeld. Zu den Variablen der Absorptionsfähigkeit gehören Wissen, Qualifikation der Mitarbeiter sowie Forschung und Entwicklung (vgl. ebd., S. 121 und S. 136). Es wird angenommen, dass die Absorptionsfähigkeit mit dem vorhandenen Wissen kumulativ zunimmt (vgl. Pavitt 1985, S. 6), und dass ein hoher Wissenstand (**Kv 7b₁**) die Absorptionsfähigkeit stützt. Es wird weiterhin angenommen, dass Forschung und Entwicklung die Verarbeitungsfähigkeit von externem Wissen erhöhen (**Kv 7b₂**). Die Verarbeitungsfähigkeit von externem technologischem Wissen ist bei eigener Forschung und Entwicklung wesentlich höher, als ohne eigene Forschung und Entwicklung und reiner Beobachtung der technologischen Entwicklung (vgl. Bernstein, Nadiri 1989, S. 251 oder Cohen, Levinthal 1989, S. 571). Zudem steigt die Absorptionsfähigkeit externer Veränderungen mit der Sensibilisierung der Mitarbeiter für Umfeldveränderungen (**Kv 7b₃**). Motivierte und kooperative Mitarbeiter stützen den Kompetenzvorteil, organisatorische Werte und Normen bzw. Ziele zur schrittweisen Reorganisation infrage zu stellen. Studien zum Strategic Human Resource Management belegen die Bedeutung dieser Qualifikationen in einem sich verändernden Wettbewerbsumfeld (vgl. z. B. Huselid, Jackson 1997, S. 176-179).

▨ Teamwork (**Kv 7c**) und

▨ Mitarbeitermotivation (**Kv 7d**)

gefördert durch eine

▨ dezentrale Entscheidungs- und Führungsstruktur (**Kv 7e**)

(vgl. Heppner 1997), bilden deshalb weitere spezifische Kompetenzvorteile in einem evolvierenden Umfeld.

In einem **dynamischen Umfeld** reicht die Anpassung der Managementprozesse an die Umfeldveränderungen allein nicht aus. Ökonomische Renten können nur dann längerfristig gesichert werden, wenn die 8. Teilanforderung an Kernkompetenzen erfüllt ist, d. h., wenn Prozesslernen gelingt und damit innovative Produkte und Dienstleistungen entwickelt werden können (vgl. Abb. 12-2 und Johnson u. a. 2005; Nanda 1996, S. 107).

▨ **Kv 8:** Kenntnis der Lernprozesse und die Fähigkeit zur radikalen Veränderung der Unternehmensstruktur

bildet einen Kompetenzvorteil in einem dynamischen Umfeld. Dieser Kompetenzvorteil zielt auf ein Zeitmonopol in neuen Märkten. Er tritt an die Stelle von Kompetenzvorteilen durch Optimierung oder Anpassung von Managementprozessen zur Senkung der Durchschnittskosten in bestehenden Märkten (Kv 1 bis Kv 7).

Gemäß den Lernschleifen von Argyris und Schön (vgl. Abb. 12-2) beinhaltet ein Prozesslernen in einem sehr dynamischen Umfeld die Reflexion, Analyse und Herstellung eines neuen Sinnbezuges und ersetzt damit den Status Quo. Ein Veränderungslernen in einem weniger dynamischen Umfeld bewirkt dagegen eher Anpassung des Status Quo infolge einer Veränderung der Unternehmensziele oder der Managementphilosophie. Beide Lernschleifen basieren damit auf Routinen. Weil der Prozess der Handlungskoordination im Rahmen eines Prozesslernens sich kaum von dem im Rahmen eines Veränderungslernens unterscheidet (vgl. Nagl 1997, S. 63), ähnelt die Routinebildung beim Aufbau von spezifischen Kompetenzvorteilen der beim Aufbau von Kernkompetenzen. Die Intensität der Routinen unterscheidet sich jedoch stark. Ein erfolgreicher Produktentwicklungsprozess für einen Pkw als typisches Beispiel für eine Ressourcenveredelung in einem evolvierenden Umfeld erfordert eine schnelle Reaktion auf Umfeldveränderungen, eine Absorptionsfähigkeit externer Entwicklungen sowie Teamwork, motivierte Mitarbeiter und dezentrale Führungsstrukturen. Ein Produktentwicklungsprozess für Mikroprozessoren muss die gleichen Anforderungen erfüllen. Er erfolgt jedoch unter einem sehr viel höheren Zeitdruck und in einem sich sehr viel stärker verändernden Umfeld. Damit bedarf das Prozesslernen einer höheren Lernintensität als das Veränderungslernen und erfordert eine intensivere Handlungskoordination. Hohe Lernintensität und Handlungskoordination können erfolgen durch

- sehr schnelle Reaktion auf Umfeldveränderungen **(Kv 8a)**

- sehr hohe Absorptionsfähigkeit externer Veränderungen in einem dynamischen Umfeld **(Kv 8b)** durch
  - hohen Wissensstand als Ergebnis kumulativer Lernprozesse **(Kv 8b1)**,
  - starke Forschung und Entwicklung zur Erhöhung der Verarbeitungsfähigkeit von externem Wissen **(Kv 8b2)** und
  - hohe Sensibilisierung der Mitarbeiter für Umfeldveränderungen **(Kv 8b3)**,

- ausgeprägtes Teamwork **(Kv 8c)**,

- hohe Mitarbeitermotivation **(Kv 8d)** und

- stark dezentrale Führungsstrukturen **(Kv 8e)**.

Um die Unternehmensstruktur in einem dynamischen Umfeld verändern und Produktinnovationen erreichen zu können, ist eine extreme Offenheit nach außen, sowie Flexibilität und Dezentralisierung im Unternehmen erforderlich.

Abb. 12-4 fasst die drei Teilanforderungen an Kompetenzen in einem weitgehend stabilen und in einem dynamischen Umfeld sowie die daraus abgeleiteten Kompetenzvorteile zusammen. Die Kompetenzvorteile Kv 1 bis Kv 7 verstärken in Geschäftsbereichen mit einem relativ stabilen Umfeld die Marktvorteile. Kompetenzvorteile in einem Geschäftsfeld mit einem dynamischen Umfeld (Kv 8) schaffen dagegen Zeitmonopole in neuen Märkten. Sie sind damit unabhängig von den zuvor abgeleiteten Einzelvorteilen der Geschäftsbereiche und ermöglichen es, in innovationsintensiven Geschäftsbereichen längerfristig erfolgreich zu sein.

Abbildung 12-4:   *Kompetenzvorteile in Abhängigkeit von der Umfelddynamik*

Teilanforderungen an Kompetenzen bei Annahme völliger Stabilität des Umfeldes

1. Wahl geeigneter und effizienter Inputressourcen ▷ **Kv 1:** Sicherstellung der Nutzenstiftung am Markt bei der Wahl der Inputressourcen

2. unternehmensdienliche Verwendung der Inputressourcen ▷ **Kv 2:** Verwendung von Ressourcen gemäß den Unternehmenszielen

3. Stillschweigen über effiziente Ressourcen ▷ **Kv 3:** Einsatz still gehaltener Ressourcen in Routinen

4. Komplexität der organisatorischen Ressourcen in Routinen ▷ **Kv 4:** Einsatz komplexer organisatorischer Ressourcen

5. Spezifität der Ressourcenposition ▷ **Kv 5:** Verwendung unternehmensspezifischer Ressourcen

Teilanforderungen an Kompetenzen in einem weitgehend stabilen Umfeld

6. Optimierung der Managementprozesse durch Verbesserungslernen in einem weitgehend stabilen Umfeld ▷ **Kv 6:** Lern- und Erfahrungskurvenvorteile

7. Anpassung der Managementprozesse durch Veränderungslernen in einem evolvierenden Umfeld ▷ **Kv 7:** Fähigkeit zur Infragestellung organisatorischer Normen und Werte bzw. Ziele und zur schrittweisen Reorganisation durch
    a) schnelle Reaktion auf Umfeldveränderungen
    b) Absorptionsfähigkeit externer Veränderungen in einem evolvierenden Umfeld durch
        1. Wissensstand als Ergebnis kummulativer Lernprozesse
        2. Forschung und Entwicklung
        3. Sensibilisierung der Mitarbeiter für Umfeldveränderungen
    c) Teamwork
    d) Mitarbeitermotivation
    e) dezentrale Führungsstrukturen

Teilanforderungen an Kompetenzen in einem dynamischen Umfeld

8. Änderung der Managementprozesse durch Prozesslernen in einem dynamischen Umfeld ▷ **Kv 8:** Kenntnis der Lernprozesse und Fähigkeit zur radikalen Veränderung der Unternehmensstruktur durch
    a) sehr schnelle Reaktion auf Umfeldveränderungen
    b) sehr hohe Absorptionsfähigkeit externer Entwicklungen in einem dynamischen Umfeld durch
        1. hohen Wissensstand als Ergebnis kumulativer Lernprozesse
        2. starke Forschung und Entwicklung
        3. hohe Sensibilisierung der Mitarbeiter für Umfeldveränderungen
    c) ausgeprägtes Teamwork
    d) hohe Mitarbeitermotivation
    e) stark dezentrale Führungsstrukturen

Kv = Kompetenzvorteil

153

12.3 Die Bedeutung der Kompetenzvorteile für statische Wettbewerbsstrategien

Gemäß der Definition von Marktbearbeitungsstrategien als Allokationsentscheidungen zur Erzielung von Wettbewerbsvorteilen lassen sich die abgeleiteten Kompetenzvorteile mit den Allokationsalternativen in einer umfassenden Strategie-Klassifikation verbinden. Ein Klassifikationsschema muss dabei die Anforderungen Eindeutigkeit, Homogenität, Relevanz und Vollständigkeit erfüllen (vgl. Kapitel 7). Die Klassen müssen zudem alle relevanten Merkmale enthalten, einfach und allgemeingültig sein und die Möglichkeit einer hierarchischen Ordnung bieten (vgl. Abb. 12-5).

Abbildung 12-5: *Kompetenzvorteile im Rahmen einer umfassenden Klassifikation von Geschäftsbereichsstrategien*

	Gesamtvorteile	Wettbewerbsfeld (Allokationsentscheidung)	
		eng	breit
Kv1: Sicherstellung der Nutzenstiftung am Markt bei der Wahl der Inputressourcen			
Kv2: Verwendung von Ressourcen gemäß den Unternehmenszielen	niedrige Kosten	1. Kostenführerschaft in einem engen Wettbewerbsfeld	2. Kostenführerschaft in einem breiten Wettbewerbsfeld
Kv3: Einsatz still gehaltener Ressourcen in Routinen	**Unterstützung der marktorientierten Vorteile/Strategien** (in einem weitgehend stabilen Umfeld in einem bestehenden Markt)		
Kv4: Einsatz komplexer organisatorischer Ressourcen		Differenzierung	3. Differenzierung in einem engen Wettbewerbsfeld	4. Differenzierung in einem breiten Wettbewerbsfeld
Kv5: Verwendung unternehmensspezifischer Ressourcen			
Kv6: Lern- und Erfahrungskurvenvorteile		kostenminimale Differenzierung	5. Hybridstrategie in einem engen Wettbewerbsfeld	6. Hybridstrategie in einem breiten Wettbewerbsfeld
Kv7: Fähigkeit zur Infragestellung organisatorischer Normen und Werte bzw. Ziele			
Kv8: Kenntnis der Lernprozesse und Fähigkeit zur radikalen Veränderung der Unternehmenskultur	**kompetenzorientiete Strategie** (in einem dynamischen Umfeld in einem neuen Markt)	Produktinnovationsfähigkeit	**7. Produktinnovation in einem engen Wettbewerbsfeld**	**8. Produktinnovation in einem breiten Wettbewerbsfeld**

Normaldruck = marktorientierte Vorteile und Strategien
Fettdruck = ressourcen- bzw. kompetenzorientierte Vorteile und Strategien
Kv = Kompetenzvorteil

Diese Anforderungen sind auf der Geschäftsbereichsebene erfüllt, wenn die Klassifikation der marktorientierten Geschäftsbereichsstrategie von Porter (1980) mit den Gesamtvorteilen niedrige Kosten und Differenzierung nicht nur um den hybriden Vorteil der kostenminimalen Differenzierung (vgl. Kapitel 7), sondern auch durch die Kompetenzvorteile erweitert wird. Die Kompetenzvorteile Kv 1 bis 5 sowie Kv 6 und 7 stützen die drei marktorientierten Gesamtvorteile niedrige Kosten, Differenzierung und kostenminimale Differenzierung und damit die Strategien der Kostenführerschaft, der Differenzierung und Hybridstrategien in einem engen und breiten Wettbewerbsfeld. Der Kompetenzvorteil Kv 8 ergänzt dagegen die Produktinnovationsfähigkeit als einen weiteren Gesamtvorteil, der in einem weiten oder engen Wettbewerbsfeld eine Produktinnovationsstrategie anstrebt (vgl. Abb. 12-5).

13 Kompetenzorientierte Erklärungen dynamischer Strategien

Die **Sicherung der Kompetenzvorteile im internationalen Wettbewerbsprozess** durch Entwicklung von Kompetenzen wird stark **vernachlässigt**. Es fehlten Ansätze einer dynamischen Theorie der Kompetenzentwicklung (vgl. Teece u. a. 1997; Day, Reibstein 1998). Es gibt zwar Arbeiten zur Entwicklung von Kompetenzen, jedoch mit z. B. relativ unkonkreten Aussagen zur „Metakompetenz" (vgl. z. B. Koruna 1999, Teil III), und hoher Abstraktion, mithin geringer Erklärungskraft (vgl. z. B. Teece u. a. 1997), auch Arbeiten zu unternehmensinternen Veränderungen zwischen Beharrung und Erneuerung (vgl. Baden-Fuller, Volberda 1997 oder Volberda, Baden-Fuller 1998). Häufig wird Kompetenzentwicklung mit Kompetenzaufbau gleich gesetzt (vgl. Jensen 1996 oder Elfring, Baven 1996). Angesichts der fehlenden theoretischen Fundierung gibt es kaum empirische Untersuchungen zur Kompetenzentwicklung, allenfalls Hypothesen oder Fallstudien zum Lernen in Organisationen mit dem Ziel der Entwicklung von Kompetenzen (vgl. Luo 2000 oder Deeds u. a. 2000).

Der Schwerpunkt der kompetenzbasierten Forschung liegt also häufig in der Erklärung des Kompetenzaufbaus und in der Ableitung statischer Kompetenzvorteile (vgl. McGrath u. a. 1995)[31]. Die Erklärungen begründen Wettbewerbsvorteile und damit ökonomische Renten aus dem statischen Modell des Kompetenzaufbaus (vgl. Abb. 13-1a).

Untersuchungen der Kompetenzentwicklung sind jedoch notwendig, weil aufgrund der Wissens- und Kompetenzerosion das Management Ressourcen anpassen und erneuern muss (Rumelt 1984, S. 558). Faktoren wie die Umfelddynamik und Veränderungen der Ressourcenbasis stören und beeinträchtigen den Kompetenzaufbau (McGrath u. a. 1995, S. 253, vgl. Abb. 13-1b).

---

31 Es wird zwar berücksichtigt, dass Lernen umfeldabhängig ist, jedoch nicht die Lernfähigkeit im Zeitablauf.

Abbildung 13-1: Schwerpunkt und Defizite der kompetenzbasierten Strategieforschung

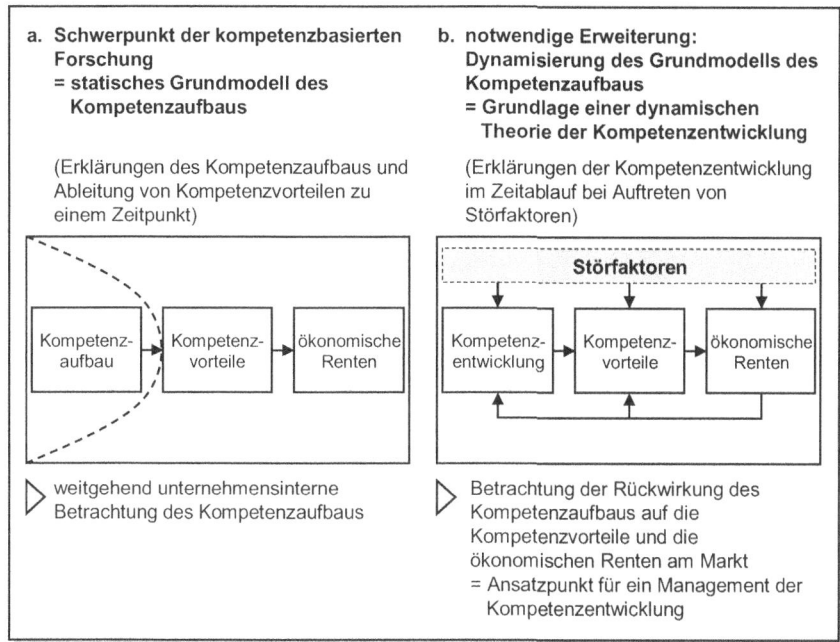

Diese Störfaktoren wurden untersucht, um eine dynamische Theorie der Kompetenz-entwicklung zu erarbeiten. Die kompetenzbasierte Forschung wurde deshalb durch Dynamisierung des Grundmodells des Kompetenzaufbaus um die Erklärung der Kompetenzentwicklung zur Sicherung der Kompetenzvorteile bei Störfaktoren erweitert. Dabei werden Rückwirkungen der Kompetenzentwicklung auf die Wettbewerbs-vorteile und auf ökonomische Renten am Markt beachtet, d. h. die relative Entwicklung der Kompetenzen eines Unternehmens im Vergleich zu Wettbewerbern (vgl. Proff 2002a und b).

In verschiedenen Untersuchungen wurde die Theorie der Kompetenzentwicklung empirisch überprüft, wie von McGrath (1995, S. 267) und Teece u. a. (1997, S. 530) gefordert. Sie begründen Anpassungshypothesen zwischen einem Anfangszeitpunkt t_0 und einem Endzeitpunkt t_1 und überführen sie in ein Regressionsmodell. Dies ent-spricht dem Ansatz der dynamischen Wirtschaftstheorie (vgl. z. B. Franke 1985, S. 35 oder Rose, Sauerheimer 1992). Damit ist zwar eine Vereinfachung verbunden, weil zur Ableitung der Hypothesen nicht alle Facetten der Kompetenzentwicklung berücksich-tigt werden können. Eine solche Vereinfachung ist aber unumgänglich, wenn die theo-retische Grundlage unzureichend ist (vgl. Teece u. a. 1997). Gerade dann gilt es über theoriebildende Untersuchungen neue Einsichten zu gewinnen (vgl. dazu zu Knyp-hausen-Aufsess 1995, S.447).

Mit der Theorie der Kompetenzentwicklung lassen sich sowohl horizontale Beziehungen, d. h. die Kompetenzentwicklung zwischen Unternehmen auf einer Wertschöpfungsstufe erklären (Proff 2002b und 2004a), als auch vertikale Beziehungen, d. h. Kompetenzwettbewerb zwischen Herstellern und Zulieferern (Proff 2006).

Der nächste Abschnitt zeigt nun die Dynamisierung des Grundmodells des Kompetenzaufbaus zu einer Theorie der Kompetenzentwicklung (Abschnitt 13.1). Dann werden die kompetenzorientierten, dynamischen Strategien systematisiert (Abschnitt 13.2). Auf Probleme bei der Umsetzung der Strategien wird dann in Abschnitt 13.3 eingegangen.

13.1 Dynamisierung des Grundmodells des Kompetenzaufbaus

Bestimmend für eine dynamische Theorie der Kompetenzentwicklung sind die Faktoren, die den statischen Kompetenzaufbau im Zeitablauf erklären. Grundlage der statischen Erklärungen des Kompetenzaufbaus bildet das eingehend erklärte „Modell des Kompetenzaufbaus" (Proff 2000 und 2004a), das den Prozess des Aufbaus von Kompetenzen durch „Veredelung" von Inputressourcen erklärt (Abb. 12-3, Kapitel 12).

Es werden hier vier Störfaktoren beim Aufbau von Kompetenzen begründet, die die Bausteine einer dynamischen Theorie der Kompetenzentwicklung und zugleich Teilerklärungen der Sicherung dauerhafter Unternehmensvorteile zwischen den Zeitpunkten t_0 und t_1 darstellen (Abschnitt 13.1.1). Diese Bausteine und die daraus abgeleiteten Erklärungen werden zusammengeführt (Abschnitt 13.1.2).

13.1.1 Bausteine einer dynamischen Theorie der Kompetenzentwicklung

Störungen des Kompetenzaufbaus gefährden die Sicherung von Kompetenzvorteilen. Es soll deshalb geprüft werden, wie das in Kapitel 12 skizzierte statische „Modell des Kompetenzaufbaus" im Zeitablauf verändert werden muss. Störfaktoren begründen die Notwendigkeit, die Kompetenzen zu korrigieren und entweder zu verbessern oder zu erneuern (vgl. Baden-Fuller, Volberda 1997 und Volberda, Baden-Fuller 1998), d. h. bislang noch nicht im Unternehmen vorhandene Kompetenzen aufzubauen[32].

Überall, wo Kompetenzen gebildet werden, können Störungen eintreten, d. h. sowohl beim Ressourceninput als auch bei den Hauptanforderungen an Kompetenzen. Damit lassen sich **vier Störfaktoren des Kompetenzaufbaus** als Bausteine einer Theorie der Kompetenzentwicklung unterscheiden[33]:

Die Veränderung der Vermögenswerte und Fähigkeiten als Inputfaktoren des Kompetenzaufbaus kann eine Kompetenzentwicklung erfordern, um den Ressourceninput als Voraussetzung für eine Veredelung zu Kompetenzen dauerhaft zu sichern. Die **Veränderung der unternehmensspezifischen Ressourcenbasis** bildet deshalb den ersten Baustein einer dynamischen Theorie der Kompetenzentwicklung.

Die Nutzenstiftung einer Ressource am Markt als erste Hauptanforderung an Kompetenzen kann sich in der Wahrnehmung der Manager z. B. nach Lernprozessen verändern. Zur Erhöhung der Nutzenstiftung kann dann ebenfalls eine Kompetenzentwicklung notwendig werden, um die ersten beiden Kompetenzvorteile Kv1 und Kv2 zu sichern. Die **veränderte Wahrnehmungen der Nutzenstiftung von Kompetenzen durch die Manager** ist daher der zweite Baustein einer dynamischen Theorie der Kompetenzentwicklung.

Eine ungewollte Diffusion von Wissen kann die Begrenzung der Handel- und Imitierbarkeit als zweite Hauptanforderung an Kompetenzen aufweichen und zur Wiederherstellung einer begrenzten Handel- und Imitierbarkeit eine Kompetenzentwicklung erfordern, um die Kompetenzvorteile Kv3 bis Kv5 zu sichern. Die **ungewollte Diffusion von Wissen** bildet deshalb den dritten Baustein einer dynamischen Theorie der Kompetenzentwicklung.

Eine Veränderung der unternehmensspezifischen Umfelddynamik kann die Abstimmung von Umfelddynamik und Kompetenzvorteilen als dritte Hauptanforderung an veredelte Ressourcen beeinträchtigen. Eine Verbesserung dieser Abstimmung ist notwendig, um die Kompetenzvorteile Kv6 bis Kv8 zu sichern. Die **Veränderung der unternehmensspezifischen Umfelddynamik** ist deshalb der vierte Baustein einer dynamischen Theorie der Kompetenzentwicklung.

Abb. 13-2 macht deutlich, wo die vier möglichen Störfaktoren der Ressourcenveredelung im „Modell des Kompetenzaufbaus" bei dynamischer Betrachtung ansetzen (Abb. 13-2a) und welche Kompetenzvorteile sie im Zeitablauf sichern (Abb. 13-2b).

---

[32] Weil Unternehmen in der Regel über mehrere Kompetenzen verfügen, bedeutet Kompetenzverbesserung, dass die meisten Kompetenzen verbessert werden. Bei einer Kompetenzerneuerung werden dann entsprechend die meisten Kompetenzen erneuert.

[33] Eine differenzierte Betrachtung der potenziellen Störfaktoren der Ressourcenveredelung ist hier nicht möglich. Es muss jedoch eine Abstraktion erfolgen, um die Kompetenzentwicklung überhaupt erklären zu können.

Abbildung 13-2: *Störfaktoren des Kompetenzaufbaus und ihre Ansatzpunkte im „Modell des Kompetenzaufbaus" bei dynamischer Betrachtung*

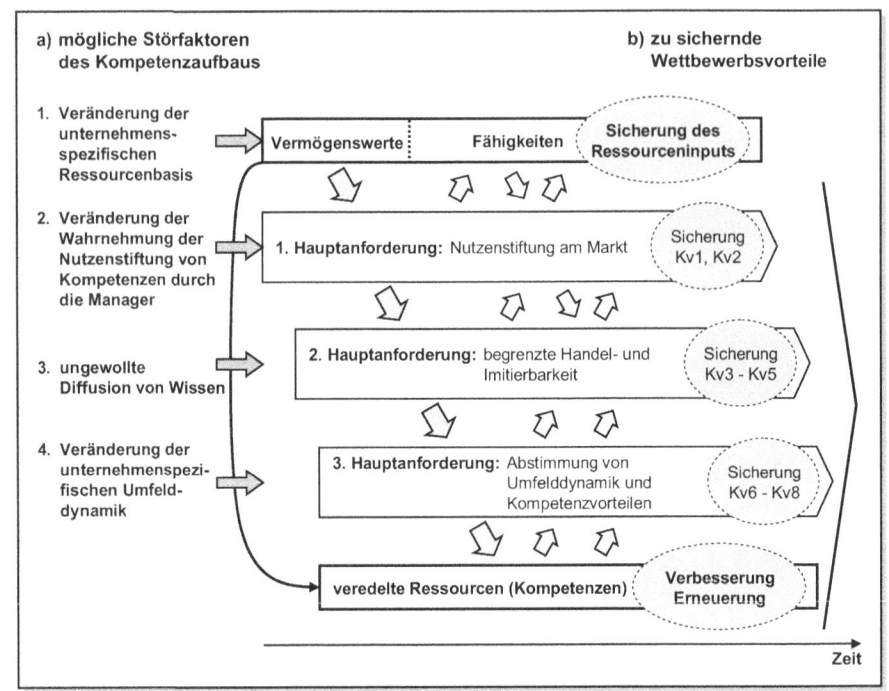

Die vier Bausteine einer dynamischen Theorie der Kompetenzentwicklung werden nun eingehender analysiert und dann in Abschnitt 13.1.2 zur Theorie der Kompetenzentwicklung zusammengefasst.

1. Baustein: Veränderung der unternehmensspezifischen Ressourcenbasis

Störungen des Kompetenzaufbaus können auf Inputressourcen, bzw. auf Verluste von Vermögen und Fähigkeiten zurückgehen, d. h. auf Veränderungen im Unternehmen.

Bei schlechter Konjunktur und geringen Erlösen werden die Mittel für Investitionen und Rücklagen knapper und die Verteilungsspielräume für alle Anspruchsgruppen kleiner (vgl. Jensen 1989). Das dürfte die unternehmensspezifische Ressourcenbasis verschlechtern. Eine **Kompetenzverbesserung** ist dann wahrscheinlicher als eine **Kompetenzerneuerung**, da sie weniger kostet und bewährte Routinen weiter genutzt werden können.

Mit der Verbesserung der Konjunktur und der Erlöse, verbessert sich auch die unternehmensspezifische Ressourcenbasis. Die Handlungsfreiheit wird größer, eine Kompetenzerneuerung lässt sich leichter finanzieren.

Die Annahme einer tendenziell zunehmenden Ressourcenbasis in einer wachsenden Volkswirtschaft und damit eines tendenziell überdurchschnittlichen Bedeutungsgewinns der Kompetenzerneuerung im Vergleich zur Kompetenzverbesserung (vgl. auch Volberda, Baden-Fuller 1998, S. 381) wird überlagert von der konjunkturellen Entwicklung (Abb. 13-3 und Stobbe 1987, S. 97-118). Investitionen in Vermögenswerte und Fähigkeiten sind konjunkturabhängig.

Als erste Teilerklärung der Kompetenzentwicklung lässt sich deshalb begründen:

E1:   Die unternehmensspezifische Ressourcenbasis verändert sich zyklisch in Abhängigkeit von der Konjunktur und damit von der Erlössituation eines Unternehmens. Bei grundsätzlich steigender Ressourcenbasis erfordert sie abwechselnd eine Kompetenzverbesserung (in Zeiten einer Verschlechterung der unternehmensspezifischen Ressourcenbasis) und eine Kompetenzerneuerung (in Zeiten einer verbesserten Ressourcenbasis).

Abbildung 13-3:   *Kompetenzentwicklung in Abhängigkeit von der Veränderung der unternehmensspezifischen Ressourcenbasis*

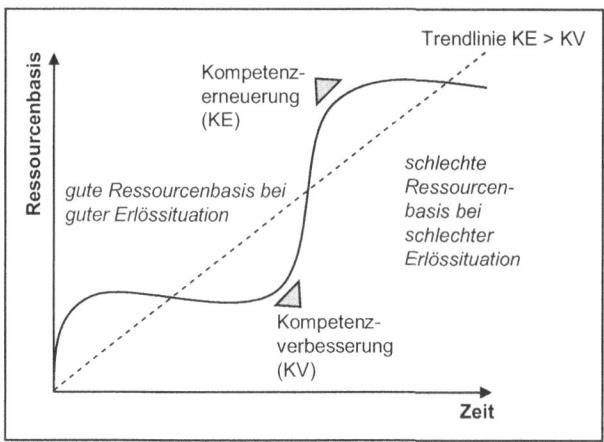

2. Baustein: **Veränderung der Wahrnehmung der Nutzenstiftung von Kompetenzen durch die Manager**

Störungen des Kompetenzaufbaus können sich auch dadurch ergeben, dass sich die Wahrnehmung der Nutzenstiftung von Kompetenzen am Markt ändert, bedingt durch neues Wissen und neue Erfahrung (vgl. North 1994, S. 361-362).

Wahrnehmungsveränderungen können einen Handlungsdruck schaffen, der auch als „**organisationaler Stress**" bezeichnet wird (vgl. z. B. Huff u. a. 1992, S. 55). „Organisationaler Stress" entsteht, wenn die geplanten Handlungen den künftig für notwendig erachteten Handlungen nicht mehr entsprechen. Im Rahmen des Kompetenzmanagements entsteht „organisationaler Stress" entweder bei extremer Kompetenzstarrheit („core rigidities") oder bei extremem Kompetenzchaos („chaos", Volberda, Baden-Fuller 1998).

Kompetenzstarrheit bedeutet, dass externe Einflüsse vernachlässigt und vom Unternehmen nicht absorbiert werden. Die fehlende externe Absorption verhindert eine Kompetenzerneuerung. Sie führt zu einem einseitigen internen Austausch bzw. einer internen Absorption von Wissen und Fähigkeiten und damit zu einer unzureichenden Kompetenzverbesserung (vgl. Cohen, Levinthal 1990 und Koruna 1999, S. 158). Die Manager spüren den Handlungsdruck, wenn die Kompetenzen den Anforderungen des Marktes nicht genügen und keinen ausreichenden Nutzen für die Nachfrager stiften.

Kompetenzchaos bedeutet dagegen, dass sich das Unternehmen nur an externen Entwicklungen orientiert und nur auf eine Kompetenzerneuerung setzt. Die interne Absorption von Wissen und Fähigkeiten im Unternehmen und damit die Kompetenzverbesserung werden vernachlässigt (vgl. Cohen, Levinthal 1990 und Koruna 1999, S. 158). Chaotische bzw. unstetige Kompetenzen bewirken bei den Managern auch dann einen Handlungsdruck, wenn sie für Kunden keinen erkennbaren Nutzen mehr stiften.

Nehmen Manager eine Kompetenzstarrheit wahr, dann wissen sie, dass die Erfolgspotenziale kleiner werden (vgl. Rumelt 1984, S. 58 oder McGrath u. a. 1995, S. 258) und die Kompetenzen des Unternehmens erneuert werden müssen (vgl. Volberda, Baden-Fuller 1998). Ähnlich ist die Reaktion auf ein Kompetenzchaos: Sie werden versuchen, den voraussichtlich sinkenden ökonomischen Renten durch Verbesserung der Kompetenzen entgegen zu wirken (vgl. ebd.).

Es wird vermutet, dass beide Formen einseitiger Kompetenzentwicklung nur dann entstehen, wenn eine bestimmte Stressschwelle überschritten wird (vgl. Huff u. a. 1992, S. 67) und sie sich wechselseitig bedingen (vgl. Huff u. a. 1994, S. 44-46). Übersteigt die einseitige Erneuerung von Kompetenzen diesen Schwellenwert, dann wird der Handlungsdruck zu verstärkten Anstrengungen führen, die Kompetenzen zu verbessern. Eine übertriebene und einseitige Verbesserung von Kompetenzen kann dann aber erneut den Stress im Unternehmen so stark erhöhen, dass eine Kompetenzerneuerung gesucht wird (Abb. 13-4).

Als zweite Teilerklärung der Kompetenzentwicklung lässt sich deshalb begründen:

▨ **E2:** Die veränderte Wahrnehmung der Nutzenstiftung von Kompetenzen durch die Manager führt zu einem Handlungsdruck und bewirkt abwechselnd eine Kompetenzerneuerung bei Kompetenzstarrheit und eine Kompetenzverbesserung bei Kompetenzchaos.

Abbildung 13-4: *Kompetenzentwicklung in Abhängigkeit von der Veränderung der Wahrnehmung der Nutzenstiftung von Kompetenzen durch die Manager*

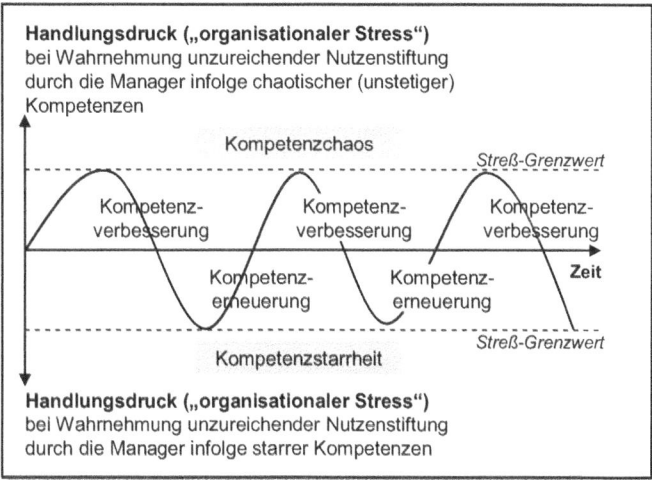

3. Baustein: Ungewollte Diffusion von Wissen

Der Kompetenzaufbau wird gestört oder gar verhindert, wenn die Handel- und Imitierbarkeit der Ressourcen zunimmt, weil z. B. Unternehmen ungewollt Wissen verlieren. Sie verlieren Wissen, wenn sie darüber berichten, u. a. in Veröffentlichungen und Vorträgen, wenn Mitarbeiter mit diesem Wissen sie verlassen, oder durch Kooperationen und Netzwerke mit anderen Unternehmen (vgl. auch Appleyard 1996 oder Mansfield 1986).

Eine solche Diffusion von Wissen bedeutet nicht notwendig, dass auch Kompetenzvorteile verloren gehen. Das wäre nur dann der Fall, wenn Konkurrenten dieses Wissen aufnehmen und umsetzen könnten. Die Absorptionsfähigkeit von Wissen steigt jedoch überdurchschnittlich mit dem Kenntnisstand des absorbierenden Unternehmens und mit der Dauer der Wissensdiffusion (vgl. Parvitt 1985, S. 6). Je größer die Kenntnisse sind und je länger die Wissensdiffusion dauert, desto besser sind die Wettbewerber in der Lage, dieses Wissen aufzunehmen und umzusetzen. Dies beruht auf dem Spezialisierungseffekt bei vollständiger Arbeitsteilung im Sinne von Adam Smith infolge der höheren Lerngeschwindigkeit des Marktes im Vergleich zum einzelnen Unternehmen (vgl. Langlois, Robertson 1995, S. 33). Mit den Kompetenzvorteilen gehen auch das Rentenpotenzial sowie die Nichthandel- und Nichtimitierbarkeit der Produkte und Leistungen verloren.

Bei geringer Diffusion von Wissen reicht zur Sicherung der Kompetenzvorteile eine Verbesserung der Kompetenzen. Bei starker Diffusion von Wissen müssen die Kompetenzen erneuert werden. Dabei wird unterstellt, dass die Diffusion von Wissen im Zeitablauf etwa gleich bleibt.

Die Absorptionsfähigkeit der Wettbewerber steigt mit steigendem Kenntnisstand und im Zeitablauf überdurchschnittlich an. Deshalb wird eine Kompetenzerneuerung im Zeitablauf immer bedeutsamer (Abb. 13-5).

Als dritte Teilerklärung der Kompetenzentwicklung lässt sich daraus begründen:

▪ **E3:**   Bei geringer Diffusion von Wissen ist eine Kompetenzverbesserung, bei starker Diffusion von Wissen dagegen eine Kompetenzerneuerung erforderlich. Im Zeitablauf steigt die Bedeutung der Kompetenzerneuerung relativ zur Kompetenzverbesserung.

Abbildung 13-5:   *Kompetenzentwicklung in Abhängigkeit von der ungewollten Diffusion von Wissen*

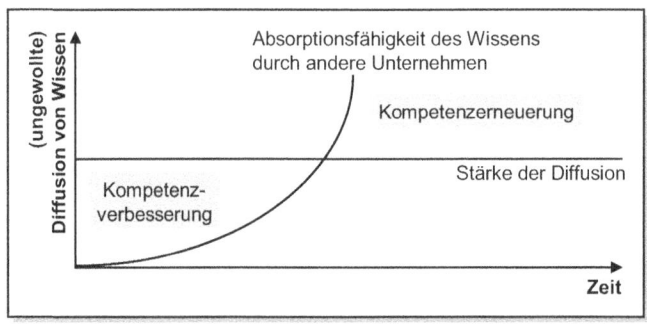

---

4. Baustein: **Veränderung der unternehmensspezifischen Umfelddynamik**

Unabhängig von der Umfelddynamik des von einem Unternehmen umkämpften Marktes (weitgehende Stabilität oder Dynamik) und von der konjunkturellen Entwicklung der wichtigsten Märkte können externe Schocks Kompetenzvorteile gefährden und die Abstimmung von Umfelddynamik und Kompetenzvorteilen stören. Eine Sicherung der Kompetenzvorteile durch Kompetenzverbesserung wird notwendig, wenn zwischen einem Ausgangszeitpunkt (t_0) und einem Endzeitpunkt (t_1) die Anzahl der nicht vorhersehbaren und erwarteten externen Schocks höher ist als im Zeitraum ($t_{-1} - t_0$). Da die Erwartungen zukünftiger Erlöse unsicherer geworden sind, wird ein Unternehmen weniger bereit sein, finanzielle Mittel in den Aufbau von neuen Kompetenzen zu investieren. Stattdessen werden Maßnahmen zur flexiblen Reaktion auf externe Schocks wichtiger (vgl. Schneeweiß, Kuhn 1990, S. 379 und Abb. 13-6). Sind dagegen die externen Schocks geringer als in der Vorperiode und werden deshalb höhere Erlöse erwartet, so ist auch eine Kompetenzerneuerung möglich und wahrscheinlich (vgl. ebenfalls Abb. 13-6).

Als vierte Teilerklärung der Kompetenzentwicklung lässt sich deshalb begründen:

▨ **E4:** Bei höheren externen Schocks als in der Vorperiode wird eine Kompetenzverbesserung erforderlich, bei geringeren externen Schocks als in der Vorperiode ist eine Kompetenzverbesserung möglich.

Abbildung 13-6:   *Kompetenzentwicklung in Abhängigkeit von der Veränderung der unternehmensspezifischen Umfelddynamik*

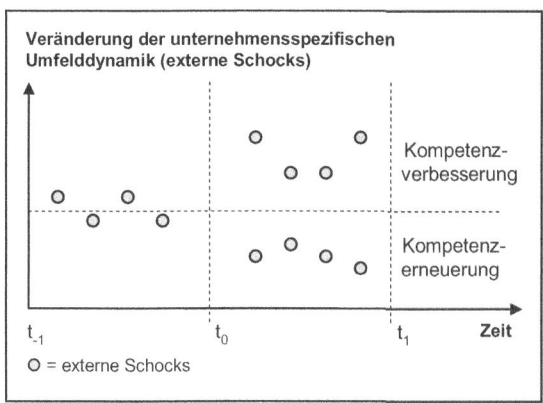

Diese vier Bausteine, die sich aus den möglichen Störungen des Kompetenzaufbaus im Zeitablauf ergeben, müssen nun in einer dynamischen Theorie der Kompetenzentwicklung zusammengeführt werden, die kompetenzorientierte dynamische Theorien begründet.

13.1.2 Zusammenführung der Bausteine zu einer dynamischen Theorie der Kompetenzentwicklung

Im vergangenen Abschnitt wurde gezeigt, dass sich die Inputressourcen im Zeitablauf verändern können und dass sie die wahrgenommene Nutzenstiftung, die begrenzte Handel- und Imitierbarkeit und die Abstimmung mit der Umfelddynamik verlieren können. Da sich die Kompetenzvorteile dann nicht mehr ausreichend sichern lassen, ist eine Weiterentwicklung der Kompetenzen notwendig. Es gibt zwar kein für alle Unternehmen einheitliches Schema der Kompetenzentwicklung, da Entwicklung wie Aufbau der Kompetenzen unternehmensspezifisch erfolgen. Es lassen sich jedoch in Anlehnung an Winter (1987, S. 162) zumindest Aussagen darüber treffen, was bei der Kompetenzentwicklung vermieden werden sollte, wenn sie erfolgreich sein soll.

Bisher wurde unterstellt, dass die vier Störfaktoren der Kompetenzentwicklung voneinander unabhängig sind. Dies bedeutet nicht, dass sie nicht gleichzeitig auftreten können. Könnte eine multiplikative Verknüpfung angenommen werden, dann wäre der Einfluss von drei Störfaktoren Null, wenn ein Störfaktor fehlt. Durch die Diffusion von Wissen kann eine Kompetenzerneuerung notwendig werden, auch wenn sich die Wahrnehmung der Nutzenstiftung von Kompetenzen durch die Manager nicht ändert. Die Bausteine sollten deshalb additiv zusammengeführt werden (vgl. Proff 2002b und 2004a). Noch nicht gelöst ist die Gewichtung der Bausteine. Angesichts der bislang noch unzureichenden wissenschaftlichen Erforschung der dynamischen Kompetenzentwicklung erscheint es nicht möglich, unterschiedliche Gewichtungen zu erklären.

Bei einer additiven Verknüpfung der vier hier gleich gewichteten Störfaktoren des Kompetenzaufbaus entspricht die Kompetenzentwicklung im Anpassungszeitraum der Summe der durch die Störfaktoren verursachten Entwicklungen in diesem Zeitraum gemäß den Teilerklärungen E1 bis E4 in den Abbildungen 13-3 bis 13-6. Eine solche vertikale Aggregation (vgl. Sato 1975) der in den Teilerklärungen ausgedrückten Entwicklungen führt zu einer umfassende Erklärung der Kompetenzentwicklung im Zeitablauf (Abb. 13-7) für alle Unternehmen. Sie zeigt eine **idealtypische Abfolge („cycling") zwischen einer Kompetenzerneuerung und einer Kompetenzverbesserung** gemäß den Teilerklärungen E1 und E2, wobei im Zeitablauf die Kompetenzerneuerung gegenüber der Kompetenzverbesserung aufgrund der verbesserten unternehmensspezifischen Ressourcenbasis (Teilerklärung E1) und der zunehmenden ungewollten Diffusion von Wissen im Zeitablauf (Teilerklärung E3) überdurchschnittlich an Bedeutung gewinnt (steigende Trendlinie).

Die vierte Teilerklärung E4 kann für ein individuelles Unternehmen den Ausschlag für die eine oder andere Form der Kompetenzentwicklung geben. In Abb. 13-7 sind deshalb Amplitude und Frequenz der Abfolge idealtypisch dargestellt, sie muss aber keinesfalls der dargestellten Sinuskurve entsprechen.

13.2 Kompetenzorientierte dynamische Strategien

Im vergangenen Abschnitt wurde mit Hilfe der Theorie der Kompetenzentwicklung erklärt, dass Kompetenzentwicklung als Abfolge zwischen Kompetenzverbesserung und Kompetenzerneuerung erfolgen sollte, wobei im Zeitablauf die Kompetenzerneuerung gegenüber der Kompetenzverbesserung aufgrund der sich verbessernden unternehmensspezifischen Ressourcenbasis und der zunehmenden ungewollten Diffusion von Wissen größere Bedeutung erhält.

Aus diesem Erklärungsansatz lassen sich mit dem Ziel möglichst großer Gewinne zwei **Ansatzpunkte für kompetenzorientierte dynamische Strategien** ableiten (vgl. z. B. Proff 2002b, 2004a und Abb. 13-7):

- andauernde Abfolge von Verbesserung und Erneuerung von Kompetenzen und

- stärkere Konzentration auf eine Erneuerung als auf eine Verbesserung der Kompetenzen.

Um durch andauernde Abfolge von Verbesserung und Erneuerung der Kompetenzen und den Vorrang der Kompetenzerneuerung eine Kompetenzerosion zu verhindern, benötigen Unternehmen zwei **kompetenzorientierte dynamischen Strategien** (DS), die aufeinander aufbauen:

- **DS 6:** Management der Kompetenzentwicklung im horizontalen Wettbewerb (Kapitel 14),

in dem die traditionellen optimierten Wertschöpfungsketten bzw. Wertarchitekturen geprüft und (teilweise) aufgebrochen werden und

- **DS 7:** Management der Kompetenzentwicklung im vertikalen Wettbewerb (Kapitel 15),

in dem konsequent Wertschöpfungsaktivitäten von Herstellern aber auch von Zulieferern auf Sublieferanten verlagert werden. Ziel beider dynamischer Strategien ist es, die Kompetenzen im Unternehmen zu halten und durch Arbeitsteilung die eigene Kompetenzposition zu optimieren.

Abbildung 13-7:   *Umfassende Erklärung der Kompetenzentwicklung im Zeitablauf*
                      als Grundlage einer dynamischen Theorie der Kompetenzentwicklung

---

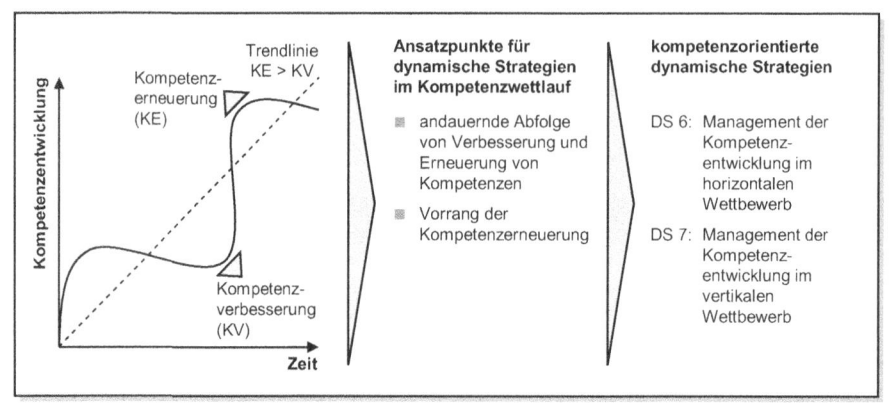

13.3   Probleme bei der Umsetzung kompetenzorientierter dynamischer Strategien

Unternehmen haben oftmals Probleme, kompetenzorientierte dynamische Strategien umzusetzen. So gelingt es vielen Unternehmen nicht, einen Kompetenzzyklus mit einer andauernden Abfolge von Verbesserung und Erneuerung von Kompetenzen zu erreichen. Der Vorrang der Kompetenzerneuerung fällt ihnen oft noch schwerer. Unternehmen, die nur verbessern, nicht auch erneuern, fehlen Innovationen und damit auch Kenntnisse der Kernprozesse und die Fähigkeit zur radikalen Veränderung der Unternehmensstruktur.

Dies gilt zunächst im horizontalen Kompetenzwettlauf mit direkten Wettbewerbern. So fiel und fällt es z. B. vielen japanischen Unternehmen schwer, auf dem europäischen Markt nicht nur die Kompetenzen zu verbessern, sondern auch neue Kompetenzen, vor allem bezogen auf das Image der Produkte aufzubauen.

Im vertikalen Kompetenzwettlauf zwischen Herstellern und Zulieferern fallen in vielen Branchen in letzter Zeit vor allem Hersteller von Endprodukten gegenüber Zulieferern zurück, weil diese von ihnen Kompetenzen abziehen. Dies ist auch eine Folge der seit Mitte der neunziger Jahre in vielen Branchen forcierten Modularisierung und Vergabe der Module (größere Aggregate) an Modullieferanten. Im Rahmen dieser

Modularisierung verlagern Hersteller immer mehr Produktion und sogar Entwicklung von Modulen auf große Lieferanten (vgl. Sanchez, Mahoney 1996). Diese Zulieferer bauen dadurch Kompetenzen auf, die den Herstellern von Endprodukten verloren gehen.

Die Verzerrung der Kompetenzverteilung liegt vor allem in strukturellen Unterschieden zwischen Herstellern von Endprodukten und Zulieferern in einem unterschiedlich dynamischen Umfeld begründet. Das Unternehmensumfeld der Zulieferer ändert sich in der Regel sehr viel schneller und stärker als das der Hersteller von Endprodukten. Dies gilt nicht nur für weitgehend stabile Branchen, sondern auch für innovationsintensive dynamische Branchen. In dynamischen Branchen mit häufigen und starken Umfeldveränderungen wie der Biotechnologie und der Mikroelektronik, bleibt Herstellern von Endprodukten wie Zulieferern als Wettbewerbsvorteil allein die Fähigkeit zur Entwicklung neuer Produkte. Zulieferer treiben in der Regel selbst in innovativen Branchen die Produktinnovationen, wodurch die Hersteller von Endprodukten innovationsärmer erscheinen. In weitgehend stabilen Branchen mit selteneren und schwächeren Umfeldveränderungen wie der Automobilindustrie und dem Maschinenbau, gibt es Zulieferer, die selbst in einem dynamischen Umfeld tätig sind und nur durch ständige Produktinnovationen überleben können. Sie sind relativ innovationsstärker als die Hersteller der Endprodukte. Es gibt aber auch Zulieferer in einem weitgehend stabilen Umfeld. Sie müssen aber auch besser als die Hersteller von Endprodukten zu einer Anpassung der Managementprozesse durch Veränderungslernen durch die „Fähigkeit zur Infragestellung der organisatorischen Normen und Werte bzw. Ziele und zur schrittweisen Reorganisation", d. h. zu inkrementalen Innovationen, in der Lage sein, da die Hersteller von Endprodukten meist in noch stabileren Umfeldern tätig sind. Damit werden Hersteller von Endprodukten auch hier im Kompetenzwettlauf relativ abgehängt. Sie bevorzugen die Kompetenzverbesserung gegenüber der Kompetenzerneuerung und erfahren dadurch langfristig vielfach eine Kompetenzerosion.

In den Kapiteln 14 und 15 muss deshalb gezeigt werden, wie

- Unternehmen durch ein Management der Kompetenzentwicklung im horizontalen Wettbewerb (DS 6) mit direkten Wettbewerbern und

- Unternehmen durch Management der Kompetenzentwicklung im vertikalen Wettbewerb (DS 7) mit Zulieferern oder Hersteller von Endprodukten

einen Kompetenzzyklus bei Vorrang der Kompetenzerneuerung schaffen können.

Diese beiden kompetenzorientierten dynamischen Strategien ermöglichen Wettbewerbsvorteile nicht nur den Unternehmen, die im Kompetenzwettbewerb mit Wettbewerbern oder Lieferanten weit zurückliegen und eine weitere Kompetenzerosion verhindern wollen. Auch Unternehmen mit einer guten Kompetenzposition benötigen ein Management der Kompetenzentwicklung im horizontalen und vertikalen Wettbewerb, um Kompetenzvorteile halten oder gar ausbauen zu können. Unternehmen, die solche Strategien im Kompetenzwettlauf verfolgen, werden zu den Unternehmen ihrer Branche gehören, deren Renditen langfristig steigen. Unternehmen, deren Kompetenzen erodieren, laufen Gefahr, sich aus dem Markt zu wirtschaften.

14 Management der Kompetenzentwicklung im horizontalen Wettbewerb

Im Wettlauf um Kompetenzen müssen Unternehmen eine andauernde Abfolge von Kompetenzverbesserung und Kompetenzerneuerung anstreben, mit dem Schwerpunkt auf der Erneuerung der Kompetenzen (Kapitel 13). Dies gilt sowohl mit Blick auf die direkten Wettbewerber und damit auf den horizontalen Wettbewerb, der in diesem Kapitel betrachtet wird, als auch für den Wettbewerb zwischen Herstellern und Zulieferern und damit für den vertikalen Wettbewerb (Kapitel 15).

Im Kompetenzwettbewerb zwischen direkten Wettbewerbern kommt es immer wieder zu **Verzerrungen in der Verteilung der Kompetenzen** (Abschnitt 14.1). Verzerrungen entstehen dadurch, dass einzelnen Wettbewerbern eine nahezu idealtypische Abfolge und stärkere Erneuerung der Kompetenzen gelingt, anderen nicht oder weniger gut und sie Kompetenzen verlieren. Beide Gruppen von Unternehmen benötigen ein Management der horizontalen Kompetenzentwicklung, um einen Vorsprung im Kompetenzwettlauf aufzuholen oder auszubauen. Das Kompetenzmanagement im Wettbewerb mit direkten Konkurrenten wurde und wird jedoch in Forschung und Lehre zum internationalen Management vernachlässigt (Abschnitt 14.2). Im horizontalen Wettbewerb stehen nach wie vor statische Kompetenzen im Vordergrund, obwohl angesichts der starken Veränderungen im Umfeld der Unternehmen dynamische Kompetenzen erforderlich sind. Wenn sie gegenüber Wettbewerbern nicht zurückfallen wollen, müssen die Kompetenzen im Rahmen eines Managements der Kompetenzentwicklung im horizontalen Wettbewerb erneuert werden (DS 6). Haben sie dagegen einen Kompetenzvorsprung, dann sollten sie ihn möglichst noch ausbauen. Dabei darf nicht vergessen werden, die bestehenden Kompetenzen zu verbessern, da eine ausschließliche Erneuerung der Kompetenzen nach Huff u. a. (1992 oder 1994) zu einem „Kompetenzchaos" führen würde. Eine Kompetenzerneuerung als Teil der Kompetenzentwicklung lässt sich mit der Theorie der Kompetenzentwicklung (Abschnitt 14.3) erklären und damit auch das Management der Kompetenzentwicklung im horizontalen Wettbewerb als dynamische Strategie (14.4).

14.1 Verzerrung der Kompetenzverteilung im horizontalen Wettbewerb

Zu einer Verzerrung der Kompetenzverteilung im horizontalen Wettbewerb kommt es, weil Unternehmen im sich verschärfenden internationalen Wettbewerb immer mehr gezwungen werden, die Kosten zu senken, um die Erlöse zu erhöhen. Einzelnen Unternehmen gelingt es, die Kosten zu senken durch den Aufbau von

- **technologischen Kompetenzen**, um die Forschungs- und Entwicklungskosten zu senken, ohne einen Technologievorsprung zu verlieren,

- **Kompetenzen im Komplexitätsmanagement**, um die indirekten Personalkosten zu senken,

- **Kompetenzen in der internationalen Produktion**, z. B. durch Aufbau eines internationalen Fertigungsverbundes, v. a. um die direkten Personalkosten zu senken und

- **Kompetenzen in der internationalen Beschaffung**, z. B. in der Auswahl und Kontrolle der Lieferanten, um die Herstellkosten zu senken, da bei vielen Produkten die Materialkosten einen hohen Anteil aufweisen.

Die Erlöse können im internationalen Wettbewerb steigen durch

- **Kompetenzen in der Erschließung und Ausweitung der Märkte.**

Wettbewerber mit diesen Kompetenzen können einen Vorsprung vor den Konkurrenten schaffen. Der Erhalt dieser Kompetenzen stellt eine Herausforderung im horizontalen Kompetenzwettbewerb dar. Dazu bedarf es eines konsequenten Managements der Kompetenzentwicklung. Unternehmen, die keine Kompetenzen aufbauen können oder im Zuge der Kostensenkung Kompetenzen abgeben, verlieren Wettbewerbsvorteile und Kompetenzen, die sie durch Kompetenzerneuerung wieder aufbauen müssen. Auch dazu ist ein Management der Kompetenzentwicklung im horizontalen Wettbewerb notwendig.

Die Verschiebung der Kompetenzen in vielen Branchen lässt sich daran erkennen, dass seit Anfang der 90er Jahre die Kompetenzunterschiede zwischen direkten Wettbewerbern zunehmen (Abb. 14-1). Bei vielen Unternehmen war zunächst eine Konzentration auf Kompetenzen zu beobachten (erste Phase der Verzerrung der Kompetenzverteilung), später auch die Ausdifferenzierung dieser Kompetenzen (2. Phase der Verzerrung der Kompetenzverteilung). Einigen Unternehmen gelingt es, deutliche Wettbewerbsvorteile zu entwickeln und Wettbewerber abzuhängen.

Wachsende Kompetenzunterschiede sind auch eine Folge des zunehmenden internationalen Kompetenzwettlaufs. Seit den neunziger Jahren sind in Niedriglohnländern wie Indien und China technologieintensive Unternehmen entstanden, die technologische Kompetenzen aufbauen und den Kostenvorteil für die Entwicklung, Produktion und den Vertrieb technologieintensiver Produkte nutzen. In Asien werden inzwischen nicht nur alle Produkte mit ausgereifter Technik gefertigt, sondern auch Produkte mit hoher und sogar Spitzentechnologie. Bei Halbleitern z. B. haben asiatische Hersteller 2006 einen höheren Weltmarktanteil erreicht als die USA. Den Weltmarkt für Flachbildschirme dominieren sechs taiwanesische Hersteller.

Bis Anfang der neunziger Jahre hatten die meisten Unternehmen eine **produktzentrierte Wertarchitektur**. Alle Geschäftsbereiche waren auf die Optimierung des Gesamtvorteils zur Herstellung von Endprodukten gerichtet. Zudem waren alle Anbieter einer Branche sehr ähnlich strukturiert, z. B. in der Energiewirtschaft von der Energieerzeugung über die Energieübertragung bis zum Vertrieb (Heuskel 1999, S. 22). Das hat sich geändert. Die Unternehmen konzentrieren sich zunehmend auf bestimmte Wertschöpfungsaktivitäten, bei denen sie ihre herausragenden Kompetenzen sehen, verstärken diese Kompetenzen im Geschäftsbereich oder übertragen sie auf andere Geschäftsbereiche und Branchen (vgl. z. B. Bresser u. a. 2000a oder Albach u. a. 2002). Sie **verändern** ausgehend vom Kerngeschäft **ihre Wertarchitektur** (Heuskel 1999, S. 26). Solche Veränderungen werden deutlich, wenn z. B. Versorgungsunternehmen einzelne Wertschöpfungsaktivitäten wie die Energieerzeugung und –übertragung oder den Handel anderen Energieerzeugern, Netzanbietern oder Händlern abgeben oder Sportartikelhersteller die Produktion aufgeben, die gesamte Wertkette aber weiterhin steuern und kontrollieren und Forschung und Entwicklung sowie den Vertrieb noch ausweiten. Die **Wertarchitektur** solcher Unternehmen bzw. Geschäftsbereiche ist dann nicht mehr produkt- sondern **aktivitätszentriert**. Durch diese überwiegend unternehmensgetriebene Entwicklung neuer Wertarchitekturen verändern sich die Branchenstrukturen (vgl. Hinterhuber, Hinterhuber 2002; Proff 2005). Erfolgreiche Geschäftsbereiche können jedoch auch mit produktzentrierter Wertschöpfungsstruktur im Wettbewerb bestehen und wachsen, wenn sie die Wertschöpfungsaktivitäten entsprechend organisieren und herausragende Kompetenzen entwickeln (vgl. Sampler 1989, S. 349 und Abb. 14-1).

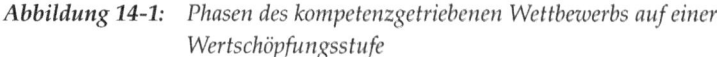

Abbildung 14-1: *Phasen des kompetenzgetriebenen Wettbewerbs auf einer Wertschöpfungsstufe*

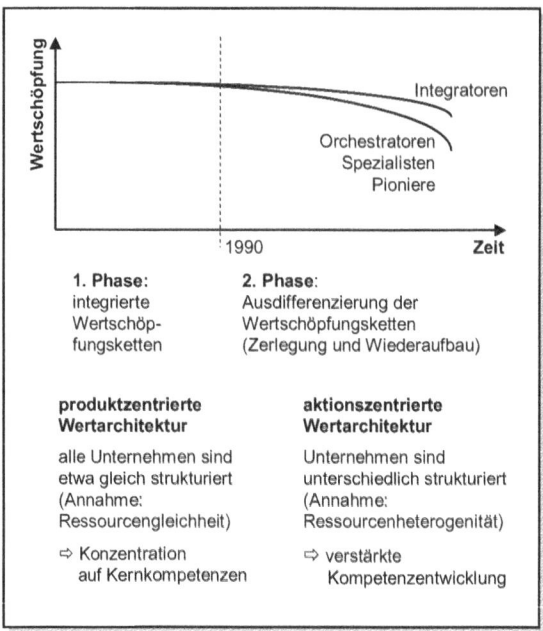

Die dramatische Veränderung der Wertschöpfungsaktivitäten wurde erst durch die neuen Informations- und Kommunikationstechnologien ermöglicht (vgl. Picot u. a. 1998; Reichwald, Möslein 2000). Dadurch konnten Interdependenzen zwischen den einzelnen Organisationseinheiten deutlich reduziert und die Steuerung komplexer Wertschöpfungsstrukturen verbessert werden. Neuere Wertarchitekturen entwickeln sich, wenn

▨ die einzelnen Wertschöpfungsaktivitäten der vormals integrierten Wertschöpfungskette sich voneinander lösen und marktfähig werden (vgl. Heuskel 1999, S. 35)

▨ ein Geschäftsbereich sich auf wenige oder sogar nur eine dieser Wertschöpfungsaktivitäten konzentriert, wodurch Standardisierungsvorteile entstehen und

▨ mit diesen im Geschäftsbereich verbleibenden Wertschöpfungsaktivitäten eine neue aktivitätszentrierte Wertarchitektur mit einer neuen Arbeitsteilung innerhalb und zwischen den Geschäftsbereichen aufgebaut wird.

Diese drei Anforderungen an die Entwicklung neuer Wertarchitekturen lassen sich in zwei Teilphasen zusammenfassen: in die **Phase der Zerlegung**, in der Geschäftsbereiche die vormals integrierten Wertschöpfungsketten auflösen, um sich dann auf ausgewählte Aktivitäten zu konzentrieren und in die **Phase des (Wieder)Aufbaus** einer neuen aktivitätszentrierten Wertarchitektur mit den verbleibenden Wertschöpfungsaktivitäten. Dabei werden vier Grundmuster einer neuen Wertarchitektur unterschieden: die Wertarchitektur des „Orchestrators", des „Integrators", des „grenzüberschreitenden Spezialisten" und die des „Pioniers" (vgl. Heuskel 1999).

Ein **„Orchestrator"** (Heuskel 1999) konzentriert sich auf wenige Wertschöpfungsaktivitäten und koordiniert ein Netzwerk mehrerer verbundener Unternehmen. Ein Beispiel ist der Sportartikelhersteller Adidas, der lediglich die Produktentwicklung und die -vermarktung seiner Produkte selbst durchführt und z. B. die Fertigung über ein großes Netzwerk unabhängiger Fertigungsbetriebe steuert.

Bei traditioneller produktzentrierter Wertschöpfungsarchitektur mit einem **„Integrator"** werden alle Aktivitäten entlang der Wertschöpfungskette durch ein Unternehmen durchgeführt (integrierte Wertschöpfungskette, vgl. Heuskel 1999, S. 57; Bresser u. a. 2000b). Trotz sinkender Wertschöpfungsquote sind alle Automobilhersteller Beispiele einer solchen Integration. Eine Variante ist ein branchenübergreifender Integrator, der trotz Diversifikation alle Aktivitäten weiterhin integriert und produktzentriert bleibt. Die DaimlerChrysler AG mit den Geschäftsbereichen Pkw und Nutzfahrzeuge ist Beispiel eines branchenübergreifenden Integrators.

Von diesen beiden Grundmustern der Wertarchitektur kann der branchenüberschreitende **„Spezialist"** unterschieden werden. Er konzentriert sich auf wenige Wertschöpfungsaktivitäten und nutzt Skalenvorteile und unternehmensspezifisches Wissen in einem internen Netzwerk. Ein Beispiel für einen branchenübergreifenden Spezialisten ist das Gentechnikunternehmen Genta, das das Know-how zur Wirkstoffentwicklung in unterschiedlichen Anwendungsbereichen einsetzt, die Wirkstoffproduktion aber meist mittels Lizenzen an Pharmaunternehmen vergibt.

Schließlich gibt es noch das Grundmuster des **„Pioniers"**, der eine neue Aktivität in die bestehende Wertschöpfungskette einer Branche bzw. eines Geschäftsfeldes einführt und Wissens- und Informationsvorteile in der Branche und über die Branchengrenze hinweg nutzt. Ein Pionier bietet neue Wertschöpfungsaktivitäten an, wie z. B. Amazon den Buchhandel über das Internet. Dieses Grundmuster entspricht der Innovationsstrategie eines neu in den Markt tretenden Unternehmens und unterscheidet sich von einer eher defensiven Reaktion der Unternehmen auf sinkende Margen nach Auflösung vormals integrierter Wertschöpfungsketten.

Die zunehmende Veränderung der Wertarchitekturen schafft im horizontalen Wettbewerb **Ressourcenheterogenität**. Heterogene Ressourcen waren bis Anfang der neunziger Jahre kein Forschungsthema, da Standardprozesse mit einer Produktionsfunktion und eine ähnliche Kompetenzverteilung der Unternehmen einer Branche unterstellt wurden. Tatsächlich sind die Kompetenzen jedoch unterschiedlich.

Diesen Zusammenhang thematisieren ressourcenorientierte Erklärungen des strategischen Managements (z. B. Peteraf 1993). Sie beruhen vor allem auf Arbeiten der Chicago School zur Markttheorie im engen Sinne, die annimmt, dass Ressourcenheterogenität eine bessere Ausstattung mit Ressourcen oder einen effizienteren Einsatz der Ressourcen im Wettbewerb ermöglicht und damit eine höhere Rentabilität (vgl. Helfat u. a. 2000). Dadurch lassen sich unterschiedliche Produktionsfunktionen aus unterschiedlichen Kostenfunktionen ableiten. Relative Kompetenzvorteile beeinflussen die Gewinne positiv.

Zu Beginn der Kompetenzforschung wurden Kompetenzen vor allem technologisch begründet (vgl. Hamel, Prahalad 1993), bezogen auf Sony und Canon z. B. durch Miniaturisierung und Elektronik sowie Feinmechanik, Optik und Mikroelektronik. Heute wird der Kompetenzbegriff weiter gefasst (vgl. Kap. 12) und nicht mehr nur auf Unternehmen in dynamischen Branchen mit starken und häufigen Umfeldveränderungen bezogen. Dabei werden – wie erwähnt - Kompetenzen zur Senkung von Kosten und zur Steigerung der Erlöse unterschieden (vgl. Abb. 14-1).

Wettbewerber mit diesen Kompetenzen haben einen Vorsprung vor den Konkurrenten. Der Erhalt dieser Kompetenzen stellt eine Herausforderung im horizontalen Kompetenzwettbewerb dar. Dazu bedarf es eines systematischen Kompetenzmanagements. Kompetenzen können alle Wettbewerbsvorteile stützen: Produktinnovationsfähigkeit, ebenso wie niedrige Kosten oder/und Differenzierung.

14.2 Vernachlässigung des Managements der Kompetenzentwicklung

Die Sicherung von Kompetenzvorteilen durch ein Management der Kompetenzentwicklung, das die Kompetenzen im Zeitablauf verbessert und vor allem erneuert, wurde in der kompetenzbasierten Forschung lange Zeit fast völlig vernachlässigt. Es fehlte eine dynamische Theorie der Kompetenzentwicklung (vgl. Teece u. a. 1997; Day, Reibstein 1998). Eine dynamische Theorie der Kompetenzentwicklung muss Rückwirkungen des Kompetenzaufbaus auf die Kompetenzvorteile und ökonomischen Renten am Markt erklären können (vgl. Kap. 13, Abb. 13-1). Dies ist der Ansatzpunkt für ein Management der Kompetenzentwicklung, das für den horizontalen Wettbewerb konkretisiert werden soll.

In den Kapiteln 2 und 13 wurden Arbeiten zur Entwicklung von Kompetenzen im Zeitablauf genannt, die entweder nach Erklärungen dynamischer Fähigkeiten (Eisenhardt, Martin, 2000) und ihrer Entwicklung (Luo 2000; Tripsas, Gavetti 2000; Zollo, Winter 2002; Zott 2003) suchen oder nach Erklärungen der Kompetenzentwicklung mit Phasen der Kompetenzverbesserung und –erneuerung (Baden-Fuller, Volberda 1997; Volberda, Baden-Fuller 1998; Volberda u. a. 2001a, 2001b; Crossan, Berdrow 2003). Kompetenzentwicklung wird fälschlicherweise häufig mit Kompetenzaufbau gleichgesetzt (vgl. Jensen 1996 oder Elfring, Baven 1996). In der deutschsprachigen Forschung wird Kompetenzentwicklung auch als „Metakompetenz" bezeichnet (z. B. Koruna 1999, Teil III). Da eine theoretische Fundierung fehlt, gibt es nur wenige systematische, empirische Untersuchungen zur Kompetenzentwicklung, einige Fallstudien und Hypothesen zum Lernen in Organisationen (vgl. Luo 2000 oder Deeds u. a. 2000). Entsprechend gibt es nur wenig Handlungswissen zum Management der Kompetenzentwicklung im horizontalen Wettbewerb zwischen Unternehmen auf einer Wertschöpfungsstufe.

Die Entwicklung von Kompetenzen allgemein im Wettbewerb und speziell im horizontalen Wettbewerb und das darauf bezogene Management der Kompetenzentwicklung in einem solchen Wettbewerb werden in den Arbeiten zum strategischen und zum internationalen Management kaum aufgegriffen. (Lehr)Bücher zum strategischen Management betrachten allenfalls die Bedeutung des Kompetenzaufbaus für statische Wettbewerbsstrategien. In diesem Sinne sind auch die Schritte zu verstehen, die nach Welge und Al-Laham (2004) ein Kompetenzmanagement einschließen: Bestimmung der Kompetenzen, Einordnung in die Wertkette, marktbezogene Analyse von Kompetenzen und Einbindung der Analyseergebnisse in ein umfassendes Kompetenzmanagement. Sie beschreiben ein statisches Kompetenzmanagement, nicht Veränderungen und Störfaktoren beim Kompetenzaufbau (vgl. Luo 2000; Deeds u. a. 2000 oder Johnson u. a. 2005, Teil II, 3.7).

In Lehrbüchern zum internationalen Management (z. B. Perlitz 2004; Kutschker, Schmid 2005 oder Welge, Holtbrügge 2006) werden vor allem Markteintrittsstrategien angesprochen, nicht das Kompetenzmanagement im Rahmen von Marktbearbeitungsstrategien und das Management der Kompetenzentwicklung im horizontalen Wettbewerb.

Durch Dynamisierung des Grundmodells des Kompetenzaufbaus zu einer Theorie der Kompetenzentwicklung mit andauernder Abfolge von Kompetenzverbesserung und Kompetenzerneuerung (Kapitel 13), kann das Management der Kompetenzentwicklung im horizontalen Wettbewerb begründet werden. Um Verzerrungen in der Kompetenzverteilung oder eine Kompetenzerosion zu vermeiden oder um einen Kompetenzvorsprung auszubauen, müssen Unternehmen zunächst ihre Kompetenzen erneuern. Deshalb muss ein Management der Kompetenzentwicklung bei den Erklärungen einer überdurchschnittlichen Kompetenzerneuerung ansetzen.

14.3 Erklärungen einer überdurchschnittlichen Kompetenzerneuerung

Aus der Theorie der Kompetenzentwicklung lassen sich vier Ansatzpunkte für eine überdurchschnittliche Kompetenzerneuerung im horizontalen Kompetenzwettbewerb begründen (vgl. Abb. 14-2).

1. **Investitionen in Know-how:** Unternehmen können versuchen, in guten Konjunkturphasen die dann relativ gute Ressourcenbasis für eine Kompetenzerneuerung zu nutzen und in Know-how zu investieren.

2. **Mobilisierung gegen Kompetenzstarrheit:** Wird eine Kompetenzstarrheit wahrgenommen, die einen Handlungsdruck schafft, der auch als „organisationaler Stress" bezeichnet wird, dann werden diese Unternehmen versuchen, ihre Kompetenzen relativ zu den Wettbewerbern zu erneuern. Beispiele für eine Mobilisierung gegen Kompetenzstarrheit gibt es in der Pharmaindustrie. Durch Refokussierung der Entwicklungsabteilungen, durch Kooperationen und Einlizenzierungen ist es gelungen, neue Kompetenzen aufzubauen.

3. **Begrenzung der Wissensdiffusion:** Durch Publikationen und Vorträge von Mitarbeitern, durch den Wechsel wichtiger Mitarbeiter zu Konkurrenten, durch Forschungs- und Entwicklungskooperationen und unternehmensübergreifende Netzwerke fließt ständig Wissen aus Unternehmen ab. Da diese Wissensdiffusion schädlich ist, muss sie verhindert, zumindest aber begrenzt werden.

4. **Verkürzung der Reaktionszeiten bei geringeren externen Schocks als in der Vorperiode**: Für Unternehmen, die eine Kompetenzverschiebung zu Wettbewerbern erfahren, ist eine Kompetenzerneuerung insbesondere dann möglich, wenn die externen Schocks seltener und schwächer sind als in der Vorperiode und wenn deshalb höhere Erlöse erwartet werden können. Um schnell reagieren zu können, muss die Reaktionszeit bei externen Schocks beschleunigt und überlegt werden, bei welchen Umfeldveränderungen Reaktionen notwendig sind und bei welchen nicht. Deshalb bedarf es Erfahrungen im Umgang mit externen Schocks.

Abbildung 14-2: *Ansatzpunkte für eine Kompetenzerneuerung*

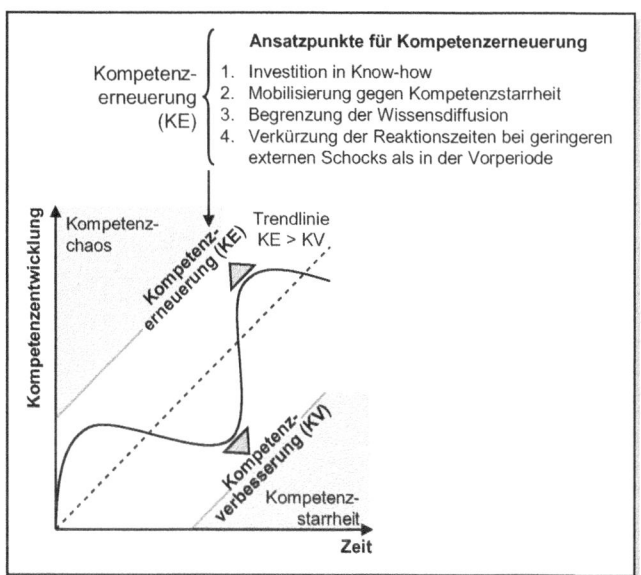

14.4 Systematisches Management der Kompetenzentwicklung im horizontalen Wettbewerb

Zur Sicherung der Kompetenzposition, zur Bekämpfung einer Kompetenzerosion oder eines Kompetenzrückstands benötigen Unternehmen im horizontalen Wettbewerb ein systematisches Management der Kompetenzentwicklung, um die Wertschöpfung zu optimieren (Abb. 14-3).

Ein erster Schritt ist hierfür

(1) die Bestimmung einer Wachstumsstrategie mit optimaler Wertarchitektur.

Genügt eine Integration der Wertschöpfungskette nicht, dann sind drei weitere Schritte erforderlich:

(2) Schaffung der organisatorischen Voraussetzungen zur Zerlegung der Wertschöpfungsketten,

(3) Verkauf nicht mehr benötigter Wertschöpfungsaktivitäten und

(4) Wiederaufbau nach der Zerlegung.

Abbildung 14-3: *Prozess eines systematischen Managements der Kompetenzentwicklung im horizontalen Wettbewerb*

---

(1)   Bestimmung einer Wachstumsstrategie mit optimaler Wertarchitektur

Durch Entwicklung von Branchenszenarien und durch die Bestimmung der Kern-kompetenzen und der Kerngeschäfte wird Klarheit über die Geschäftsprozesse und ihre wahrscheinliche Entwicklung geschaffen. Branchenszenarien, Kernkompetenzen und Kerngeschäfte bilden die Grundlage für Wachstumsstrategien zur Optimierung der Wertarchitektur. Dabei gibt es mehrere Grundmuster von Wertarchitekturen (Abb.14-4):

▨ Optimierung der integrierten Wertschöpfungskette (Integration)

oder eine Veränderung der Wertarchitektur durch:

▨ Aufbau eines Unternehmensnetzwerkes um die Kernaktivitäten zur Bindung der Nicht-Kernaktivitäten an das Unternehmen (Orchestrierung),

▨ Konzentration auf einzelne Wertschöpfungsaktivitäten, um Skalenvorteile zu erzielen (Spezialisierung) oder

▨ Suche nach neuen Wertschöpfungsaktivitäten (Innovation).

Abbildung 14-4:   *Wachstumsstrategien im Rahmen des systematischen Managements der Kompetenzentwicklung im horizontalen Wettbewerb*

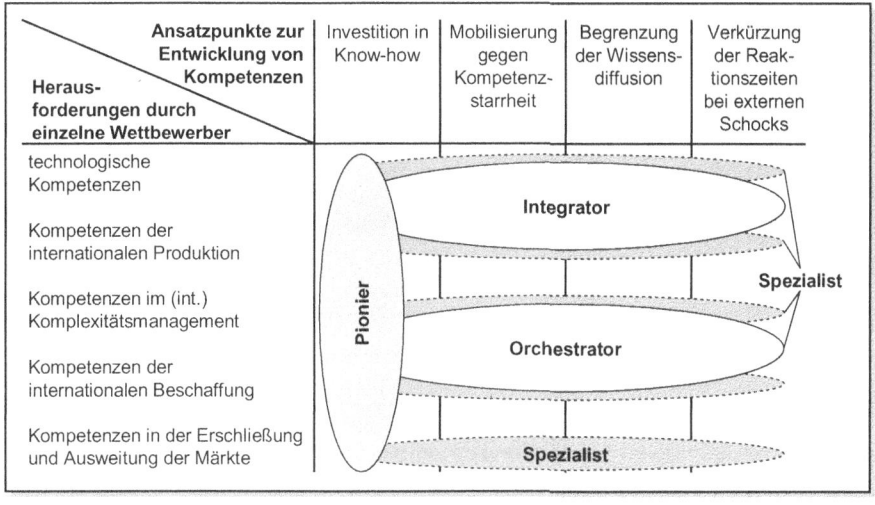

Diese Grundmuster einer Wertarchitektur sind bereits bei vielen Unternehmen in unterschiedlichen Branchen zu beobachten. Sie verändern die Kompetenzverteilung. Im Rahmen eines systematischen Managements der Kompetenzentwicklung muss jedes Unternehmen eine Wachstumsstrategie festlegen, die für dieses Unternehmen die optimale Wertarchitektur bietet. Diese Entscheidung erfolgt in einem **Spannungsfeld** zwischen

▨ **Herausforderungen im horizontalen Wettbewerb** (Aufbau von technologischen Kompetenzen sowie von Kompetenzen im Komplexitätsmanagement, in der internationalen Produktion, in der internationalen Beschaffung und in der Erschließung und Ausweitung der Märkte, Abschnitt 14.1) und

▨ **den Ansatzpunkten für eine Erneuerung der Kompetenzen entsprechend der Theorie der Kompetenzentwicklung** (Investition in Know-how, Mobilisierung gegen Kompetenzstarrheit, Begrenzung der Wissensdiffusion und Verkürzung der Reaktionszeiten bei externen Schocks, vgl. Abb. 14-2, Abschnitt 14.3).

Für viele Unternehmen ist nach wie vor das Grundmuster des **Integrators**, der einen Großteil der Wertschöpfungsaktivitäten selbst tätigt und die gesamte Wertschöpfungskette kontrolliert, die optimale Wertarchitektur. Ein solcher Integrator behält seine weitgehend produktzentrierte Wertarchitektur bei und muss die Phasen (2) bis (4) im Rahmen eines Managements der Kompetenzentwicklung im horizontalen Wettbewerb nur noch sehr eingeschränkt durchlaufen. Er kann die Wertschöpfung verbessern, ohne die gesamte Wertkette zu zerlegen und neu aufzubauen. Diese Wachstumsstrategie ist für Unternehmen sinnvoll, die mit nur relativ kleinen Verlusten an technologischer Kompetenzen und an Kompetenzen in der internationalen Produktion zu kämpfen haben. Sie müssen diese Kompetenzen ständig verbessern und vor allem erneuern. Für sie sind alle vier Ansatzpunkte der Kompetenzentwicklung wichtig, von Investitionen in Know-how bis zur Verkürzung der Reaktionszeiten bei externen Schocks.

Unternehmen, die durch Wettbewerber mit überlegenen Kompetenzen in der internationalen Beschaffung und im internationalen Komplexitätsmanagement herausgefordert werden, müssen ihre Wertarchitektur so verändern, dass sie sich auf wenige Wertschöpfungsaktivitäten konzentrieren und die Wertschöpfungsaktivitäten mehrerer verbundener Unternehmen in einem externen Netzwerk koordinieren (**Orchestrator**). Damit können sie den Herausforderungen bei einem relativen Verlust an Beschaffungskompetenzen und Kompetenzen zur Steuerung komplexer Prozesse dadurch beggnen, dass sie vor allem diese Kompetenzen verstärken. Orchestratoren müssen über alle denkbaren Ansatzpunkte der Kompetenzerneuerung versuchen, den Kompetenzrückstand aufzuholen oder verlorene Kompetenzen neu aufzubauen.

Die Wachstumsstrategie des **Spezialisten** eignet sich für alle Kompetenzdefizite, d. h. bei Herausforderungen in allen Kompetenzfeldern durch Wettbewerber mit Kompetenzen der Kostensenkung oder Erlössteigerung. Unternehmen mit dieser Wachstumsstrategie müssen sich auf wenige Wertschöpfungsaktivitäten konzentrieren und dort Skalenvorteile und unternehmensspezifisches Wissen nutzen. Die Reaktionen können je nach Tätigkeitsfeldern und Kompetenzdefizit bei allen vier Ansatzpunkten der Kompetenzerneuerung ansetzen.

Auch die Wachstumsstrategie des **Pioniers** eignet sich bei Herausforderungen in allen Kompetenzfeldern durch Wettbewerber, die hier Kompetenzen der Kostensenkung oder Erlössteigerung aufbauen. Hier wird allerdings innovativ eine neue Aktivität in die Wertschöpfungskette eingefügt. Ein solches Unternehmen muss sich mit allen Herausforderungen im Wettbewerb auseinandersetzen und Kompetenzen durch Investitionen in Know-how verbessern.

(2)   Schaffung der organisatorischen Voraussetzungen für die Zerlegung der Wertschöpfungsketten

Unternehmen, die mit Wachstumsstrategien der Orchestrierung, Spezialisierung oder der Innovation eine neue aktivitätszentrierte Wertarchitektur anstreben, müssen im zweiten Schritt eines systematischen Managements der Kompetenzentwicklung im horizontalen Wettbewerb die notwendigen organisatorischen Voraussetzungen schaffen. Dazu gehören die funktionale Organisation, die Minimierung der organisatorischen Interdependenzen und die Überleitung von Mitarbeitern sowie materiellen und immateriellen Aktiva ins Kerngeschäft. Damit wird die Veräußerungsfähigkeit der aufgegebenen Wertschöpfungsaktivitäten gesichert.

(3)   Verkauf nicht mehr benötigter Wertschöpfungsaktivitäten

Im dritten Schritt eines Managements der Kompetenzentwicklung im horizontalen Wettbewerb müssen Unternehmen, die eine neue Wertarchitektur anstreben, die nicht mehr benötigten Wertschöpfungsaktivitäten verkaufen und sich auf die Wertschöpfungsaktivitäten im Kerngeschäft konzentrieren. Das wird gelingen, wenn durch Branchenszenarien wertmaximierende Käufer bestimmt werden. Durch eine solche Bündelung der Wertschöpfungsaktivitäten werden die Veräußerungsgewinne maximiert und ein zufälliger Verkauf von Wertschöpfungsaktivitäten verhindert.

(4)   Wiederaufbau nach der Zerlegung

Unternehmen, die eine neue aktivitätszentrierte Wertarchitektur anstreben, müssen im vierten Schritt des systematischen Managements der Kompetenzentwicklung im horizontalen Wettbewerb den Wiederaufbau der Wertarchitektur betreiben und die neue Wachstumsstrategie eines Orchestrators, Spezialisten oder Pioniers verfolgen. Dazu müssen die Verkaufserlöse ins Netzwerk reinvestiert werden. Da dies angesichts der Forderung nach Ausschüttung zumindest von Teilen der Veräußerungsgewinne nicht einfach ist, müssen schnell die Mittel zur Veränderung der Strategie beschafft, d. h. ein Strategieveränderungsbudget geschaffen werden, um das Netzwerk zu steuern und Widerstände im Unternehmen abschwächen zu können.

Mit der Ausdifferenzierung der Wertarchitekturen verändert sich der Wettbewerb. Durch Spezialisten, die Branchengrenzen überschreiten, werden Wettbewerb und Wettbewerber unübersichtlicher, **Branchengrenzen verschwinden**. Statische, marktorientierte Strategien wie Kostenführerschaft und Differenzierung verlieren an Bedeutung, aber auch die marktorientierten dynamischen Strategien des effizienten Preispremienmanagements, des koordinierten Mehrmarktmanagements und des systematischen Kooperationsmanagements.

15 Management der Kompetenzentwicklung im vertikalen Wettbewerb

In vielen Branchen schaffen es die Hersteller der Endprodukte nicht, die Kompetenzen im gleichen Maße wie die Zulieferer zu erneuern. Sie fallen im Kompetenzwettlauf relativ zurück und verlieren Kompetenzen. Wissensdefizite der Hersteller von Endprodukten können durch die Arbeitsteilung mit Zuliefern bei zunehmender Modularisierung und deshalb durch Verlagerung von Produktion und Entwicklung ganzer Module auf Modullieferanten erklärt werden.

Hersteller von Endprodukten wie Modullieferanten werden im vertikalen Kompetenzwettlauf eine kompetenzorientierte dynamische Strategie (DS 7) wählen und versuchen, den Zyklus von Verbesserung und Erneuerung der Kompetenzen zu ihren Gunsten zu beeinflussen, d. h. Hersteller von Endprodukten und Lieferanten werden sich für ein Management der Kompetenzentwicklung im vertikalen Wettbewerb entscheiden.

Zunächst wird die zunehmende Verzerrung der Kompetenzverteilung und die zunehmende Kompetenzerosion im vertikalen Wettbewerb angesprochen (Abschnitt 15.1), dann die Vernachlässigung der vertikalen Kompetenzentwicklung im internationalen strategischen Management (Abschnitt 15.2). Die Auseinanderentwicklung der Kompetenzen stellt für die Hersteller von Endprodukten ein Problem dar, da dadurch die Abhängigkeit von den Lieferanten wächst und ihre Reaktionsfähigkeit und Entscheidungsautonomie sinkt. In Abschnitt 15.3 wird als Erklärung des Kompetenzmanagements im vertikalen Wettbewerb die Verbindung der Theorie der Kompetenzentwicklung mit der Transaktionskostentheorie vorgeschlagen, die die optimale Grenze des Unternehmens bestimmt. Mit Hilfe dieser Erklärung kann in Abschnitt 15.4 die dynamische Strategie DS 7, das Management der Kompetenzentwicklung im vertikalen Wettbewerb, begründet werden.

15.1 Zunehmende Verzerrung der Kompetenzverteilung im vertikalen Wettbewerb

Zu einer Kompetenzerosion im vertikalen Wettbewerb kann es kommen

- durch eine zunehmende Verzerrung der Kompetenzverteilung zwischen Endproduktherstellern und Zulieferern (Abschnitt 15.1.1) und

- dadurch, dass Endprodukthersteller in immer mehr Bereichen erst gar keine Kompetenzen aufbauen und damit in einen Kompetenzrückstand geraten (Abschnitt 15.1.2).

15.1.1 Zunehmende Verzerrung der Kompetenzverteilung zwischen Endproduktherstellern und Zulieferern

Die Modularisierung als Ursache der zunehmenden Verzerrung der Kompetenzverteilung geht oft von den Endproduktherstellern aus. In der **ersten Phase** der verstärkten **Modularisierung** bis Ende der neunziger Jahre forcierten sie die Zerlegung von Produkten in Module, standardisierten und verlagerten die Produktion sowie teilweise auch die Entwicklung der Module auf große Lieferanten. Als Modul wird in der Regel ein größeres Element eines Gesamtsystems verstanden, das **klar definierte Schnittstellen** zu anderen Modulen (vgl. Sanchez, Mahoney 1996, S. 65 und Mikkola 2003, S. 439) und höhere Interdependenzen zwischen seinen Komponenten als zu den Komponenten anderer Module aufweist (vgl. Thomke, Reinertsen 1998, S. 27; Baldwin, Clark 2003, S. 37 und Ethiraj, Levinthal 2004).

Die Hersteller reagierten damit auf Innovations- und Preiserwartungen der Kunden, insbesondere bei Standardprodukten und auf den Druck der Kapitalmärkte, höchstmögliche Gewinne zu erzielen (vgl. z. B. Deutsche Bank 2002). Von der Modularisierung erhofften sich die Endprodukthersteller niedrigere Kosten durch Auslagerung („outsourcing") von Wertschöpfungsaktivitäten und eine größere Differenzierung durch Erhöhung der Produktvielfalt (vgl. Sanchez 1995, Baldwin, Clark 1997 und Global Insights 2003). Die erste Phase der verstärkten Modularisierung setzte die Modullieferanten unter sehr starken Zeit-, Kosten- und Flexibilitätsdruck. Ihre Wettbewerbsposition verschlechterte sich.

Die Modullieferanten können aber auch die Modularisierung selber treiben. Diese Möglichkeit ergriffen sie in der **zweiten Phase** der verstärkten Modularisierung, die die erste Phase überlagert. Modullieferanten bieten nun selbst Module an. Dadurch können sie dauerhaft Kompetenzen aufbauen und ökonomische Renten von den Endproduktherstellern abziehen, die diese nur mit großem Aufwand wiedererlangen können. Aufgrund der neuen Kompetenzen gelingt es den Zulieferern, dem Druck der

Endprodukthersteller standzuhalten. Aufgrund des starken Konzentrationsprozesses und neuer Kompetenzen konnten sie in vielen Branchen die Hersteller im Wettlauf um Kompetenzen überholen.

Untersuchungen in der Automobilindustrie (z. B. Proff 2005) zeigen, welche Kompetenzen die Modullieferanten gegenüber den Endproduktherstellern aufbauen. Diese Ergebnisse gelten auch für andere weitgehend stabile Branchen ohne starke und häufige Umfeldveränderungen, wie z. B. die chemische Industrie und den Maschinenbau. **Modullieferanten bauen vor allem vier Typen von Kompetenzen (neu) auf**, um ihre Wettbewerbsposition zu verbessern:

1. **Entwicklungs- und Produktionskompetenzen** zur Schaffung von Erlösspielräumen erhöhen die Unabhängigkeit von Endproduktherstellern. Diese Kompetenzen bilden eine Stärke der Zulieferer, indem sie durch Spezialisierung und Konzentration auf Module und Produktionsverfahren Know-how überdurchschnittlich akkumulieren.

2. **Integrationskompetenzen** schaffen weitere Erlösspielräume durch Erhöhung von (Kosten)Intransparenz. Integrationskompetenzen bestehen in der Koordination unterschiedlicher technologischer Reifegrade, unterschiedlicher Termine und Budgets der Entwicklungsprojekte. Sie ermöglichen die Veredelung von Vermögenswerten, z. B. der Entwicklungs- und Prüfinfrastruktur und von Fähigkeiten, v. a. technischem Wissen. Da der Veredelungsprozess teilweise intransparent ist, ist die Handel- und Imitierbarkeit dieser Kompetenzen begrenzt. Deshalb kann derjenige, der über diese Kompetenzen verfügt, Integrationsrenten abschöpfen.

3. **Plattformkompetenzen** senken die Kosten durch Nutzung von Skalenvorteilen. Modulplattformen beruhen auf relativ weitreichenden Standardisierungsstrategien der Modullieferanten, sie entsprechen den „joint units strategies" von Takeishi, Fujimoto (2001). Weniger weit geht die Standardisierung, wenn nur die gleichen Komponenten in verschiedene Produktgenerationen eingebaut werden (Gleichteilstrategie bzw. „carry-over component strategy" z. B. zwischen dem Golf 3 und dem Golf 4).

4. **Änderungskompetenzen** nutzen Fehler der Endprodukthersteller aus, u. a. fehlende Disziplin und Überkomplexität im Entwicklungsprozess zur Schaffung weiterer Erlösspielräume. Änderungskompetenzen helfen Modullieferanten beim Umgang mit späten Produktänderungen der Hersteller und ermöglichen ihnen bei geschickter Nachverhandlung Erlösspielräume.

Die Phasen der Modularisierung und damit des kompetenzgetriebenen vertikalen Wettbewerbs werden in Abb. 15-1 verdeutlicht.

Abbildung 15-1: *Phasen des kompetenzgetriebenen vertikalen Wettbewerbs*

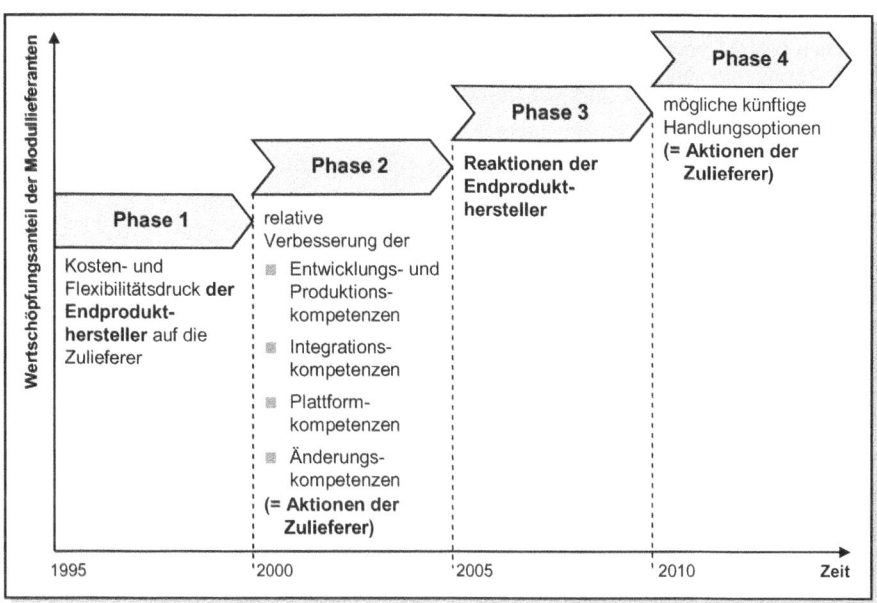

Der Aufbau dieser Kompetenzen gelingt Modullieferanten vor allem dann, wenn für die Endprodukthersteller Kostensenkung wichtiger ist als Differenzierung. Die Hersteller modularisieren die Produkte sehr viel stärker und übertragen mehr Kompetenzen an Zulieferer als Hersteller mit einer Differenzierungsstrategie. Während Kostenführer Kompetenzen auslagern, die Fertigungstiefe und Wertschöpfung verringern und die Overheadkosten senken, versuchen differenzierende Endprodukthersteller den Differenzierungsvorteil zu halten und Kompetenzen zu sichern. Viele Modullieferanten konnten im letzten Jahrzehnt durch verstärkte Kompetenzentwicklung zumindest gegenüber nicht differenzierenden Endprodukthersteller ihre Wettbewerbsposition verbessern.

15.1.2 Entwicklungsrückstände der Endprodukthersteller

In vielen Branchen haben die Modullieferanten Kompetenzen aufbauen können, die Endprodukthersteller sind dadurch in einen Entwicklungsrückstand geraten. Ein solcher Bereich ist z. B. die Elektronik und Software, der besonders innovationsintensiv ist. So werden in der Automobilindustrie fast 80 % der Innovationen durch den

Elektronik- und Softwarebereich getrieben, z. B. elektrohydraulische Bremsen und Infotainment Systeme. Elektronikkomponenten und Softwarekomponenten werden im Jahr 2015 in der Automobilindustrie einen Anteil von etwa 35 % an der Wertschöpfung erreichen (vgl. Mercer Management Consulting, Fraunhofer-Gesellschaft 2003).

Im Bereich der Elektronik und Software konnten viele Modullieferanten Produktions- und Entwicklungskompetenzen, aber auch Integrationskompetenzen aufbauen. Die Endprodukthersteller haben auf diesem Gebiet besonders wenige Kompetenzen, werden jedoch für Qualitätsprobleme verantwortlich gemacht. Gerade mit deutschen Premienherstellern sind nach einer Umfrage von Roland Berger (vgl. o. V. 2005) viele Kunden unzufrieden. Fehlende Elektronik- und Softwarekompetenzen der Endprodukthersteller führen nicht nur zu Qualitäts- und Garantieproblemen, sondern auch zu Problemen der Positionierung im Markt und der Markenbildung. Ohne Kompetenzen auf dem Gebiet der Elektronik und Software werden Kostensenkungspotenziale nicht erreicht.

15.2 Vernachlässigung des Managements der Kompetenzentwicklung

In der Forschung zum Wettbewerb zwischen Herstellern und Zulieferern geht es vor allem um die **effiziente Grenze des Unternehmens**, d. h. um die Entscheidung über Eigenfertigung und Fremdbezug. Erklärungen beruhen auf der traditionellen Transaktionskostentheorie von Williamson (1975 und 1985), da Transaktions- bzw. Governancekosten, z. B. Kosten der Vertragskontrolle, die effiziente Unternehmensgrenze beeinflussen (vgl. Dyer 2000). Obwohl die effiziente Unternehmensgrenze nicht allein durch die Transaktionskostentheorie erklärt werden kann, gibt es bisher nur wenige Arbeiten, die auch die Theorie der Kompetenzentwicklung einbeziehen (z. B. Argyres 1996; Leiblein, Miller 2003).

Es wurde schon gesagt, dass das Management der Kompetenzentwicklung im horizontalen Wettbewerb im internationalen strategischen Management vernachlässigt wird, sowohl in der kompetenzbasierten Forschung, als auch in (Lehr)Büchern zum strategischen und zum internationalen Management. Der Schwerpunkt der kompetenzbasierten Forschung liegt in der Erklärung des Kompetenzaufbaus und in der Ableitung von Kompetenzvorteilen zu einem Zeitpunkt (vgl. McGrath u. a. 1995 und Kapitel 13). Wird die Kompetenzentwicklung betrachtet, dann in der Regel im Rahmen von Kooperationen mit Partnern, die komplementäre Leistungen anbieten (vgl. Kapitel 11). Zulieferer wie Endprodukthersteller verfolgen egoistische Interessen. Dadurch entsteht das von Hart and Moore (1990) angesprochene Problem der Nachverhandlungen (**„hold-up"-Problem**) mit tendenziell steigenden Transaktionskosten bei einem Fremdbezug über den Markt. Die Forschung zur effizienten Unternehmensgrenze durch gemeinsame Betrachtung von Transaktionskostentheorie und Kompetenzansatz steht erst in den Anfängen und wird daher in den in Kapitel 14.2 genannten Lehrbüchern zum strategischen und internationalen Management vernachlässigt.

15.3 Erklärungen der Kompetenzentwicklung im vertikalen Wettbewerb

Wie im horizontalen Wettbewerb kann auch im vertikalen Wettbewerb durch überdurchschnittliche Kompetenzerneuerung ein Kompetenzrückstand aufgeholt werden. Da die Kompetenzverteilung zwischen Hersteller und Zulieferer die optimale Grenze der Unternehmen berührt, bedarf es zur Erklärung der Grenzverschiebung einer Verbindung von Transaktionskostentheorie und der Theorie der Kompetenzentwicklung (z. B. Argyres 1996; Leiblein, Miller 2003, Abschnitt 15.3.1). Unternehmen, die in bestimmten Bereichen bisher keine Kompetenzen hatten, können diese im vertikalen Wettbewerb nicht einfach erneuern, sondern müssen einen Entwicklungssprung versuchen. Dabei helfen „leapfrogging"-Ansätze (Abschnitt 15.3.2).

15.3.1 Erklärungen einer überdurchschnittlichen Kompetenzerneuerung mit Hilfe der Transaktionskostentheorie und der Theorie der Kompetenzentwicklung

Durch die ungleiche Kompetenzentwicklung im vertikalen Wettbewerb verändern sich die Unternehmensgrenzen. Diese Veränderungen versucht die Transaktionskostentheorie zu erklären. Dabei geht es um Entscheidungen zwischen Eigenfertigung im Unternehmen („make") oder Fremdbezug über den Markt („buy") in einer Situation mit unvollkommenen Verträgen, mit der Möglichkeit zu Nachverhandlungen und mit Eigeninteressen der Zulieferer. Erklärungen der effizienten Unternehmensgrenze ergeben sich aber auch aus dem Kompetenzansatz. Dabei wird die Kompetenzverteilung zwischen Herstellern von Endprodukten und Zulieferern betrachtet. Deshalb muss zur Erklärung der vertikalen Kompetenzentwicklung die Transaktionskostentheorie um den Kompetenzansatz – genauer um die Theorie der Kompetenzentwicklung - erweitert werden.

Die effiziente Grenze des Unternehmens gemäß der Transaktionskostentheorie

Gemäß der traditionellen Transaktionskostentheorie von Williamson (1975 und 1985, vgl. auch Riordan and Williamson 1985; Demsetz 1995) beeinflussen Transaktions- bzw. Governancekosten, wie z. B. die Kosten der Kontrolle von Verträgen, die effiziente Grenze der Unternehmen. In seinem grundlegenden Modell begründet Williamson, warum ein „repräsentatives" Unternehmen nur dann Vorprodukte effizient produzieren kann, wenn die Investitionen in die Produktion eine gewisse kritische **Spezifität** überschreiten. „The degree of specificity of an asset is defined to be the fraction of its value that would be lost, if it were excluded from its major use" (Milgrom and Roberts 1992, S. 307). In Anlehnung an Teece (1982) ist die Spezifität bei Investitionen in unspezifisches Sachkapital, z. B. Standardmaschinen, geringer als bei Investitionen in spezifisches Sachkapital, z. B. Sonderanfertigungen, und ist bei Investitionen in Humankapital, in individuelles, komplexes unternehmensspezifisches Wissen, am höchsten. Mit steigender Spezifität der Investitionen in Produktionsmittel steigen die Transaktionskostenvorteile der unternehmensinternen Koordination, vor allem die Vorteile der Abwicklung und Kontrolle von Leistungen verglichen mit der Koordination in unvollkommenen Märkten. Gleichzeitig sinken im Unternehmen die Produktionskostennachteile gegenüber Spezialisierungvorteilen im Markt. Die kritische Spezifität ist dann erreicht, wenn die unternehmensinternen Transaktionskostenvorteile die Produktionskostennachteile gegenüber dem Markt ausgleichen.

Eine erweiterte Transaktionskostenbetrachtung berücksichtigt, dass eine hohe Spezifität der Investitionen bei unvollkommenen Verträgen zum sogenannten **„hold-up"-Problem der Verteilung des Nutzens aus einem Vertrag** führt, weil dann verstärkt Nachverhandlungen und/oder andere Abhängigkeiten bestehen (vgl. Grossman, Hart 1986; Hart and Moore, 1990). Durch Nachverhandlungen steigen die Transaktionskosten des Fremdbezuges über den Markt. Es kommt dann tendenziell zu einer höheren Eigenfertigung und einer Ausdehnung der Unternehmensgrenze. Nach Teece (1996) steigt die Wertschöpfung durch Eigenfertigung von Vorprodukten im Unternehmen insbesondere dann, wenn dort die Kosten des Wissenstransfers und der zentralen Vermögenswerte im Wertschöpfungsprozess geringer als am Markt sind, das geistige Eigentum gut geschützt ist und gute Verwaltungsprozesse bestehen.

Welchen Einfluss hat nach der Transaktionskostentheorie die Modularisierung auf die effiziente Grenze des Unternehmens und welche Reaktionen lassen sich begründen (vgl. Abb. 15-2)?

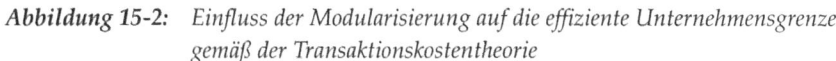
Abbildung 15-2: *Einfluss der Modularisierung auf die effiziente Unternehmensgrenze gemäß der Transaktionskostentheorie*

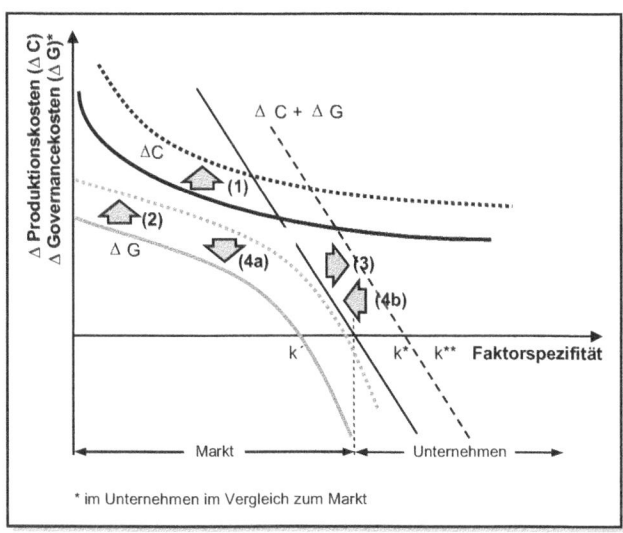

Mit der Transaktionskostentheorie lässt sich die Zerlegung eines Produktes in einzelne Module mit klar definierten Schnittstellen zwischen den Modulen und eine Auslagerung begründen (Reichwald, Möslein 2000, S. 120). Durch standardisierte Module wird die Spezifität der Investitionen in Produktionsmittel verringert. Zulieferer mit flexiblen Produktionsanlagen können Spezialisierungsvorteile nutzen und spezifischere Vorprodukte günstig herstellen (vgl. Milgrom, Roberts 1990). Aus der Transaktionskostentheorie lässt sich ableiten, dass der Produktionskostenvorteil des Marktes (der Zulieferer) gegenüber dem Hersteller des Endproduktes (ΔC) durch die Modularisierung zunimmt. In Abb. 15-2 verschiebt sich dadurch ΔC nach oben (Pfeil (1) in Abb. 15-2). Die von Teece (1996) angenommenen Transaktionskostenvorteile des Herstellers gegenüber den Zulieferern verlieren an Bedeutung, da durch Standardisierung und Modularisierung die Komplexität der Verwaltungsprozesse und des Wissenstransfers sinkt (die Kurve ΔG verschiebt sich auch nach oben, (Pfeil (2) in Abb. 15-2). Durch die Modularisierung erhöht sich die kritische Faktorspezifität auf $k^{**} > k^*$ (Pfeil (3) in Abb. 15-2), eine Auslagerung in den Markt und damit eine Verengung der Unternehmensgrenze wird möglich.

Mit dem erweiterten Transaktionskostenansatz lässt sich erklären, dass die Abgabe immer komplexerer Wertschöpfungsaktivitäten an die Zulieferer im Zuge der Modularisierung (vgl. Takeishi 2002; Worran et. al 2002) langfristige vertragliche Vereinbarungen mit den Zulieferern erschwert und damit das „hold-up"-Problem vergrößert. Zulieferer mit Eigeninteressen können zumindest bei Produkten mit hohem Technologieanteil, die auf dem Weltmarkt nur schwer zu beschaffen sind (Dyer 2000, S. 19), ihre Gewinnmargen stärker steigern als die Hersteller von Endprodukten, wenn diese den Produktions- und Entwicklungsprozess nicht mehr uneingeschränkt beherrschen. Späte Änderungen im Entwicklungsprozess werden dann sehr teuer, weil die Hersteller von Endprodukten die Änderungen der Zulieferer nicht mehr bewerten können. Dadurch sinken die Erlöse der Endprodukthersteller; aus ihrer Sicht steigen die Transaktionskosten im Markt gegenüber den Transaktionskosten im Unternehmen. Δ G verschiebt sich wieder nach unten (Pfeil (4a) in Abb. 15-2). Dies wirkt einer Verengung der Unternehmensgrenze entgegen (Pfeil (4b)).

Eine umfassende Transaktionskostenbetrachtung führt zu widersprüchlichen Erklärungen der Veränderung der Unternehmensgrenze durch eine Modularisierung (Pfeil (3) versus Pfeil (4b) in Abb. 15-2). Die Annahme der Transaktionskostentheorie, sie betrachte ein „repräsentatives Unternehmen", ist unrealistisch, da nicht alle effizienten Unternehmen die gleiche Wertschöpfungstiefe aufweisen (Leiblein and Miller 2003, S. 841) und nicht alle Unternehmen von der Modularisierung in gleicher Weise betroffen sind. Im Kapitel 14 wurde jedoch gezeigt, dass die Unternehmen selbst in einer Branche eine sehr unterschiedliche Wertschöpfungstiefe aufweisen und bei gleicher Wertschöpfung unterschiedlich effizient bzw. bei gleicher Effizienz unterschiedlich integriert sind. Der Kompetenzansatz beruht auf der Annahme heterogener Unternehmen (vgl. Hoopes u. a. 2003), d. h. auf der Annahme die Spezifität beruhe auf einzigartigen Kompetenzen, deren Verteilung zwischen Zulieferern und Herstellern von Endprodukten die effiziente Grenze des Unternehmens bestimmt. Transaktionskostentheoretische Erklärungen der Unternehmensgrenze und Kompetenzen müssen deshalb zusammen gesehen werden.

Die effiziente Grenze des Unternehmens bei gemeinsamer Betrachtung von Transaktionskostentheorie und Kompetenzansatz

Der Kompetenzansatz ergänzt die Transaktionskostentheorie mit dem Konzept der Spezifität von Investitionen in die Produktion um die Handel- und Imitierbarkeit der Kompetenzen.

Eine begrenzte Handel- und Imitierbarkeit beruht auf **unternehmensspezifischen** Ressourcen, die in Routinen eingesetzt werden (vgl. Nelson, Winter 1982). Es handelt sich dabei zum komplexe Ressourcen (vgl. Dierickx, Cool 1989; Barney 1991; Grant 1991). Die Bedeutung der Unternehmensspezifität lässt sich transaktionskostenspezifisch erklären: Es entstehen hohe Transaktionskosten, wenn Ressourcen aus dem Unternehmenskontext gelöst werden. Dies ist bei Humankapital am schwierigsten, bietet aber den besten Schutz vor Handel und Imitation und sichert langfristig ökonomische Renten (z. B. Barney 1991).

In den letzten Jahren werden transaktionskosten- und kompetenztheoretische Erklärungen immer häufiger **verbunden**, um Veränderungen der Unternehmensgrenze erklären zu können. Dabei hat die Bedeutung kompetenztheoretischer Erklärungen gegenüber transaktionskostentheoretischen Erklärungen zugenommen (vgl. Argyres, 1996; Leiblein und Miller 2003). Argyres (1996) zeigt, dass die Grenze eines Unternehmens von der Art der Wissensgenerierung im Forschungs- und Entwicklungsprozess abhängt. Er beschränkt sich auf technologische Kompetenzen und unterscheidet zwischen einer **Verbreiterung** und einer **Vertiefung der Kompetenzen** („capability broadening" und „capability deepening"). Die Kompetenzen können verbreitert werden, wenn verschiedene Technologiefelder zusammengeführt und verbunden werden. Sie werden dagegen vertieft, wenn sich ein Unternehmen auf ein Technologiefeld konzentriert und hier im Laufe der Zeit herausragende Kompetenzen erwirbt. Die Kompetenzverbreiterung ist typisch für große Unternehmen, die Kompetenzvertiefung eher für Spezialisten und selbstständige Unternehmenseinheiten. Argyres (1996) vermutet mit Bezug auf den Transaktionskostenansatz, dass bei einer Kompetenzverbreiterung die Spezifität der Investitionen in die Produktion aufgrund der Zentralisierung der FuE Anstrengungen viel höher ist, als bei einer Kompetenzvertiefung. Bei einer Kompetenzvertiefung besteht die Gefahr, dass die Spezifität sinkt und damit Konkurrenten und Zulieferer aufholen und Zulieferer Kompetenzen und Kapazitäten von den Endproduktherstellern abziehen. Bei steigender Spezifität führt eine Kompetenzverbreiterung tendenziell zu einer Ausdehnung der Unternehmensgrenze bei sinkender Spezifität, eine Kompetenzvertiefung dagegen zu einer Verengung.

Zwischen einer Kompetenzverbreiterung und einer Kompetenzvertiefung gibt es nach March (1991) einen Zielkonflikt (vgl. auch Argyres 1996, S. 398), weil zwischen stark effizienten (zentralen) Strukturen und eher flexiblen (dezentralen) Strukturen **zu einem Zeitpunkt** ein Zielkonflikt bestehen kann (vgl. Wolfensteiner 1995, S. 82; Mette 1999).

Es stellt sich nun die Frage, ob durch die gemeinsame Betrachtung von Transaktionskostentheorie und Kompetenzansatz Auswirkungen der Modularisierung auf die Kompetenzverteilung und damit auf die effiziente Grenze des Unternehmens und Reaktionen der Endprodukthersteller begründet werden können.

Die Endprodukthersteller verbessern durch Modularisierung die Entwicklungsroutinen und die Schnittstellen der Integration der Module. Dadurch nimmt tendenziell die Handel- und Imitierbarkeit ihrer Produkte zu. Sie verlieren relativ Kompetenzen, ihre Unternehmensgrenze wird durch die Auslagerung der Modulfertigung zurückgenommen (Pfeil (3) in Abb. 15-2).

Von der Verengung der Unternehmensgrenzen durch eine Modularisierung sind Unternehmen mit Kompetenzvertiefung stärker betroffen als Unternehmen mit einer Kompetenzverbreiterung, da durch Verbesserung der Kompetenzen neue Standards geschaffen werden, die die Handel- und Imitierbarkeit erleichtern und die Grenze des Unternehmens verengen. Unternehmen mit einer Kompetenzverbreiterung verändern dagegen die Standards durch neue Kompetenzen und können dadurch der Tendenz zu sinkenden Unternehmensgrenzen entgegenwirken (Pfeil (4b) in Abb. 15-2). Endprodukthersteller müssen also eine Kompetenzvertiefung vermeiden und eine Kompetenzverbreiterung anstreben (Pfeil (4b) in Abb. 15-2), verbunden mit einer Ausdehnung der Unternehmensgrenze.

Auch das „hold-up"-Problem der erweiterten Transaktionskostentheorie kann durch den Kompetenzansatz fundiert werden. Für ein Unternehmen werden Nachverhandlungen dann schwieriger, wenn seine Kompetenzen erodieren und an einen Verhandlungspartner abfließen, der eigene Interessen verfolgt. Das Unternehmen hat den verstärkten Kompetenzen seines Verhandlungspartners dann oft nichts mehr entgegenzusetzen und verliert noch mehr Verhandlungsmacht. Das „hold-up"-Problem verschärft sich damit bei Erweiterung der transaktionskostentheoretischen um kompetenztheoretische Erklärungen. Die Abhängigkeit der Hersteller von Endprodukten von ihren Zulieferern steigt so sehr, dass sie deren Vertragsentwürfen oft nur wenig entgegenzusetzen haben. Endprodukthersteller müssen einen Abfluss von Kompetenzen bei Modularisierung vermeiden und der sich selbst verstärkenden Auslagerung und Verengung der Unternehmensgrenze durch Eigenfertigung entgegenwirken (Pfeil 4b in Abb. 15-2). Dies erfordert den Aufbau oder die Rückgewinnung von Kompetenzen, d. h. eine Kompetenzverbreiterung im Zeitablauf. Deshalb ist es notwendig, diese Forschungslücke zu füllen und durch eine dynamische Erklärung der effizienten Unternehmensgrenze zu ergänzen.

Die effiziente Grenze des Unternehmens bei Erweiterung der Transaktionskostentheorie um die Theorie der Kompetenzentwicklung

Um abzuleiten, wie Endprodukthersteller einem relativen Kompetenzverlust im Zeitablauf begegnen können, müssen die Erklärungen der Kompetenzentwicklung betrachtet werden (Baden-Fuller and Volberda 1997; Volberda and Baden-Fuller 1998, vgl. Kapitel 13). Diese Theorie spricht statt von Kompetenzvertiefung und -verbreiterung von Kompetenzverbesserung („competence upgrading") und Kompetenzerneuerung („competence renewal"), und fordert im Zeitablauf eine Abfolge von Kompetenzverbesserung und –erneuerung bei überdurchschnittlicher Kompetenzerneuerung (vgl. Kapitel 13). Sie ermöglicht damit eine Dynamisierung des Kompetenzansatzes von Argyres (1996). Kompetenzverbesserung heißt Stärkung oder Aufwertung vorhandener Kompetenzen, Kompetenzerneuerung Entwicklung neuer, bisher nicht vorhandener Kompetenzen.

Im letzten Abschnitt wurde bei gemeinsamer Betrachtung von Transaktionskostentheorie und Kompetenzansatz begründet, dass Endprodukthersteller bei Modularisierung einer Verengung der Unternehmensgrenzen durch Kompetenzerneuerung entgegenwirken können, die auch die Faktorspezifität gemäß der Transaktionskostentheorie erhöht. Deshalb müssen Endprodukthersteller im vertikalen Wettbewerb eine Strategie der Kompetenzerneuerung wählen, begründet und erklärt durch die Theorie der Kompetenzentwicklung.

Es gibt vier Ansatzpunkte für eine Kompetenzerneuerung entsprechend der Theorie der Kompetenzentwicklung, die Endprodukthersteller vor einem Kompetenzverlust gegenüber Zulieferern schützen können:

1. **Investitionen in Know-how**, v. a. durch Nutzung einer guten Ressourcenbasis in wirtschaftlich guten Zeiten,

2. **Mobilisierung gegen Kompetenzstarrheit** bei Wahrnehmung einer nachlassenden Nutzenstiftung der Kompetenzen durch die Manager im Unternehmen, insbesondere bei Wahrnehmung starrer Kompetenzen,

3. **Begrenzung der Wissensdiffusion** aus dem Unternehmen und

4. **Verkürzung der Reaktionszeiten auf externe Schocks**.

Diese Ansätze wurden in Kapitel 14.3 als Ansatzpunkte für ein Management der Kompetenzentwicklung im horizontalen Wettbewerb zwischen Konkurrenten abgeleitet. Im vertikalen Wettbewerb zwischen Herstellern und Zulieferern müssen sie nun mit der Transaktionskostentheorie verbunden werden (Abb. 14-2).

Zu 1.: Investitionen in Know-how machen nur Sinn, wenn das Wissen im Unternehmen zu relativ geringen Kosten verarbeitet werden kann, wenn es geschützt werden kann und wenn das Unternehmen verglichen mit Wettbewerbern und Zulieferern gut geführt wird. Dann verringern sich Kostennachteile gegenüber dem Markt (vgl. Teece 1996), und auch internen Transaktionskosten.

Zu 2.: Um eine Kompetenzstarrheit im Unternehmen aufzubrechen, muss ein Unternehmen allgemein reaktionsschneller (agiler) und flexibler werden. Gleichzeitig ist auf niedrige Kosten des internen Wissenstransfers sowie auf den Schutz des geistigen Eigentums („intellectual property") bei der Veränderung der alten Strukturen zu achten. Hier handelt es sich um Maßnahmen, die die Transaktionskosten reduzieren und dadurch Anreize zur Erhöhung bzw. zum Schutz der Wertschöpfung bieten.

Zu 3.: Um den Wissensabfluss begrenzen und kontrollieren zu können, sind einerseits Maßnahmen zur Geheimhaltung von zentralem Wissen notwendig. Das ist in Zeiten der Zerlegung und des Nachbaus von Produkten („reverse engineering") nicht immer einfach. Andererseits kann ein Wissensvorsprung des Marktes gegenüber dem Unternehmen dadurch verringert werden, dass Wissen vom Markt abgesaugt wird. Dazu sind Situationen zu schaffen, in denen Zulieferer Wissen abgeben, z. B. durch Ideenwettbewerbe oder Lieferantenmessen beim Endprodukthersteller, bei denen Lieferanten ihre neuesten Entwicklungen präsentieren.

Zu 4.: Um die Reaktionszeit zu verkürzen und die Erfahrungen im Umgang mit externen Schocks zu verbessern, brauchen Endprodukthersteller interne Prozesse, die eine Wissensakkumulation ermöglichen und den Umgang mit späten Änderungen im Produktentwicklungsprozess (Änderungsmanagement) erleichtern.

Eine Kompetenzerneuerung kann auch im vertikalen Wettbewerb durch einen Entwicklungssprung („leapfrogging"-Ansatz) erklärt werden.

15.3.2 Erklärungen von Entwicklungssprüngen im vertikalen Wettbewerb mit Hilfe von „leapfrogging"-Ansätzen

Unternehmen, denen Kompetenzen fehlen, haben einen Kompetenzrückstand, der ohne Technologiesprung aufgrund der Pfadabhängigkeit der Entwicklung technologischer Kompetenzen nicht aufzuholen ist (vgl. Gottinger 2005, S. 27). Dazu bedarf es eines großen Entwicklungssprunges, eines sogenannten „leapfroggings", in dem ein Unternehmen Entwicklungen im technologischen Umfeld aufgreift (vgl. Brezis u. a. 1991 und Abb. 15-3).

Um einen Technologiesprung zu schaffen, muss ein Unternehmen externes Wissen rasch absorbieren (Δt minimieren). Dies setzt eine hohe **Absorptionsfähigkeit** von unternehmensexternem Wissen voraus („external absorptive capacity", Cohen, Levinthal 1990, S. 133). Die Informationen über Umfeldveränderungen müssen verarbeitet und umgesetzt werden. Verarbeitung und Umsetzung sind abhängig vom Wissensstand, von der Qualifikation der Mitarbeiter und von den eigenen Forschungs- und Entwicklungsaktivitäten (vgl. ebd). Es wird angenommen, dass die Absorptionsfähigkeit von externen Entwicklungen kumulativ mit dem vorhandenen Wissen zunimmt (vgl. Pavitt 1985, S. 6) und dass ein hoher Wissensstand die Absorptionsfähigkeit verstärkt. Sie steigt mit der Qualifikation der Mitarbeiter und mit eigener Forschung und Entwicklung, da dann die Fähigkeit zur Verarbeitung von externem technologischem Wissen wesentlich höher ist, als bei bloßer Beobachtung der technologischen Entwicklung (vgl. Bernstein, Nadiri 1989, S. 251 oder Cohen, Levinthal 1989, S. 571).

Aus diesen Erklärungen lassen sich zwei Ansatzpunkte für einen Entwicklungssprung begründen (vgl. Abb. 15-3):

- **Akquisition von externem Wissen** (McEvily u. a. 2004) durch neue Mitarbeiter mit dem notwendigen Know-how, durch Abwerbung von Mitarbeitern der Konkurrenten oder Zulieferer oder durch Erwerb von Unternehmen mit neuem Wissen. Da Kompetenzen in der Regel in komplexen Routinen und damit in Teams gebunden sind, ist der Erwerb von Unternehmen der schnellere, aber auch der risikoreichere Weg zur Aufholung eines technologischen Rückstandes. Der Erwerb eines Unternehmens sichert nicht die erfolgreiche Integration von Wissen. Empirische Untersuchungen zeigen, dass bis zu drei Viertel aller Akquisitionen nicht den erwarteten Erfolg bringen (vgl. Luchs, Meckl 2002, S. 10). Gemäß Ahujy, Katila (2001) sollte das aufgekaufte Unternehmen komplementär sein (vgl. Kapitel 11) und eine **mittlere „technologische Fremdheit"** aufweisen, da dann die interne Absorptionsfähigkeit (vgl. Cohen, Levinthal 1990) am höchsten ist. Außerdem sollten die Manager dieses Unternehmens in den Aufbau neuer Kompetenzen eingebunden werden.

■ **Kooperation bei nicht vorhandenem Wissen**. Statt einer Akquisition ist ein Aufholen des technologischen Rückstands auch durch eine Kooperation mit einem technologisch überlegenen Unternehmen möglich. Es ist der Versuch, die Kompetenzlücke zu schließen, ohne selbst diese Kompetenzen aufbauen zu müssen. Voraussetzung dafür sind allerdings intensive Kontakte und eine vertrauensvolle Zusammenarbeit.

Abbildung 15-3:   *Ansatzpunkte für einen Entwicklungssprung („leapfrogging")*

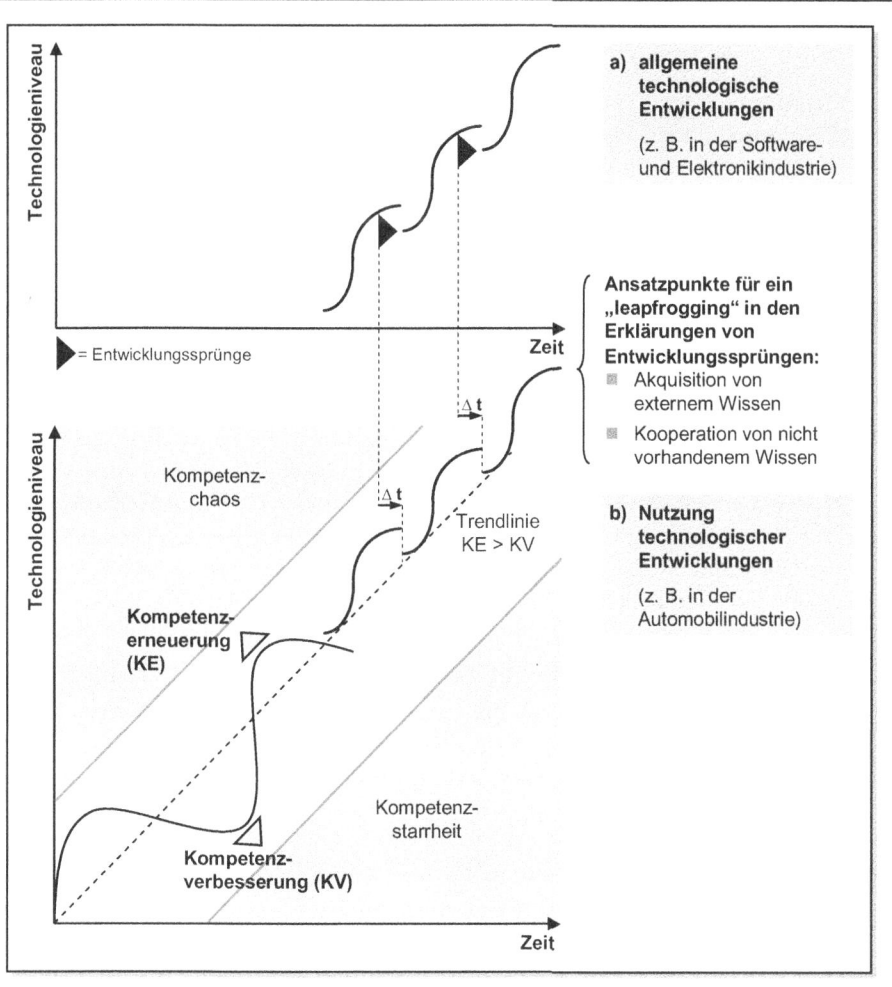

Gelingt der Entwicklungs- bzw. Technologiesprung, dann wird Wettbewerbern mit höheren Kompetenzen der ökonomische Mehrwert entzogen. So können übermächtig erscheinende Unternehmen abgehängt werden, da es ihnen oft schwer fällt, sich neuen Entwicklungen und Anforderungen anzupassen. Das ist insbesondere dann der Fall, wenn durch neue Technologien Erfahrungen mit alten Technologien obsolet werden, wenn die neuen Technologien hohe Produktivitätssteigerungspotenziale aufweisen und wenn neue Standards gesetzt werden können (vgl. Brezis u. a. 1991, S. 15; Lee u. a. 2005, S. 60).

15.4 Management der Kompetenzentwicklung im vertikalen Wettbewerb

Ein Management der Kompetenzentwicklung im vertikalen Wettbewerb benötigen sowohl Endprodukthersteller als Reaktion auf den Kompetenzaufbau der Zulieferer (Abschnitt 15.4.1) als auch Zulieferer (Abschnitt 15.4.2), um auf den Kompetenzaufbau der Endprodukthersteller reagieren zu können.

15.4.1 Management der Kompetenzentwicklung der Endprodukthersteller im vertikalen Wettbewerb

Viele Manager, aber auch Wissenschaftler glauben, dass durch Modularisierung nur Tätigkeiten, nicht jedoch Wissen und Kompetenzen abgegeben werden. Tatsächlich kann aber nicht zwischen einer Auslagerung von Tätigkeiten und einer Auslagerung von Wissen getrennt werden. Auch wenn in der Literatur zum Wissensmanagement oder zur Zusammenarbeit von Zulieferern und Herstellern von Endprodukten die Vorteile einer Entwicklungskooperation oder -partnerschaft herausgestellt werden, sind ökonomisch rational handelnde Unternehmen an der Stärkung ihres eigenen Vorteils bzw. ihrer Kompetenzen interessiert. Deshalb ist eine gemeinsame und kooperativ verfolgte Kompetenzerneuerung meist eine Illusion, zumindest sehr risikoreich.

Wollen Endprodukthersteller einen Kompetenzabfluss an Modullieferanten vermeiden, dann müssen sie die Kompetenzen überdurchschnittlich stark erneuern. Gelingt ihnen das nicht, wird der exponentielle Anstieg an Wissensdiffusion zu einem verstärkten Kompetenzabfluss führen, der die Profitabilität der Hersteller von Endprodukten schwächt. In Abb. 15-4 sind die vier Schritte eines vertikalen Kompetenzmanagements gezeigt, die Endprodukthersteller zur Bekämpfung zunehmender Kompetenzerosion gegenüber den Zulieferern verfolgen sollten.

(1) Identifikation der Kompetenzlücke im vertikalen Wettbewerb

Im vertikalen Wettbewerb müssen die eigenen Kompetenzen mit den Kompetenzen wichtiger Modullieferanten verglichen werden, um die strategische Lücke zu den Zulieferern zu bestimmen und um abschätzen zu können, in welchem Umfang Kompetenzen aufgeholt werden müssen.

(2) Festlegung des Ansatzes der Kompetenzentwicklung

Unternehmen mit einem Kompetenzrückstand müssen eine überdurchschnittliche Kompetenzentwicklung anstreben, Unternehmen ohne eigene Kompetenzen in einem strategisch wichtigen Geschäftsfeld müssen dagegen zu einem Entwicklungssprung ansetzen. Die Ausgangsituation bestimmt die Strategie im vertikalen Kompetenzmanagement.

(3) Wahl der Handlungsoptionen

Handlungsoptionen für ein Management der Kompetenzentwicklung im vertikalen Wettbewerb ergeben sich für Endprodukthersteller, die sich zunehmenden Entwicklungs-, Produktions-, Integrations-, Plattform- sowie Änderungskompetenzen der Zulieferer gegenüber sehen aus den vier Ansatzpunkten der Kompetenzerneuerung. Sie werden aus der Transaktionskostentheorie und der Theorie der Kompetenzentwicklung abgeleitet und aus den beiden Ansätzen für einen Kompetenzsprung:

1. **Investitionen in Know-how.** Endprodukthersteller müssen die Ressourcenbasis in wirtschaftlich guten Zeiten nutzen, um Kompetenzen zu erneuern und in Know-how investieren, von dem sie in wirtschaftlich schwierigen Phasen zehren. Insbesondere differenzierende Hersteller können durch Investitionen in Know-how einer relativen Verschlechterung der FuE-, Produktions- und Integrationskompetenzen begegnen. Daraus lässt sich als erste Handlungsoption im Rahmen eines Kompetenzmanagements im vertikalen Wettbewerb ableiten, dass Hersteller von Endprodukten eine Kompetenzerneuerung erreichen können durch
   - **Option 1:** Zurückverlagerung („Insourcing") von Kompetenzen. Um einen Kompetenzverlust gegenüber den Modullieferanten zu verhindern, ist auch die Verteilung der Kompetenzen auf mehrere Schultern **denkbar**. Da Insourcing die Gefahr einer Überinvestition birgt, können Endprodukthersteller beim Aufbau von relativen Kompetenzen gegenüber den Modullieferanten auch auf die Hilfe von Tier-2-Lieferanten oder Ingenieurdienstleistern setzen. Als weitere Optionen der Kompetenzerneuerung und Reaktion auf einen Kompetenzabfluss bietet sich an:
   - **Option 2:** Kooperation mit Tier-2-Lieferanten und
   - **Option 3:** Kooperation mit Ingenieurdienstleistern.
2. **Mobilisierung gegen Kompetenzstarrheit.** Wird eine Kompetenzstarrheit von den Managern wahrgenommen, dann entsteht ein Handlungsdruck, der auch – wie bereits erläutert - „organisationaler Stress" genannt wird. Endprodukthersteller müs-

sen direkt dagegen vorgehen und ihre Kompetenzen erneuern. Um eine Kompetenzstarrheit aufzubrechen, muss ein Unternehmen allgemein reaktionsschneller (agiler) und flexibler werden. Gleichzeitig muss es bei einer Umstrukturierung auf möglichst niedrige Kosten des internen Wissenstransfers und auf den Schutz des geistigen Eigentums achten. Dabei handelt es sich um Maßnahmen, die die Transaktionskosten reduzieren und dadurch Anreize zur Erhöhung bzw. zum Schutz der Wertschöpfung bieten. Dieses Ziel verfolgt die vierte Option zur Erreichung einer Kompetenzerneuerung:

- **Option 4:** Verbesserung der Agilität des Unternehmens.

3. **Begrenzung der Wissensdiffusion aus dem Unternehmen.** Wissen kann durch Veröffentlichungen, Vorträge und Interviews von Mitarbeitern, durch Wechsel von Mitarbeitern zu Lieferanten, durch Kooperationen in Forschung und Entwicklung und durch Netzwerke verloren gehen. Um den Wissensabfluss begrenzen und kontrollieren zu können, sind Maßnahmen zur Geheimhaltung von zentralem Wissen unabdingbar, was allerdings nur eingeschränkt möglich ist, wenn Produkte zerlegt und wieder zusammengebaut werden können. Hat der Markt gegenüber dem Unternehmen einen Wissensvorsprung, muss Marktwissen erworben werden. Zulieferer können z. B. durch Ideenwettbewerbe oder durch Lieferantenmessen beim Endprodukthersteller dazu gebracht werden, Wissen Preis zu geben. Als weitere Option können Endprodukthersteller Kompetenzen erneuern durch

- **Option 5:** Ideenwettbewerbe und interne Lieferantenmessen.

4. **Verkürzung der Reaktionszeiten auf externe Schocks.** Endprodukthersteller können Kompetenzen vor allem dann erneuern, wenn externe Störungen des Umfeldes eher selten und deshalb höhere Umsätze und Gewinne zu erwarten sind. Um allgemein die Reaktionszeit auf externe Veränderungen, insbesondere auf unvorhersehbare externe Schocks zu verkürzen, sind administrative Prozesse erforderlich, die das Wissen zusammenführen und den Umgang mit späten Veränderungen im Entwicklungsprozess (Änderungsmanagement) verbessern. Als weitere Option der Kompetenzerneuerung lässt sich damit begründen:

- **Option 6:** Verbesserung des Änderungsmanagements.

5. **Akquisition von externem Wissen.** Die Akquisition von Kompetenzen kann durch neue Mitarbeiter mit großem Wissen erfolgen, die von Konkurrenten oder Zulieferern abgeworben werden. Ein Kompetenzerwerb ist auch durch den Erwerb von Technologieunternehmen möglich. Da Kompetenzen in der Regel in komplexen Routinen und Arbeitsgruppen eingebunden sind, ist der Kauf von Unternehmen der schnellere, aber auch der risikoreichere Weg zum Aufholen eines technologischen Rückstandes. Nur bei einer mittleren „technologischen Fremdheit" ist eine ausreichende interne Absorptionsfähigkeit gewährleistet.

Daraus lassen sich zwei Optionen für die Endprodukthersteller ableiten, um einen technologischen Rückstand in der Elektronik und Software aufzuholen:

- **Option 7:** Anwerbung qualifizierter Mitarbeiter,
- **Option 8:** Akquisition und Integration eines Unternehmens mit mittlerer technologischer Fremdheit.

6. **Insourcing durch Kooperation bei fehlendem Wissen.** Statt einer Akquisition ist ein Aufholen des technologischen Rückstands auch durch eine Kooperation mit Technologieunternehmen denkbar. Durch eine solche Kooperation versucht das aufholende Unternehmen die Lücke zu Wettbewerbern zu schließen, ohne selbst alle Kompetenzen aufbauen zu müssen. Voraussetzung dafür sind intensive Kontakte und eine vertrauensvolle Zusammenarbeit, die über Einkaufsbeziehungen weit hinausgeht.

Endprodukthersteller können auch versuchen, nicht vorhandenes Wissen z. B. im Bereich der Elektronik und Software durch Kooperation mit Tier-2-Zulieferern und Ingenieurdienstleistern aufzubauen. Voraussetzung dafür ist auch hier eine intensive und vertrauensvolle Zusammenarbeit, die über klassische Einkaufsbeziehungen weit hinausgeht.

Daraus lassen sich zwei Handlungsoptionen zu Insourcing-Strategien der Endprodukthersteller ableiten:

- **Option 9:** Know-how-Kooperation mit technologisch stärkeren Tier-2-Lieferanten.
- **Option 10:** Know-how-Kooperation mit technologisch stärkeren Ingenieurdienstleistern.

Aufbau und Sicherung von Kompetenzen sind zeit- und ressourcenintensiv. Sie können zu großen Fehlinvestitionen führen, wenn auf technologische Felder gesetzt wird, in denen Endprodukthersteller gegenüber den Zulieferern keine Kompetenzen gewinnen können, da auch Zulieferer ständig Kompetenzen verbessern und erneuern und einen Vorsprung halten wollen (vgl. Milgrom, Roberts 1992). Insourcing wird nur gelingen, wenn zunächst der technologische Rückstand gegenüber den Zulieferern aufgeholt wird und wenn die dafür notwendigen Mittel (Ressourcen) vorhanden sind.

(4) Definition der Kompetenzänderungsrate

Um ein „Kompetenzchaos" zu vermeiden, muss festgelegt werden, wie stark die einzelnen Handlungsoptionen zur Kompetenzerneuerung im 3. Schritt verfolgt werden und wann wieder zu einer Verbesserung der bestehenden Kompetenzen übergegangen werden muss. Handlungsoptionen wie eine Kooperation mit Tier-2-Lieferanten benötigen längere Zeit der Vorbereitung und Vertrauensbildung.

Abbildung 15-4: *Prozess eines Managements der Kompetenzentwicklung der Endprodukthersteller im vertikalen Wettbewerb*

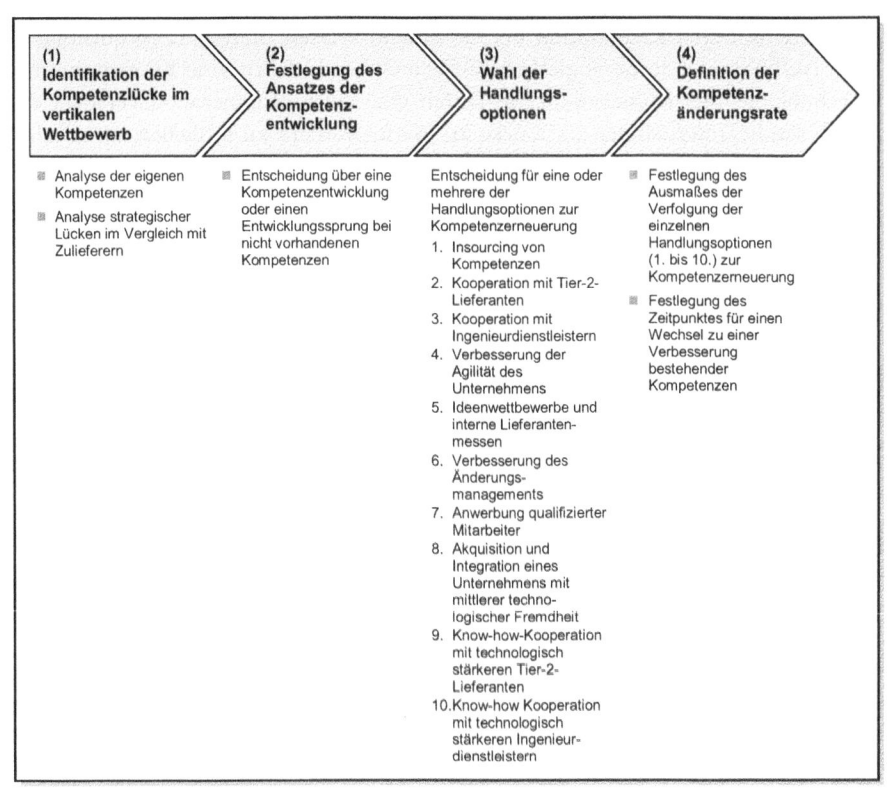

15.4.2 Management der Kompetenzentwicklung der Zulieferer im vertikalen Wettbewerb

Verfolgen Endprodukthersteller ein Management der Kompetenzentwicklung im vertikalen Wettbewerb, dann fordern sie dadurch Zulieferer, insbesondere Modullieferanten, heraus, die ihrerseits als Reaktion ein solches Management im vertikalen Wettbewerb anstreben (Abb. 15-5). Es ist zwar ähnlich begründet, wird jedoch andere Handlungsoptionen aufweisen. Während die Endprodukthersteller einen Kompetenzverlust mit der Abgabe von Wertschöpfung vermeiden wollen, werden die Zulieferer bemüht sein, ihren Kompetenzvorsprung vor den Endproduktherstellern nicht nur zu halten, sondern noch auszubauen. Diejenigen Zulieferer, die keinen relativen Kompetenzvorteil vor den Endproduktherstellern haben, müssen erst recht handeln, da Kompetenzunterschiede über Wettbewerbsvorteile und Gewinndifferenzen entscheiden.

Abbildung 15-5: *Prozess eines Managements der Kompetenzentwicklung der Zulieferer im vertikalen Wettbewerb*

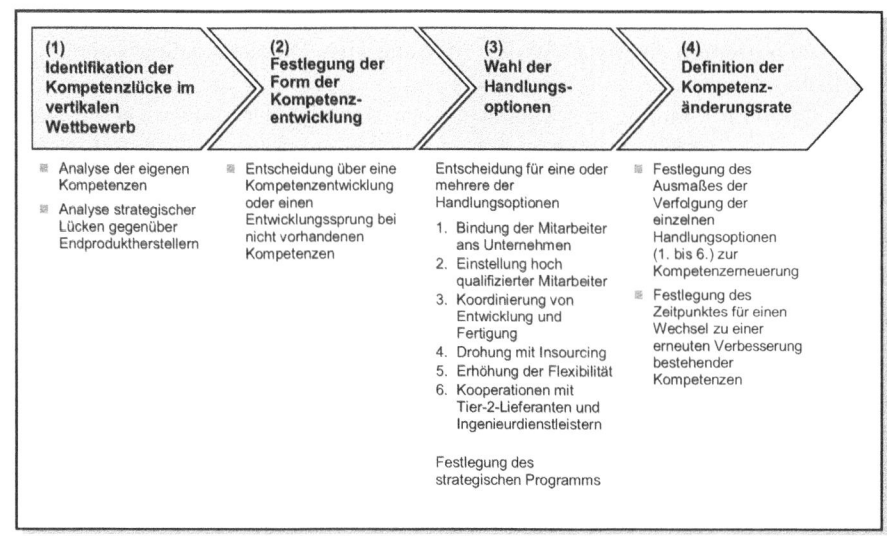

---

(1)   Identifikation der Kompetenzlücke im vertikalen Wettbewerb

Wie die Endprodukthersteller müssen auch Zulieferer ihre Kompetenzen bestimmen, strategische Lücken aufspüren und überlegen, ob sie Kompetenzdefizite aufholen müssen und können.

(2)   Festlegung der Form der Kompetenzentwicklung

Zulieferer mit einem Kompetenzrückstand müssen eine überdurchschnittliche Kompetenzentwicklung anstreben. Zulieferer ohne Kompetenzen in einem strategisch wichtigen Geschäftsfeld sind darüber hinaus zu einem Entwicklungssprung gezwungen, was sehr schwierig ist und meist aus eigener Kraft nicht gelingen wird.

(3)   Wahl der Handlungsoptionen

Sind die Ziele bekannt, dann müssen Handlungsoptionen als Reaktion auf die Herausforderungen durch die Handlungsoptionen der Endprodukthersteller (1-10) gewählt werden:

▨ Verstärken die Endprodukthersteller, z. B. durch Insourcing abgegebener oder vernachlässigter Kompetenzen (Herausforderung 1) ihre Kompetenzen, dann müssen die davon betroffenen Modullieferanten ihrerseits verstärkt wieder in diese Kompetenzen investieren und versuchen, die unternehmensinterne Wissensdiffusion zu begrenzen und neues Wissen zu akquirieren. Dies ist möglich, wenn ihnen gelingt:
-   **Option 1:** Bindung der Mitarbeiter ans Unternehmen, indem sie attraktive Arbeitsbedingungen und Entlohnungssysteme schaffen, die hochqualifizierte Mitarbeiter hindern zu Endprodukthersteller oder Konkurrenten zu wechseln und
-   **Option 2:** Einstellung hochqualifizierter Mitarbeiter z. B. von Top-Universitäten und Forschungsinstituten.

▨ Diese beiden Handlungsoptionen bieten sich auch Lieferanten, wenn sie auf Endprodukthersteller reagieren, die durch Erwerb von Know-how mit mittlerem Fremdheitsgrad oder durch eine feste vertragliche Zusammenarbeit mit Zulieferern einen Entwicklungssprung versuchen (Herausforderungen 7 und 8), um ihr Wissen zu sichern und neues Wissen zu erwerben.

▨ Bei Kooperationen der Endprodukthersteller mit Ingenieurdienstleistern (Herausforderung 2) besteht für Modullieferanten die
-   **Option 3:** Koordinierung von Entwicklung und Fertigung. Durch Entwicklungspartnerschaften kann es Modullieferanten gelingen, die Spezifikationen der Endprodukthersteller zu erfüllen und nicht nur die Entwicklungs-, sondern auch die Fertigungszeiten zu verringern. Sie unterstützten damit auch die Optimierung der Rationalisierungspotenziale.

▨ Bei Kooperationen der Endprodukthersteller mit Tier-2-Lieferanten können Modullieferanten
-   **Option 4:** mit Insourcing den Tier-2-Lieferanten drohen. Dies wird möglich durch Investitionen in Know-how, Mobilisierung gegen Kompetenzstarrheit, Begrenzung der Wissensdiffusion und verkürzte Reaktionszeiten auf externe Schocks. Unternehmen ohne Kompetenzen in einem Bereich können dies auch durch Akquisition von externem Wissen und Kooperation bei nicht vorhandenem Wissen versuchen. Dabei muss verhindert werden, dass sich die Entscheidungsprozesse der Modullieferanten verlängern.

▓ Auf die Herausforderungen 4 bis 6 (Verbesserung der Agilität, Ideenwettbewerbe und Lieferantenmessen sowie Verbesserung des Änderungsmanagements) können Modullieferanten nur allgemein reagieren mit

- **Option 5:** Erhöhung der Flexibilität. Im Unterschied zu den großen und in der Regel trotz ständiger Umstrukturierung und Reorganisation relativ schwerfälligen Endproduktherstellern, sind Modullieferanten meist flexibler, effizienter und eher in der Lage, Entscheidungsprozesse zu verkürzen.

▓ Auf die Herausforderungen durch Anwerbung neuer Mitarbeiter sowie Erwerb und Integration von Unternehmen; Know-how Kooperation mit technologisch stärkeren Tier-2-Lieferanten und Ingenieurdienstleistern (Herausforderungen 7 bis 10) können Modullieferanten ihrerseits reagieren, durch

- **Option 6:** Kooperationen mit Tier-2-Lieferanten und Ingenieurdienstleistern.

Die sechs Handlungsoptionen haben das Ziel, die Kompetenzverschiebung zwischen Endproduktherstellern und Zulieferern zu Gunsten der Endprodukthersteller aufzuhalten und wieder rückgängig zu machen.

(4)   Definition der Kompetenzänderungsrate

Auch Modullieferanten müssen festlegen, wie stark die einzelnen Handlungsoptionen im 3. Schritt verfolgt werden und wann erneut die bestehenden Kompetenzen verbessert werden müssen. Die Handlungsoptionen müssen immer wieder überprüft und Umfeldveränderungen angepasst werden.

Teil V

Beitrag dynamischer

Strategien zum

strategischen Management

V

Anders als von Gary Hamel (2001) behauptet, sind Strategien nicht bedeutungslos („tot"), sondern wichtig, auch wenn sich im Zeitraum der Strategieumsetzung das Umfeld, die Ziele und die Struktur der Unternehmen immer stärker verändern. Wie in Kapitel 1 betont, benötigen Unternehmen gerade in Zeiten hoher Planungsunsicherheit Ziele. Bei externen wie internen Veränderungen, d. h. bei Umfeldveränderungen, Wettbewerberaktionen und/oder einer relativen Kompetenzverschlechterung, müssen sie die Umsetzung statischer Strategien durch dynamische Strategien stützen. Sieben dynamische Strategien wurden in diesem Buch begründet: 1. systematisches Risikomanagement, 2. systematisches Krisenmanagement, 3. effizientes Preisprämienmanagement, 4. koordiniertes Mehrmarktmanagement, 5. systematisches Kooperationsmanagement, 6. Management der Kompetenzentwicklung im horizontalen Wettbewerb und 7. Management einer Kompetenzentwicklung im vertikalen Wettbewerb.

Im fünften Teil soll nun unter dem Aspekt der Konsistenz und der Bewertung von Strategien der Beitrag der dynamischen Strategien zum strategischen Management gezeigt werden.

Theoriegeleitete wie empirische Untersuchungen belegen, dass statische Wettbewerbsvorteile und Strategien nicht beliebig kombiniert werden können. Einige Wettbewerbsvorteile und Strategien sind vereinbar und widerspruchsfrei (konsistent), andere nicht. **Konsistente Strategien** sind Erfolg versprechender als nicht konsistente Strategien, die durch Verfolgung widersprüchlicher Wettbewerbsvorteile Wert vernichten. Dieser für statische Strategien begründete Zusammenhang (vgl. z. B. Proff 2002a) soll nun für dynamische Strategien untersucht werden (Kapitel 16).

Durch Erfassung der Konsistenz dynamischer Strategien lässt sich auch die Unternehmensbewertung verbessern, durch die bislang vor allem die kurz- und mittelfristige finanzielle Leistungsfähigkeit eines Unternehmens erfasst wird. Konsistente dynamische Strategien geben zusätzlich Hinweise auf die langfristige Wettbewerbsfähigkeit eines Unternehmens und bieten damit eine inhaltliche Fundierung der sog. „strategischen Gesundheit" (Kapitel 17).

16 Zusammenführung dynamischer Strategien zu konsistenten Strategiebündeln

Dynamische Strategien lassen sich nur dann zu konsistenten Strategiebündeln zusammenfassen, wenn sie keine unvereinbaren Ziele verfolgen. Nachdem die Notwendigkeit konsistenter Strategien begründet (Abschnitt 16.1), Konsistenz definiert und erläutert wurde (Abschnitt 16.2), wird in Abschnitt 16.3 erklärt, welche dynamischen Strategien zusammenpassen und welche Strategiebündel Unternehmen wählen können. Wie damit die Umsetzung statischer Strategien gestützt werden kann, wird in Abschnitt 16.4. erläutert.

Wenn konsistente dynamische Strategien erfolgreicher sind als nicht konsistente Strategien, dann bedarf es auch eines Maßstabes, der es den Unternehmen erlaubt, ihre Strategien auf Konsistenz zu prüfen. Deshalb wird abschließend ein theoriebasiertes Konzept zur Messung der Konsistenz dynamischer Strategien vorgeschlagen (16.5).

16.1 Begründung der Notwendigkeit konsistenter dynamischer Strategien

Dynamische Strategien sind mikroökonomisch begründet und spiegeln die Forschungsrichtungen im strategischen Management wider (vgl. Kapitel 2). Tabelle 16-1 zeigt, dass

- die umfeldbezogenen dynamischen Strategien DS 1 und DS 2 (systematisches Risikomanagement und systematisches Krisenmanagement) auf ressourcenorientierten Erklärungen beruhen,

- die wettbewerberbezogenen dynamischen Strategien DS 3 bis DS 5 (effizientes Preispremienmanagement, koordiniertes Mehrmarktmanagement und systematisches Kooperationsmanagement als Erweiterung von Strategien des Gleichteilmanagements, des Managements der internationalen Marktbearbeitung und des Kooperationsmanagements) auf marktorientierten Erklärungen und

- die kompetenzbezogenen dynamischen Strategien DS 6 und DS 7 (Management der Kompetenzentwicklung im horizontalen und im vertikalen Wettbewerb) auf kompetenzorientierten Erklärungen.

Tabelle 16-1:   *Dynamische Strategien und ihre Begründung*

Ansätze zur Erklärung dynamischer Strategien	Ansatzpunkte für dynamische Strategien	Konkretisierung der Erklärung dynamischer Strategien	dynamische Strategien im dynamischen Wettbewerb	erweiterte Erklärungen dynamischer Strategien	erweiterte dynamische Strategien zur Korrektur von Fehlentwicklungen
1. ressourcenorientierte Erklärung umfeldbezogener dynamischer Strategien **(Teil II)**	■ besserer Umgang mit wirtschaftlichem und technologischem Wandel	Entscheidungstheorie	DS 1 systematisches Risikomanagement		
	■ schnellere Reaktionen bei externen Schocks	Theorie der Anpassung	DS 2: systematisches Krisenmanagement		
2. marktorientierte Erklärung wettbewerberorientierter dynamischer Strategien **(Teil III)**	■ „signalling" und „commitment" durch große Investitionen in Produkte		■ Gleichteilmanagement	Erklärung sinkender Preispremien durch undifferenzierte Verwendung von Gleichteilen	DS 3: effizientes Preispremienmanagement
	■ „signalling" und „commitment" durch große Investitionen in Märkte		■ Management der internationalen Marktbearbeitung	Erklärung von Überkapazitäten	DS 4: koordiniertes Mehrmarktmanagement
	■ Suche nach komplementären Kooperationspartnern		■ Kooperationsmanagement	Erklärung der Vernichtung von Unternehmenswert	DS 5: systematisches Kooperationsmanagement
3. kompetenzorientierte Erklärung kompetenzorientierter dynamischer Strategien **(Teil IV)**	■ andauernde Abfolge von Verbesserung und Erneuerung von Kompetenzen	Theorie der Kompetenzentwicklung im horizontalen Wettbewerb	DS 6: Management der Kompetenzentwicklung im horizontalen Wettbewerb		
	■ überdurchschnittliche Konzentration auf die Erneuerung im Vergleich zur Verbesserung von Kompetenzen	Theorie der Kompetenzentwicklung und Theorie der Unternehmung im vertikalen Wettbewerb	DS 7: Management der Kompetenzentwicklung im vertikalen Wettbewerb		

Das Strategieverständnis der marktorientierten Sichtweise im strategischen Management unterstellt **Planungsrationalität**, d. h. Strategien werden als rational geplante Maßnahmenbündel begriffen („think and then do", de Wit, Meyer 1994, S. 37). Der marktorientierte Planungsansatz ist mechanistisch (vgl. z. B. Miles, Snow 1986) und trotz der Möglichkeit von Rückkoppelungen linear strukturiert (vgl. Chaffee 1985). Er unterstellt: 1. vollständige Rationalität der Akteure und 2. ein stabiles oder zumindest vorhersehbares Umfeld, in dem sich die Unternehmen positionieren müssen.

Der ressourcenorientierten Sichtweise im strategischen Management und dem daraus entwickelten Kompetenzansatz liegt dagegen ein **inkrementales Strategieverständnis** zugrunde. In einer dynamischen Betrachtungsperspektive werden Strategien als „Muster im Strom von Handlungen" gesehen (vgl. de Witt, Meyer 1994, S. 37), d. h. es wird von einer Strategie gesprochen, sobald sich in den Entscheidungen oder Aktivitäten des Unternehmens ein Bild oder Muster abzeichnet (vgl. Mintzberg 1978). Formale Planung wird nicht abgelehnt, aber nur als Grundlage für eine Strategieveränderung angesehen. Diese Forschungsrichtung unterstellt, dass Strategien vor der Umsetzung getestet und angepasst sowie durch rationales wie nicht-rationales Verhalten beeinflusst und in kleinen Schritten verändert werden. Er wird im Unterschied zum Planungsansatz der marktorientierten Sichtweise nicht vorgegeben (mechanistisch), sondern schrittweise (organisch) entwickelt („think-convince-try-learn-think-etc.", de Wit, Meyer, 1994 S. 37), wobei zwischen Strategieformulierung und Strategieumsetzung nicht deutlich getrennt wird. Die ressourcenorientierte Sichtweise unterstellt: 1. begrenzte Rationalität und 2. ein sich veränderndes Umfeld, an das sich Unternehmen anpassen müssen.

Auch wenn die Grundannahmen der beiden Forschungsrichtungen keine extremen Gegenpositionen darstellen, ergänzen sich die daraus abgeleiteten mikroökonomischen Erklärungen der statischen und der dynamischen Strategien nur bedingt. Aus beiden Forschungsrichtungen lassen sich widersprüchliche Handlungsempfehlungen und Strategien ableiten. Damit lässt sich ein nicht konkurrenzfreier **theoretischer Pluralismus**, d. h. ein Konfliktzustand zwischen widersprüchlichen Handlungsperspektiven belegen, der auch als **„Inkommensurabilität"** bezeichnet wird. Er ist dann problemlos, wenn konkurrierende Theorien unterschiedliche Antworten zu unterschiedlichen Problemen geben (vgl. z. B. Scherer 1999). Im strategischen Management geht es aber immer um ein Problem der Unternehmensführung bzw. der Unternehmensstrategien, für das die Theorien zum Teil widersprüchliche Antworten geben.

Das Problem der „Inkommensurabilität" wird im strategischen Management häufig übersehen. So behaupten z. B. Peteraf, Barney (2003, S. 320-321), die ressourcenorientierte Sichtweise sei komplementär zur marktorientierten Sichtweise (ähnlich Teece u. a. 1997, S. 511) und Sanchez und Heene (2004, S. 27), der Kompetenzansatz stelle eine „integrierende Theorie" dar. Die Herausforderung im strategischen Management besteht darin, die verschiedenen Theorien und Handlungskonzepte zusammenzufassen (vgl. Poole, van den Ven 1989, S. 563). Dazu gibt es verschiedene Vorschläge (vgl. von Levis, Grimes 1999; Scherer 1998 oder Schultz, Hatch 1996), vor allem „interplay techniques" (Levis, Grimes 1999, S. 676), um Widersprüche und Interdependenzen zwischen unterschiedlichen Theorien aufzuzeigen. Allerdings werden Ansätze für integrative Theorien meist nur angedacht (vgl. Foss 1999).

Daher wird ein Vorschlag von Winter (1987), Widersprüche und Konflikte zwischen den Antworten auf ein Managementproblem offen zu legen (S. 162), aufgegriffen und weiterentwickelt. Nur wenn zwischen Handlungsspielräumen und Handlungsbeschränkungen klar getrennt wird, werden die Strategien deutlich, die möglich und vereinbar (konsistent) sind und die Strategien, die nicht vereinbar sind. Die dynamischen Strategien werden nun daraufhin geprüft, inwieweit sie im Sinne Winters miteinander vereinbar (konsistent) sind und die statischen Strategien im Zeitablauf konsistent ergänzen.

16.2 Begriff und Konzept der Konsistenz

Im strategischen Management bezeichnet Konsistenz die Vereinbarkeit (vgl. Johnson u. a. 2005; Proff 2002a) und damit die Eignung von Strategien zur Erreichung maximaler ökonomischer Renten. Dabei wird zwischen **interner und externer Konsistenz** unterschieden (vgl. z. B. Tilles 1963) oder zwischen „consistency" und „consonance" (Rumelt 1980).

Interne Konsistenz wird dann erreicht, wenn eine dynamische Strategie den Erfolg aller anderen Strategien erhöht, zumindest aber nicht mindert (vgl. Milgrom, Roberts 1990, S. 513-515). Das darauf bezogene Optimierungsmodell kann auch bei dynamischer Betrachtung herangezogen werden (vgl. auch Foss 1999, S. 744). Eine interne Konsistenz von statischen und dynamischen Strategien bietet die Möglichkeit, mit unvollkommenen Informationen umzugehen und mehrfache und unterschiedlich auslegbare Zielsetzungen zu vermeiden (vgl. Holmström, Milgrom 1991). So betont Rumelt (1980, S. 360), dass „a key function of strategy is to provide coherence to organizational action. A clear and explicit concept in strategy can foster a climate of tacit coordination that is more efficient than most administrative mechanisms".

Externe Konsistenz ist dann erreicht, wenn eine dynamische Strategie minimale Kosten der externen Abstimmung mit den im Umfeld der Geschäftsbereiche erforderlichen **Steuerungsprinzipien (Zentralisierung oder Dezentralisierung,** vgl. Rumelt 1980, S. 360) verursacht. Mit steigender Umfelddynamik, d. h. mit steigender Stärke und Häufigkeit der Umfeldveränderungen (vgl. Basil, Cook 1974 und Proff 2002a, S. 287-292), steigen die Kosten der externen Abstimmung einer Strategie, weil zunehmend aufwendigere Koordinationsmechanismen, z. B. eine Selbstabstimmung statt einer hierarchischen Koordination (vgl. Lawrence, Lorsch 1967a; Frese, 2000) und Flexibilität („slack"-Potentiale) aufgrund der ungewissen Entwicklungsperspektive erforderlich werden (vgl. Cyert und March 1963). Die Kosten der externen Abstimmung lassen sich jedoch senken, wenn die Strategie zu den jeweils im Geschäftsbereich erforderlichen Steuerungsprinzipien passt. Die Anforderungen an externe Konsistenz gelten ebenso wie die Anforderungen an die interne Konsistenz für statische wie für dynamische Strategien.

Es kann folgender Zusammenhang unterstellt werden: Je konsistenter (statische oder dynamische) Strategien sind, desto erfolgreicher sind sie. Dabei wird eine positive Korrelation zwischen Konsistenz und Gewinn (Unternehmenserfolg) angenommen (vgl. Abb. 16-1), obwohl der von den Unternehmen ausgewiesene Gewinn (z. B. die Eigenkapitalrendite) durch viele weitere Einflussfaktoren beeinflusst wird (vgl. Bühner 1993, S. 751). Entsprechend den Überlegungen von Teece (1981, S. 190) kann aber angenommen werden, dass der Zusammenhang zwischen Konsistenz und Gewinn so robust ist, dass er auch dann empirisch nachweisbar ist, wenn andere Faktoren nicht berücksichtigt werden. Für statische Gesamtunternehmensstrategien konnte dies auch nachgewiesen werden. Es wurde gezeigt, dass eine konsequente Verfolgung einer

Gesamtunternehmensstrategie (Portfoliomanagement, Aufgabenzentralisierung oder Kompetenztransfer) erfolgreicher ist, als eine Kombination der Strategien (Proff 2002a). Entsprechend kann angenommen werden, dass konsistente dynamische Strategien vorteilhafter sind, da sie eine bessere Zielerreichung der statischen Strategien ermöglichen.

Abbildung 16-1: *Vorteile konsistenter dynamischer Strategien*

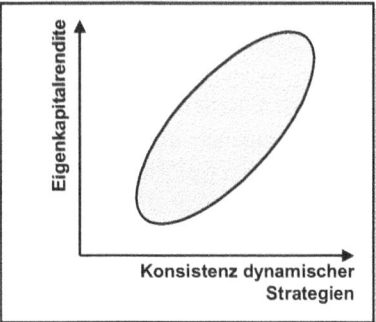

16.3 Zusammenführung und Auswahl dynamischer Strategien

Auf den ersten Blick besteht zwischen den verschiedenen dynamischen Strategien keine Unvereinbarkeit, da alle dynamischen Strategien ökonomische Renten schaffen und die Umsetzung statischer Strategien unterstützen. Sie erfordern allerdings entweder eine Effizienz- oder eine Flexibilitätsorientierung. Diese Nebenwirkungen von Strategien können in einem Konflikt stehen (vgl. z. B. Wolfensteiner 1995), da Effizienz und Flexibilität nicht gleichzeitig maximiert werden können (vgl. Mette 1999). Dieser Widerspruch lässt sich mit Opportunitätskosten begründen. Flexibilität verursacht Kosten, z. B. durch quantitative oder qualitative Kapazitätsreserven oder Kosten der Planung und Überwachung von Anpassungsprozessen. Ereignispuffer bzw. „organizational slacks" (vgl. z. B. Cyert, March 1963; Kunz, 2003) verhindern eine Produktion entsprechend der Minimalkostenkombination, da gemäß der mikroökonomischen Theorie die Minimalkostenkombination der Punkt ist, an dem die Flexibilität Null ist

(Cyert, March 1963, S. 37). Entsprechend ergibt sich ein Effizienzverlust, wenn nicht in diesem Punkt produziert wird.

Nicht alle dynamischen Strategien erfordern eine extreme Effizienz- oder Flexibilitätsorientierung mit Ausschluss der jeweils anderen strategischen Orientierung. **Interne Konsistenz** muss differenzierter betrachtet werden.

Nur die marktorientierten dynamischen Strategien DS 3 bis DS 5 (effizientes Preisprämienmanagement, koordiniertes Mehrmarktmanagement und systematisches Kooperationsmanagement) erfordern eine **extreme Effizienzorientierung.** Diese Strategien zielen auf ein „signalling" und „commitment" durch große Investitionen in Produkte oder Ländermärkte oder unterstützen diese Ziele. Voraussetzung dafür ist Effizienz, da nur effiziente Unternehmen auf Gewinne verzichten können, um neue Wettbewerber an einem Markteintritt zu hindern. Da diese Grundüberlegung des statischen Oligopolmodells auch die Basis für die Dynamisierung der marktorientierten Strategien ist, muss sie auch hier gelten. Effizienz ermöglicht Reserven, die im Aktions-Reaktions-Prozess eingesetzt werden können.

Eine **extreme Flexibilitätsorientierung** wird dagegen bei Verfolgung der kompetenzorientiert begründeten dynamischen Strategien DS 6 und DS 7 (Management der Kompetenzentwicklung im horizontalen und im vertikalen Wettbewerb) in einem dynamischen Umfeld mit häufigen und starken Veränderungen notwendig. Kompetenzen in einem solchen Umfeld werden als **Kernkompetenzen** bezeichnet (vgl. z. B. Rasche 1994; Teece u. a. 1997 und Proff 2002a). Die dynamischen Strategien sind dann:

- **DS 6b:** Management der Entwicklung von Kernkompetenzen im horizontalen Wettbewerb in einem dynamischen Umfeld und

- **DS 7b:** Management der Entwicklung von Kernkompetenzen im vertikalen Wettbewerb in einem dynamischen Umfeld.

Werden die dynamischen Strategien dagegen in einem weitgehend stabilen Umfeld verfolgt, sind **„spezifische Kompetenzen"** erforderlich (vgl. Proff 2002a):

- **DS 6a:** Management der Entwicklung spezifischer Kompetenzen im horizontalen Wettbewerb in einem weitgehend stabilen Umfeld und

- **DS 7a:** Management der Entwicklung spezifischer Kompetenzen im vertikalen Wettbewerb in einem weitgehend stabilen Umfeld.

Spezifische Kompetenzen sollen die extrem effizienzorientierten dynamischen Strategien stützen. Die Anforderungen an die Flexibilität sind weniger hoch (vgl. auch Porter 1980).

Die umfeldbezogenen dynamischen Strategien DS 1 und DS 2 (systematisches Risiko- und Krisenmanagement), die durch Ressourcen erklärt wurden, sind unabhängig von der Effizienz- und Flexibilitätsorientierung. Auf Umfeldveränderungen müssen alle Unternehmen reagieren.

Interne Inkonsistenzen zwischen Effizienz und Flexibilität bestehen zwischen dynamischen Strategien mit dem Ziel größtmöglicher Effizienz, begründet durch Wettbewerb und spezifische Kompetenzen (DS 3 bis DS 5, DS 6a und DS 7a in einem weitgehend stabilen Umfeld) und dynamischen Strategien mit dem Ziel größtmöglicher Flexibilität, begründet durch Kernkompetenzen (DS 6b und DS 7b in einem dynamischen Umfeld, vgl. Abb. 16-2).

Durch das Umfeld erklärte dynamische Strategien (DS 1 und DS 2) sind dagegen mit allen übrigen dynamischen Strategien (DS 3 bis DS 7a und b) vereinbar.

Die sieben dynamischen Strategien lassen sich nun zu zwei **intern konsistenten Strategiebündeln** zusammenfassen:

1. effizienzorientiertes Strategiebündel (DS 1 - 5 und DS 6a + 7a in einem weitgehend stabilen Umfeld) und

2. flexibilitätsorientiertes Strategiebündel (DS 1 + 2 und DS 6b + 7b in einem dynamischen Umfeld).

Abbildung 16-2: *Intern und extern konsistente Bündel dynamischer Strategien*

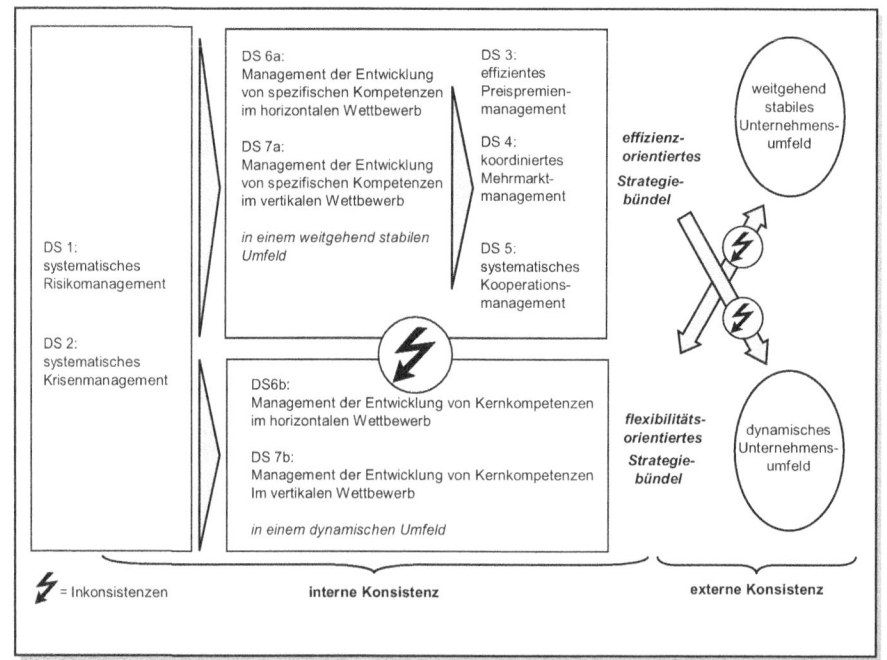

Sollen maximale ökonomische Renten erzielt werden, dann darf die Entscheidung für eines der beiden intern konsistenten Strategiebündel nicht im Widerspruch zum Steuerungsprinzip (Zentralisierung oder Dezentralisierung) stehen, das bei der Umfelddynamik im Geschäftsbereich erforderlich ist (vgl. auch McKee u. a. 1989; Ghoshal, Nohria 1993). Das Konzept der externen Konsistenz erklärt, warum mit steigender Umfelddynamik aufwendigere Koordinationsmechanismen notwendig werden und warum deshalb die Kosten der externen Abstimmung zunehmen. In einem weitgehend stabilen Umfeld sind hierarchische und standardisierte Koordinationsmechanismen möglich (vgl. Lawrence, Lorsch 1967b). Da die Informationsbeschaffung und -verarbeitung einfach ist (vgl. Laux, Liermann 1997, S. 100), ist eine zentrale Steuerung möglich. Dagegen sind in einem dynamischen Umfeld der Geschäftsbereiche vorwiegend flexible Koordinationsmechanismen erforderlich (vgl. Lawrence, Lorsch 1967b, S. 138). Sie lassen sich nur dezentral steuern (vgl. Vahs 2001), weil die Informationsbeschaffung und –verarbeitung schwierig ist. Da in einem weitgehend stabilen Umfeld eine zentrale Steuerung möglich und notwendig ist, wird dadurch die langfristige Optimierung der effizienzorientierten dynamischen Strategien erschwert (vgl. Lawrencce, Lorsch 1967a oder Jones, Hill 1988). Flexibilitätsorientierte dynamische Strategien schaffen in diesem Umfeld keine maximalen ökonomischen Renten. In einem dynamischen Umfeld ist eine dezentrale Steuerung nötig (vgl. auch Thompson 1967; Jones, Hill 1988). Entsprechend ist externe Konsistenz gegeben, wenn in einem weitgehend stabilen Umfeld die extrem effizienzorientierten dynamischen Strategien (DS 3 – 5, 6a und 7a bei spezifischen Kompetenzen und in einem dynamischen Umfeld die extrem flexibilitätsorientierten dynamischen Strategien (DS 6b und 7b bei Kernkompetenzen) angestrebt werden (vgl. ebenfalls Abb. 16-2).

16.4 Unterstützung der Umsetzung statischer Strategien

Bei dynamischer Betrachtung wird die Umsetzung statischer Strategien als Übergang zwischen einem Anfangszustand t_0 und einem Endzustand t_1 verstanden (vgl. Abb. 16-3 in Erweiterung von Abb. 2-3 in Kapitel 2).

In diesem Zeitraum kommt es zu Veränderungen, die nicht nur durch die Umsetzung der statischen Strategien sondern auch davon unabhängig und unvorhergesehen verursacht sind. Die Umsetzung der statischen Strategien wird in der Strategietheorie als effizient unterstellt und nicht weiter beachtet. Zu den unvorhergesehenen und somit ungeplanten Veränderungen gehören externe und interne Störfaktoren, wie Veränderungen im Länderumfeld, Reaktionen von Wettbewerbern und eine relative Verschlechterung von Kompetenzen. Aussagen über dadurch verursachte Anpassungsprozesse lassen sich aus den drei Erklärungsansätzen ableiten, die die sieben dynamischen Strategien begründen (vgl. Abb. 16-3). Diese dynamischen Strategien stellen die

Verbindung dar zwischen der beabsichtigten und der tatsächlich umgesetzten Strategie (Kaplan, Norton, 2004, S. 10). Eine Aufgabe des strategischen Managements ist es, diese Verbindung zu schaffen.

Abbildung 16-3: Erklärungsrahmen dynamischer Strategien

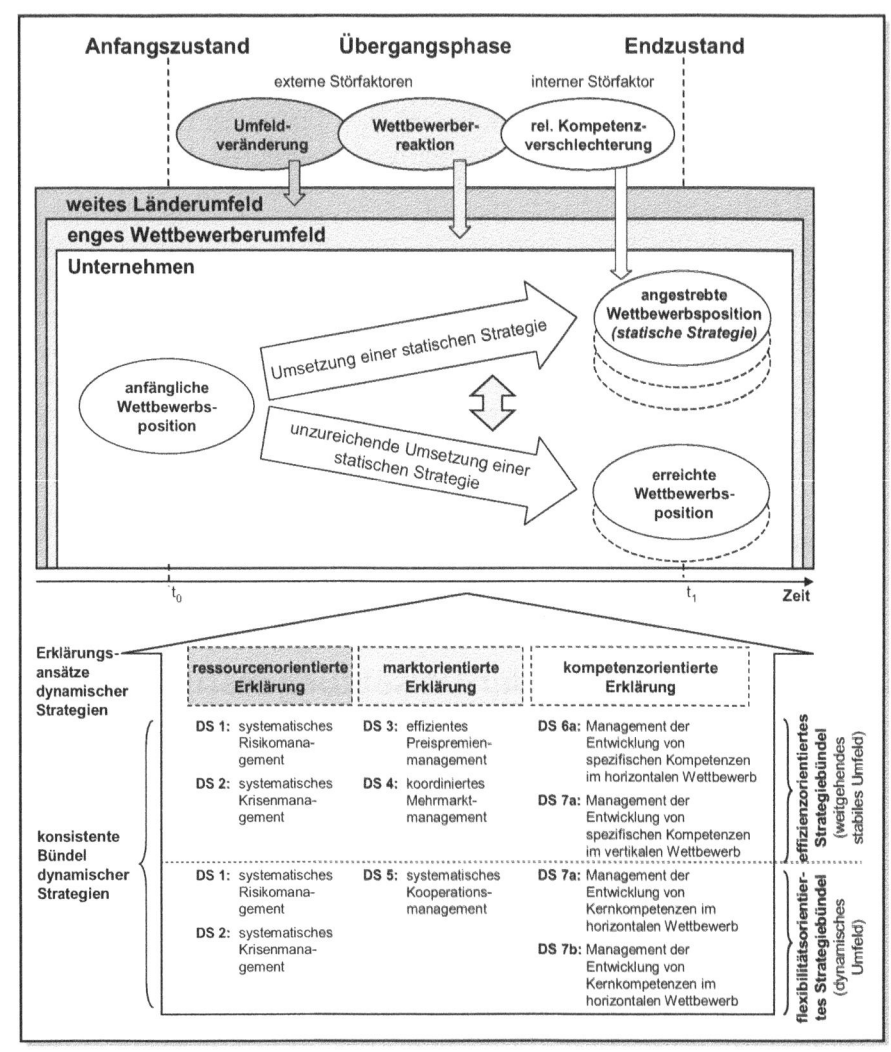

Die dynamischen Strategien der beiden konsistenten Strategiebündel stützen die Umsetzung der statischen Strategien in den einzelnen Geschäftsbereichen. Um die ökonomischen Renten maximieren zu können, müssen jedoch die Nebenwirkungen der Strategien (Effizienz- oder Flexibilitätsorientierung) und die jeweiligen Steuerungsprinzipien (Zentralisierung oder Dezentralisierung) der statischen und der dynamischen Strategien zusammenpassen.

Bei statischer Betrachtung erfordern die marktorientierten Geschäftsbereichsstrategien Kostenführerschaft oder/und Differenzierung, Effizienzorientierung und Zentralisierung. Sie sind dann intern konsistent und bei einem weitgehend statischen Umfeld auch extern konsistent. Die kompetenzorientierte Geschäftsbereichsstrategie „Produktinnovation" erfordert dagegen eine Flexibilitätsorientierung und Dezentralisierung (vgl. Proff 2002a). Sie ist extern konsistent in einem dynamischen Umfeld. Deshalb sollten

- die effizienzorientierten dynamischen Strategien (DS 1 bis 5, 6a und 7a in Strategiebündel 1), die ebenfalls effizienzorientierten statischen Strategien der Kostenführerschaft oder/und der Differenzierung ergänzen, da jeweils eine zentralisierte Struktur und ein weitgehend stabiles Umfeld erforderlich ist, und entsprechend

- die flexibilitätsorientierten dynamischen Strategien (DS 1, 2, 6b und 7b in Strategiebündel 2), die ebenfalls flexibilitätsorientierte statische Strategie der Produktinnovation ergänzen, die eine dezentrale Struktur und ein dynamisches Umfeld voraussetzt.

Erst eine solche **Konsistenz zwischen statischen und dynamischen Strategien** kann dauerhaft einen Vorsprung im internationalen Wettbewerb schaffen.

Wie in Teil I betont, verbessert die Verfolgung dieser dynamischen Strategien auf Dauer und im Durchschnitt die Rentabilität, da sie hilft, die angestrebten Wettbewerbsvorteile mit den vorhandenen Mitteln und mit minimalen Kosten zu erreichen.

Das Ausmaß, in dem dynamische Strategien statische Strategien stützen, ist ein Maß für die strategische „Gesundheit" von Unternehmen. Der Beitrag dynamischer Strategien zur Bewertung der „Gesundheit" von Unternehmen wird nun abschließend im Kapitel 17 aufgezeigt.

Zuvor wird ein Konzept zur Messung der Konsistenz dynamischer Strategien vorgeschlagen (16.5). Es erlaubt Aussagen darüber, ob Unternehmen konsistente dynamische Strategien verfolgen und wie sie sie verbessern können.

16.5 Messung der Konsistenz von Strategien

Die interne Konsistenz der dynamischen Strategien kann über einen Index (I_{iK}) erfasst werden (vgl. Proff 2002a, S. 278-279). Dabei muss zwischen den beiden Strategiebündeln, den flexibilitäts- und den effizienzorientierten Strategien (Abb. 16-4) unterschieden werden.

Abbildung 16-4: *Intern konsistente Soll-Bündel dynamischer Strategien*

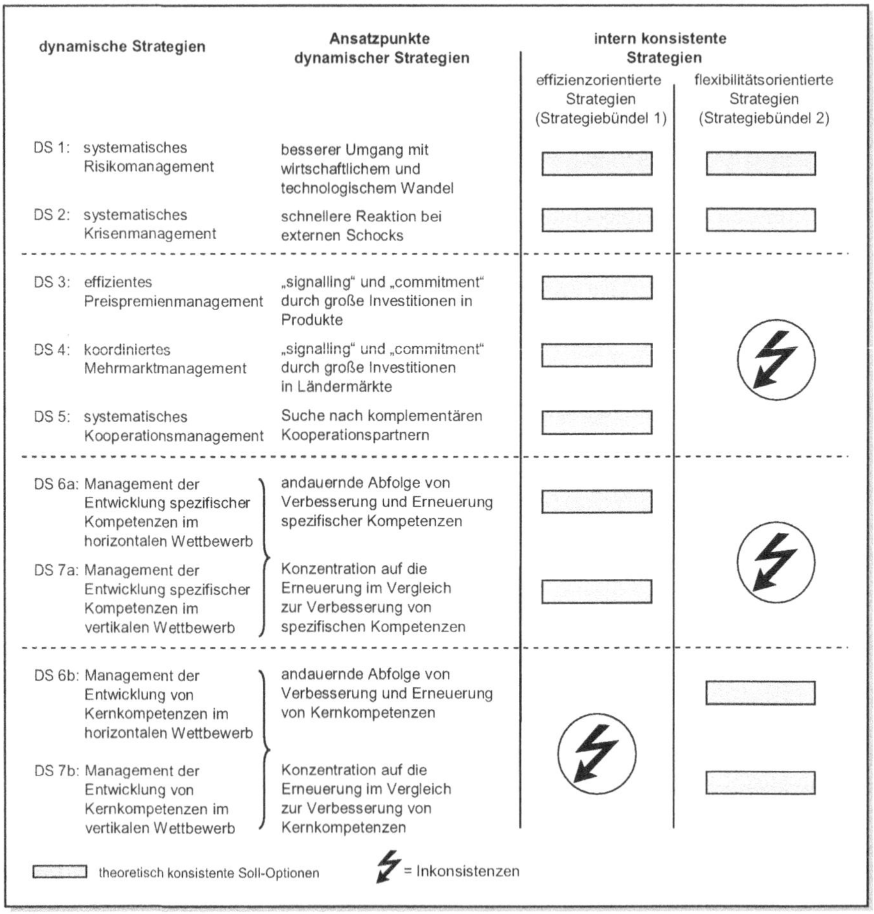

Diese theoretisch begründeten Bündel konsistenter dynamischer Strategien (Soll-Strategien) müssen mit den tatsächlichen Strategien verglichen werden (Ist-Strategien).

Hinweise darauf geben Pressemitteilungen, Befragungen und Inhaltsanalysen von Geschäftsberichten. Dadurch können Abweichungen zwischen Ist- und intern konsistenten Soll-Strategien erfasst werden. Die Zuordnung erfolgt zu den Soll-Strategien, zu denen die geringsten Abweichungen bestehen. Der Index der internen Konsistenz (I_{iK}) ergibt sich dadurch, dass die Abweichungen der Ist- von den Soll-Strategien eines Unternehmens ermittelt und von 1 subtrahiert wurden:

$$I_{ik} = 1 - \text{(Abweichungen der Ist- von den Soll-Strategien, denen sich ein Unternehmen zuordnen lässt).}$$

Dynamische Strategien sind dann extern konsistent, wenn in einem weitgehend stabilen Umfeld, das eine zentrale Steuerung erfordert, effizienzorientierte dynamische Strategien verfolgt werden und in einem dynamischen Umfeld flexibilitätsorientierte Strategien.

Zur Messung der externen Konsistenz dynamischer Strategien eignet sich - trotz des hohen Aggregationsniveaus und der deshalb kaum vermeidbaren Ungenauigkeit - ein Index der Umfelddynamik (z. B. Proff 2002a, S. 292). Die externe Konsistenz wird als dichotome Variable erfasst, mit Werten zwischen uneingeschränkt konsistent und inkonsistent.

17 Bewertung der strategischen „Gesundheit" von Unternehmen

Bei der Bewertung von Strategien wird versucht, die quantitativen und qualitativen Auswirkungen möglichst vollständig zu ermitteln (vgl. Welge, Al-Laham 2004). Dabei steht der Grad der Zielerreichung, v. a. im Hinblick auf die finanzielle Leistungsfähigkeit und die Prüfung der Eignung, Akzeptanz und Durchführbarkeit der Strategien im Mittelpunkt (vgl. Johnson u. a. 2005, Teil III, Kapitel 7.4).

Neben den klassischen Methoden zur Bewertung der finanziellen Leistungsfähigkeit sind langfristige Analysen der „strategischen Gesundheit" von Unternehmen notwendig („performance versus health", vgl. z. B. Simon 2004 oder von Fournier 2005). Mit **„strategischer Gesundheit"** wird ausgedrückt, dass ein Unternehmen **so flexibel organisiert ist, dass es auf Umfeldveränderungen ohne Verlust an Wettbewerbsfähigkeit reagieren kann** (vgl. Markides 2000, S. 247).

Übertragen auf dynamische Strategien kann ein „strategisch gesundes" Unternehmen so flexibel auf Veränderungen im Unternehmensumfeld, auf Reaktionen von Wettbewerbern und auf eine relative Verschlechterung der Kompetenzen reagieren, dass die statischen Strategien umgesetzt werden können.

In Kapitel 17.1 wird die Notwendigkeit einer erweiterten Strategiebewertung begründet, in Kapitel 17.2 ein Konzept zur Erfassung der „strategischen Gesundheit" von Unternehmen entwickelt.

17.1 Die Notwendigkeit einer erweiterten Strategiebewertung

Die in Lehrbüchern empfohlenen Bewertungsmethoden prüfen vor allem die finanzielle Leistungsfähigkeit der Unternehmung. Sie können in Anlehnung an die Systematik Welge, Al-Laham (2004) in drei Gruppen unterteilt werden:

1. Methoden zur Dokumentation und Prüfung der Erfolgsfaktoren, insbesondere Checklisten und Strategieprofile,

2. Methoden zur Berücksichtigung von Wirkungsbeziehungen, vor allem Varianten der Nutzwertanalyse und

3. Methoden zur Quantifizierung der Erfolgspotenziale, z. B. die klassischen investitionstheoretischen Methoden und Geschäftsfeldsimulationen.

Der Schwerpunkt liegt seit einigen Jahren auf der dritten Gruppe, der Bewertung der Erfolgspotenziale, da angesichts der stetig steigenden Kapitalmarktanforderungen Strategien nicht mehr nur anhand von Checklisten, Strategieprofilen und Wirkungsbeziehungen bewertet werden können. Strategien werden heute zunehmend mit Hilfe von Simulationsmodellen bewertet, die die finanziellen Wirkungen der Erfolgsfaktoren, u. a. Planbilanz, Cash-Flow oder ROI, erfassen oder den Free Cash-Flow berechnen. Eine hohe Relevanz haben Verfahren, die den Unternehmenswert und die Auswirkungen der Strategiealternativen auf den Shareholder Value ermitteln. Die **Shareholder Perspektive** lenkt die Strategiebewertung auf die erwarteten Zahlungsströme. Dabei werden die zukünftigen Free Cash-Flows mit dem gemittelten Kapitalkostensatz abdiskontiert (Discounted Cash-Flow, vgl. Rappaport 1995). Sie bilden die Basis der **Unternehmensbewertung**.

Erklärungen der Einfußfaktoren auf den Free Cash-Flow beruhen auf Annahmen der Analysten. Sie werden veröffentlicht und den Kauf- oder Verkaufsempfehlungen für Aktien des jeweils betrachteten Unternehmens zugrunde gelegt. Ein typischer Analystenreport ist in vier Teile gegliedert (vgl. Deutsche Bank 2005):

1. Bewertung der finanziellen Lage des analysierten Unternehmens
   Beschreibung des zugrunde gelegten „Discounted Cash-Flow (DCF)"-Modells, der Annahmen und der - empirisch über Regressionen oder andere statistische Verfahren abgeleiteten - Hypothesen. Häufig wird eine Sensitivitätsrechnung unter Berücksichtigung von Veränderungen wesentlicher Einflussfaktoren, wie z. B. Marktpreise und Kapitalkosten, durchgeführt. Aus dem Modell wird ein Unternehmenswert errechnet, der mit dem aktuellen Börsenwert verglichen wird. Aus der Differenz wird eine Kauf- oder Verkaufsempfehlung abgeleitet.

2. Vorstellung des Geschäftsmodells.
   Die Analyse des Geschäftsmodells beruht auf Daten und Gesprächen und stützt die Annahmen im DCF-Modell.

3. Analyse der Schwankungen im Geschäftsverlauf
   Finanzanalysten sind sehr an Ursachen für Absatz- und Ergebnisschwankungen interessiert, da sie in das DCF-Modell eingehen und bei geschickter Investitionsstrategie bezogen auf den Marktzyklus (z. B. mit Kauf zu Beginn eines Aufschwungs und Verkauf beim Scheitelpunkt des Booms) hohe Gewinne versprechen.

4. Analyse der Finanzkennzahlen
   Bilanz und GuV sind nach wie vor eine Grundlage der finanziellen Leistungsfähigkeit.

Eine Bewertung von Strategien aufgrund der finanziellen Leistungsfähigkeit fördert kurzfristige Programme zur Erhöhung der Effizienz von Beschaffung, Produktion und Absatz, kann aber mittel- und langfristig die Substanz des Unternehmens schwächen.

Weil immer mehr erkannt wird, dass sich die Strategiebewertung trotz der großen Bedeutung der finanzwirtschaftlichen Kriterien nicht darauf beschränken kann, und andere Leistungskriterien berücksichtigt werden müssen (vgl. Schierenbeck 2003, S. 138), wurden die Instrumente der Strategiebewertung weiterentwickelt. Ein modernes Bewertungsinstrument ist z. B. die **„balanced scorecard"** von Kaplan und Norton (1996a und b), die mit ausgewogener Berichtsbogen übersetzt werden kann. Ein solcher Berichtsbogen enthält eine Reihe von Bewertungskriterien und ermöglicht die Kontrolle konkreter, aus den Unternehmensstrategien abgeleiteter Handlungen und Entscheidungen. Wichtig sind die Operationalisierung der für das Unternehmen und für einzelne Geschäftsbereiche entwickelten Visionen und Strategien und ein Ausgleich („balance") der Bewertungskriterien, um zu verhindern, dass Leistungskriterien vernachlässigt werden. Es gilt einen Ausgleich herzustellen

- zwischen unternehmensinternen Kriterien der Geschäfts- und Lernprozesse, der Innovationen und des Wachstums, und der Kriterien, die für Kapitalgeber und Kunden wichtig sind,

- zwischen vergangenheits- und zukunftsbezogenen Kriterien und

- zwischen objektiven, leicht zu quantifizierenden Ergebniskennzahlen und subjektiven, bewertungsabhängigen Leistungstreibern dieser Kennzahlen.

In dem auf Kaplan und Norton (1996a und b) zurückgehenden Berichtsbogen werden vier voneinander abhängige Bewertungsperspektiven unterschieden: eine finanzwirtschaftliche Perspektive, eine Kundenperspektive, eine Prozessperspektive und eine Lern- und Entwicklungsperspektive. Die Abgrenzung ist keinesfalls zwingend, da angesichts der Breite strategischer Ausrichtungen Modifizierungen sinnvoll und notwendig sind. So ist z. B. für ein wertorientiertes Management die Verbindung von Risiko und Rentabilität zur Beurteilung des finanziellen Erfolgs eines Unternehmens wichtig. Aufgabe der Berichtsbögen ist die Zusammenstellung aussagekräftiger Kennzahlen (KPI = key performance indicators) für eine Bewertung und einen „Strategie- und Leistungsdialog". Einen solchen „Strategie- und Leistungsdialog" gibt es insbesondere in Unternehmen mit aktiven Eigentümern, wie z. B. Private Equity Gesellschaften. Werden zu viele Kennzahlen gewählt, dann verlagert sich der Dialog auf die Effizienzkontrolle. Aussagen zur Effektivität der Strategien des internationalen strategischen Management geraten dann aus dem Blickfeld.

Da diese Kennzahlen alleine nicht ausreichen, um die Leistungsfähigkeit und „strategische Gesundheit" komplexer Organisationen wie international tätiger Unternehmen bewerten zu können, erweitern Kaplan und Norton den Berichtsbogen zur „strategischen Karte" (**„strategy map"**, vgl. Kaplan, Norton 2004), die die Beziehungen zwischen den vier genannten Perspektiven des Berichtsbogens für die einzelnen Geschäftsfelder abbildet (vgl. ebd. S. 10). Sie stellt zugleich eine Art Checkliste dar. Letztlich bieten „strategische Karten" nur eine Visualisierung, aber keine zusätzlichen Erkenntnisse, da das Wissen über die Beziehungen zwischen den vier Perspektiven wissenschaftlich nicht aufgearbeitet wurde.

In ihrem neuesten Buch „alignment" erweitern Kaplan und Norton (2006) ihre Vorschläge zur Strategiebewertung und betonen die Notwendigkeit konsistenter Strategien. Sie bieten allerdings wiederum keine wissenschaftliche Begründung der Strategiebewertung.

Bei allen genannten Bewertungsverfahren spielt die Umsetzbarkeit der Unternehmensstrategie bei Veränderungen im Unternehmensumfeld, bei Wettbewerberreaktionen und bei einem relativen Kompetenzverlust im Zeitlauf keine Rolle. Deshalb wird im nächsten Abschnitt ein Konzept zur Erfassung der „strategischen Gesundheit" von Unternehmen vorgestellt.

17.2 Konzept zur Erfassung der „strategischen Gesundheit" von Unternehmen

Als Maßstab („benchmark") für „strategisch gesunde" Unternehmen können die konsistenten dynamischen Strategiebündel dienen, die je nach Dynamik im Unternehmensumfeld unterschieden werden (vgl. Abb. 17-1):

- **Strategiebündel 1:** DS 1 - 5 + 6a + 7a als benchmark (1) in einem weitgehend stabilen Umfeld, d. h. die dynamischen Strategien effizientes Preispremienmanagement, koordiniertes Mehrmarktmanagement und systematisches Kooperationsmanagement (DS 3 bis 5), ergänzt durch die dynamischen Strategien systematisches Risikomanagement und systematisches Krisenmanagement (DS 1 und 2) und durch ein Management der Entwicklung spezifischer Kompetenzen im horizontalen und vertikalen Wettbewerb (DS 6a und 7a) sowie

- **Strategiebündel 2:** DS 1 + 2 + 6b + 7b als benchmark (2) in einem dynamischen Umfeld, d. h. die dynamischen Strategien Management der Entwicklung von Kernkompetenzen im horizontalen und vertikalen Wettbewerb (DS 6b und 7b), ergänzt durch ein systematisches Risiko- und Krisenmanagement (DS 1 und 2).

Dabei wird unterstellt, dass Unternehmen, die die in ihrem Umfeld relevante dynamische Strategien idealtypisch verfolgen, bei externen Schocks, bei Verlust von Kompetenzen und auch bei Wettbewerberreaktionen besser aufgestellt sind und statische Strategien eher umsetzen können, als Wettbewerber, die dies nicht konsistent und/oder nicht vollständig tun. Der Rückgriff auf konsistente dynamische Strategien ermöglicht eine wissenschaftliche Fundierung des Konzepts der „strategischen Gesundheit" und damit eine Weiterentwicklung der traditionellen Unternehmensbewertung.

Abbildung 17-1: *Erfassung der strategischen Gesundheit von Unternehmen*

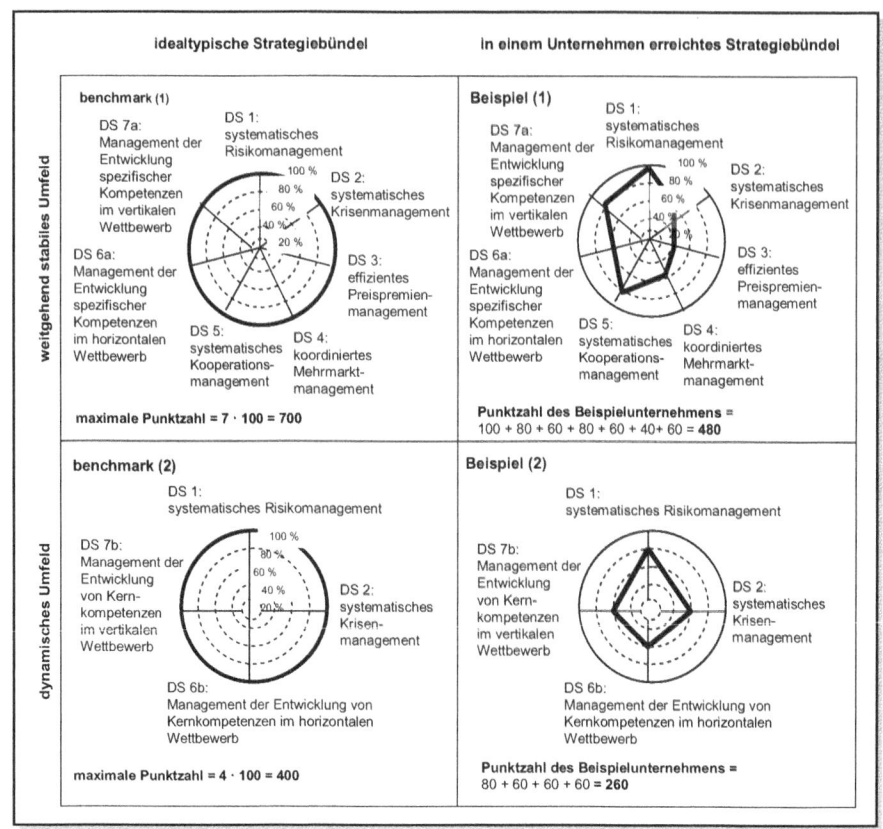

Die Erfassung der „strategischen Gesundheit" von Unternehmen ist mit Hilfe eines Punktbewertungsverfahrens möglich. Dabei werden für eine 100%-ig umgesetzte dynamische Strategie 100 Punkte vergeben, bei unzureichender Umsetzung oder auch bei Verfolgung einer dynamischen Strategie, die nicht zum verfolgten Strategiebündel passt (inkonsistente Strategie), Punkte abgezogen[34].

---

34 In einem weitgehend stabilen Umfeld können dann mit sieben dynamischen Strategien maximal 700 Punkte erreicht werden (benchmark (1)), in einem dynamischen Umfeld mit vier dynamischen Strategien maximal 400 Punkte (benchmark (2), vgl. Abb. 17-1). Weil die Strategieforschung keine Entscheidungshilfe bietet, werden die Daten nicht gewichtet und eine additive Verknüpfung der dynamischen Strategien unterstellt.

Die tatsächlich erreichte Punktzahl zeigt die **„strategische Gesundheit"** des Unternehmens und gibt einen **Hinweis auf die Fähigkeit des Unternehmens, unvorhergesehene Umfeldveränderungen kompensieren zu können**.

In Beispiel (1) betreibt ein Unternehmen in einem weitgehend stabilen Unfeld zwar ein systematisches Risikomanagement, aber kein effizientes Preispremienmanagement und bemüht sich zu wenig um ein Krisen- und Mehrmarktmanagement (jeweils nur 40 bzw. 60 von 100 möglichen Punkten für diese Strategie). Ingesamt kommt das Unternehmen nur auf 480 statt 700 Punkte. In Beispiel (2) zeigt ein Unternehmen in einem dynamischen Umfeld ebenfalls Abweichungen von der benchmark: es entwickelt vor allem zu wenig Kernkompetenzen und erreicht insgesamt nur 260 der 400 möglichen Punkte.

Es gibt zwei Verfahren, diese Punktzahl zu ermitteln:

- eine qualitative Methode, die auf der Bewertung von Insidern beruht und

- eine quantitative Methode, die die Zuweisung von Finanz- und Personalressourcen auf die dynamischen Strategien bestimmt und zu einer benchmark in Beziehung setzt.

Die qualitative Methode bietet sich dann an, wenn Unternehmen keine Erfahrung mit der Ermittlung der „strategischen Gesundheit" haben. Hier können dann Einschätzungen von Managern oder Branchenkennern helfen.

Die quantitative Methode kann angewendet werden, wenn Unternehmen neben dem Grundbudget für das Tagesgeschäft ein Strategieänderungsbudget ausweisen und über Overheadfunktionen wie z. B. ein Risikomanagement verfügen (vgl. Welge, Al-Laham 2004; Wheelen, Hunger 2002, S. 194). Für die abgeleiteten dynamischen Strategien - von Risikomanagement (DS 1) bis zum Management der Kompetenzentwicklung im vertikalen Wettbewerb (DS 7) ist ein Referenzpunkt erforderlich, der angibt, wie hoch die Ausgaben z. B. für das systematische Risikomanagement im Vergleich zum Gesamtbudget sein sollten. Ein solcher Referenzpunkt lässt sich z. B. in Branchenstudien finden.

Dieses Konzept zur Erfassung der „strategischen Gesundheit" von Unternehmen ist wissenschaftlich begründet und grundsätzlich allgemein einsetzbar, mit der Möglichkeit der branchenspezifischen Differenzierung oder Relativierung.

Das Konzept der „strategischen Gesundheit" bietet Ansatzpunkte zur Einschätzung der Umsetzung statischer Strategien im Zeitablauf. Es zeigt, welche dynamischen Strategien ein Unternehmen zu wenig oder nicht konsistent verfolgt. Damit ist neben den rein finanzwirtschaftlichen Bewertungsansätzen auch eine Abschätzung der Leistungsziele möglich.

Finanzielle Leistungsfähigkeit ist zwar wichtig, weil ein Unternehmen kurzfristig profitabel sein und bleiben muss. Um langfristig überleben zu können, ist diese Bewertung aber um die Bewertung der „strategischen Gesundheit" von Unternehmen zu erweitern, weil

- insbesondere das Top-Management großer Unternehmen nur bei einem klaren Strategiekonzept die Transaktionskosten minimieren und unwirtschaftliche Wettbewerbspositionen erkennen kann,

- die Shareholder langfristige Pläne als Grundlage für Investitionsentscheidungen fordern,

- Wirtschaftsprüfer wissen wollen, wie Werte erhalten oder verbessert werden sollen,

- Investmentbanken Daten benötigen, um z. B. fundierte Angebote für Geschäftsbereiche auszuarbeiten, die ausgelagert werden sollten und

- Unternehmensgründer kritischen Kapitalgebern die Entwicklung der künftigen Wettbewerbsposition erläutern müssen.

Literaturverzeichnis

AAKER, D. A. (2002): Strategisches Markt-Management. Wiesbaden.

ABEL, B. (1979): Denken in theoretischen Modellen als Leitideee der Wirtschaftswissenschaften. In: Raffée, H., Abel, B. (Hrsg): Wirtschaftswissenschaftliche Grundfragen der Wirtschaftswissenschaften. München, S.138-160.

ADNER, R. (2002): When are technologies disruptive? A demand-based view of the emergence of competition. In: Strategic Management Journal, Vol. 23, S. 667-688.

ADNER, R., LEVINTHAL, D. A. (2002): The emergence of emerging techniques. In: California Management Review, Vol. 45, S. 50-66.

ADNER, R., ZEMSKY, P. (2006): A demand-based perspective on sustainable competitive advantage. In: Strategic Management Journal, Vol. 27, S. 215-239.

AGMON, T., LESSARD, D. R. (1977): Investor recognition of corporate international diversification. In: The Journal of Finance, Vol. 32, S. 1049-1056.

AHUJA, G., KATILA, R. (2001): Technological acquisitions and the innovation performance of acquiring firms: A longitudinal study. In: Strategic Management Journal, Vol. 22, S. 197-220.

ALBACH, H., KALUZA, B., KERSTEN, W. (Hrsg.) (2002): Wertschöpfungsmanagement als Kernkompetenz. Wiesbaden, S. 277-301.

ALCHIAN, A. A., DEMSETZ, H. (1972): Production, information costs and economic organization. In: American Economic Review, Vol. 62, S. 777-795.

ANSOFF, H. I. (1966): Management-Strategie. München.

APGAR, D. (2006): Risk intelligence. Learning to manage what we don't know. Boston.

APPLEYARD, M. M. (1996): How does knowledge flow? Interfirm patterns in the semiconductor industry. In: Strategic Management Journal, Vol. 17, special issue (winter), S. 137-154.

ARGYRES, N. (1996): Capabilities, technological diversification and divisionalization. In: Strategic Management Journal, Vol. 17, S. 395-410.

ARGYRIS, C. (1993): Education for leading-learning. In: Organizational Dynamics, Vol. 23, S. 5-17.

ARGYRIS C., SCHÖN, D. A. (1978): Organizational learning. A theory of action perspective. Reading/Mass.

ARMSTRONG, H., TAYLOR, J. (1985): Regional Economics & Policy. Hampstead.

BADEN-FULLER, C., VOLBERDA, H. W. (1997): Strategic renewal in large complex organization. A competence-based view. In: Heene, A., Sanchez, R. (Hrsg.): Competence-based strategic management. Chichester, S. 89-110.

BAILEY, E. E. (1998): Die Integration von politischen Entwicklungen in dynamische Wettbewerbsstrategien. In: Day, G. S., Reibstein, D. J. (Hrsg. mit R. Gunther): Wharton zur dynamischen Wettbewerbsstrategie. Düsseldorf, S. 99-123.

BAIN, J. S. (1956): Barriers to new competition. Their character and consequences in manufacturing industries. Cambridge/Mass.

BAIN, J. S. (1968): Industrial organization. 2. Aufl., New York.

BALDWIN, C., CLARK, K. (1997): Managing in an age of modularity. In: Harvard Business Review, Vol. 75, S. 84-93.

BALDWIN, C., CLARK, K. (2003): Where do transactions come from? A perspective from engineering design. Cambridge/Mass. (= Working Paper Harvard Business School).

BARABBA, V. P. (1995): Meeting the minds. Creating the market-based enterprise. Boston.

BARNETT, W. P. (1997): The dynamics of competitive intensity. In: Administrative Science Quarterly, Vol. 42, S. 128-160.

BARNEY, J. B. (1991): Firm resources and sustained competitive advantage. In: Journal of Management, Vol. 17, S. 99-120.

BARTHÖLKE, U. J. (2000): Strategische Gruppen und Strategieforschung. Ansatz für eine dynamische Wettbewerbsbetrachtung. Wiesbaden.

BARTLETT, C. A., GHOSHAL, S. (1989): Managing across borders. New organizational solutions. London.

BASIL, D. C., COOK, C. W. (1974): The management of change. London.

BAUMOL, W. J. (1982): Contestable markets. An uprising in the theory of industry structure. In: American Economic Review, Vol. 27, S. 1-15.

BAUMOL, W. J., PANZAR, J. C., WILLIG, R. D. (1988): Contestable markets and the theory of industry structure. Revised edition, New York.

BEA, F. X., DICHTL, E., SCHWEITZER, M (2002): Allgemeine Betriebswirtschaftslehre. Bd. 3: Leistungsprozess. 8. überarb. Aufl., Stuttgart.

BEA, S. (1995): Direktinvestitionen in Entwicklungsländern. Auswirkungen von Stabilisierungsmaßnahmen und Strukturreform in Mexiko. Frankfurt/M.

BERGAUER, A. (2001): Erfolgreiches Krisenmanagement in der Unternehmung. Eine empirische Analyse. Berlin. (= Duisburger Betriebswirtschaftliche Schriften, 23).

BERNSTEIN, J., NADIRI, M. (1989): Research and development and intraindustry spillovers. An empirical application of dynamic dualty. In: Review of Economic Studies, Vol. 56, S. 249-296.

BIETA V., KIRCHHOFF, J., MILDE, H., SIEBE, W. (2002): Risikomanagement und Spieltheorie. Wie global player mit Risiken umgehen müssen. Bonn.

BLECKER, T. (1999): Unternehmen ohne Grenzen. Konzepte, Strategien und Gestaltungsempfehlungen für das strategische Management. Wiesbaden.

BÖBEL, I. (1984): Wettbewerb und Industriestruktur. Industrial Organization-Forschung im Überblick. Berlin.

BOEGLIN, P. (1992): Innerbetrieblicher Know-how-Transfer. In: Management-Zeitschrift IO, 61. Jg., S. 86-91.

BOGNER, W. C., THOMAS, H., MCGEE, J. (1996): A longitudinal study of the competitive position and the entry paths of European firms in the U.S. pharmaceutical market. In: Strategic Management Journal, Vol. 17, S.85-107.

BOUTELLIER, R., BIEDERMANN, A. (2005): Systementwickler und Modullieferanten. In: Albers, S., Gassmann, O. (Hrsg): Handbuch Technologie- und Innovationsmanagement. Wiesbaden, S. 641-658.

BRAINARD, S., LOEL, C. (1997): An empirical assessment of the proximity-concentration trade-off between multinational sales and trade. In: American Economic Review, Vol. 84, S. 520-544.

BRANDER, J. A., SPENCER B. (1985): Export subsidiaries and international market share rivalry. In: Journal of International Economics, Vol. 18, S. 83-100.

BREZIS, E., KRUGMAN, P., TSIDDON, D. (1991): Leapfrogging: A theory of cycles in national technological leadership (= National Bureau of Economic Research NBER). Working Paper No. 3886).

BREMKE, K., MEYER, R. (2006): Strategisches Risikomanagement. In: Frankfurter Allgemeine Zeitung vom 12.2.2006.

BRESSER, R. K. F., HITT, M. A., NIXON, R. D., HEUSKEL, D. (Hrsg.) (2000a): Winning strategies in a deconstructing world. Chichester.

BRESSER, R. K. F., HEUSKEL, D., NIXON, R. D. (2000b): The deconstruction of integrated value chains: Practical and conceptual challenges. In: Bresser, R. K. F., Hitt, M. A., Nixon, R. D., Heuskel, D. (Hrsg.): Winning strategies in a deconstructing world. Chichester, S. 1-21.

BROLL, U., GILROY, B. M. (2000): Außenwirtschaftstheorie. Einführung und neuere Ansätze. 2. durchges. Aufl., München.

BROWN, S. L., EISENHARDT, K. M. (1997): The art of continuous change: Linking complexity theory and time-paced evolution in relentlessly shifting organizations. In: Administrative Science Quarterly, Vol. 42, S. 1-34.

BUCKLEY, P. J. (1996): Trend in international business theory: A meta analysis and integration of literature on international business and international management. In: management international review, Vol 36, special issue 1, S. 7-54.

BÜHNER, R. (1993): Erfahrungen mit der Management-Holding. Landsberg/Lech.

BULOW, J. I., GEANAKOPLOS, J. D., KLEMPERER, P. D. (1985): Multimarket oligopoly. Strategic substitutes and complements. In: Journal of Political Economy, Vol. 93, S. 488-511.

BURMANN, C. (2005): Prävention und Eindämmung von Ad-hoc-Krisen durch Aufbau strategischer Flexibilität. In: Burmann, C., Freiling, J., Hülsmann, M. (Hrsg.): Management von Ad-hoc-Krisen. Grundlagen - Strategien - Erfolgsfaktoren. Wiesbaden, S. 291-310.

BURMANN, C., FREILING, J., HÜLSMANN, M. (Hrsg.) (2005): Management von Ad-hoc-Krisen. Grundlagen – Strategien – Erfolgsfaktoren. Wiesbaden.

BUZZELL, D. R., GALE, B. T. (1987): The PIMS principles. Linking strategy to performance. New York.

CARL, V. (1989): Problemfelder des internationalen Managements. München.

CARPENTER, M. A., SANDERS, W. G. (2007): Strategic Management. A dynamic perspective. New Jersey.

CAVES, R. E. (1980): Industrial organization, corporate strategy and structure. In: Journal of Economic Literature, Vol. 18, S. 64-72.

CAVES, R. E., PORTER, M. E. (1977): From entry barriers to mobility barriers. Conjectural decision and contrived deterrence to new competition. In: Quarterly Journal of Economics, Vol. 91, S. 241-261.

CHAFFEE, E. E. (1985): Three models of strategy. In: Academy of Management Review, Vol. 10, S. 89-98.

CHATTERJEE, S. (2005): Failsafe strategies. Profit and grow from risks that others avoid. Upper Saddle River, NJ. (= Wharton School Publishing).

CHEN, M.-J., MACMILLAN, I. C. (1992): Non-response and delayed response to competitive moves: The roles of competitor dependence and action irreversibility. In: Academy of Management Journal, Vol. 35., S. 539-570.

CHEN, M.-J., MILLER, D. (1994): Competitive attack, retaliation and performance. An expectancy-valence framework. In: Strategic Management Journal, Vol. 15, S. 85-102.

CHEN, M.-J., SMITH, K. G., GRIMM, C. M. (1992): Action characteristics as predictors of competitive response. In: Management Science. Vol. 38, S. 439-455.

CHRISMAN, J. J., HOFER, C. W., BOULTON, W. R. (1988): Towards a system for classifying business strategies. In: Academy of Management Review, Vol. 13, S. 413-428.

CLARKE, R. (1991): Conglomerate firms. In: Clarke, R., McGuinness, T. (Hrsg.): The economics of the firm. Oxford, S. 107-132.

COHEN, W. M., LEVINTHAL, D. A. (1989): Innovation and learning. The two faces of R&D. Implications for the analysis of R&D investments. In: Economic Journal, Vol. 99, S. 569-596.

COHEN, W. M., LEVINTHAL, D. A. (1990): Absorptive capacity: A new perspective on learning and innovation. In: Administrative Science Quarterly, Vol. 35, S. 128-152.

COLLIS, D. J., MONTGOMERY, C. A. (1998): Creating corporate advantage. In: Harvard Business Review, Vol. 76, S. 70-83.

CORSTEN, H., WILL, T. (1995): Simultanität von Kostenführerschaft und Differenzierung durch neuere Produktionskonzepte. In: Corsten, H. (Hrsg.): Produktion als Wettbewerbsfaktor. Beiträge zur Wettbewerbs- und Produktionsstrategie. Wiesbaden, S. 235-248.

CROSSAN, M. M., BERDROW, I. (2003): Organizational learning and strategic renewal. In: Strategic Management Journal, Vol. 24, S. 1087-1105.

CYERT, R. M., MARCH, J. G. (1963): A behavioral theory of the firm. Englewood Cliffs, NJ.

D´AVENI, R. A. (1995): Hyperwettbewerb. Frankfurt/M.

DAY, G. S., REIBSTEIN, D.J. (Hrsg. mit R. Gunther) (1998): Wharton zur dynamischen Wettbewerbsstrategie, Düsseldorf.

DEEDS, D. L., DECAROLIS, D., COOMBS, J. (2000): Dynamic capabilities and new product development in high technology ventures: An empirical analysis of new biotechnologies firms. In: Journal of Business Venturing, Vol. 15, S. 211-229.

DEMSETZ, H. (1995): The economics of the business firm. Seven critical commentaries. Cambridge/Mass.

DEUTSCHE BANK (Hrsg.) (2002): Global autos. The drivers how to navigate the auto industry. Frankfurt/ M.

DEUTSCHE BANK (2005): Analystenreport Jungheinrich AG. Frankfurt/M.

DE WIT, B., MEYER, R. (1994): Strategy – process – content. An international perspective. St. Paul.

DIEDERICHS, M., FORM, S., REICHMANN, T. (2004): Standard zum Risikomanagement. Arbeitskreis Risikomanagement. In: Controlling, 16. Jg., S. 189- 198.

DIERICKX, I., COOL, K. (1989): Asset stock accumulation and sustainability of competitive advantage. Replay. In: Management Science, Vol. 35, S. 1504-5011.

DIXIT, A. K. (1979): A model of duopoly suggesting a theory of entry barriers. In: The Bell Journal of Economics, Vol. 10, S. 20-32.

DIXIT, A. K., NALEBUFF, B. J. (1995): Spieltheorie für Einsteiger. Strategisches Know-how für Gewinner. Stuttgart.

DOMSCHKE, W., SCHOLL, A. (2000): Grundlagen der Betriebswirtschaftslehre. Eine Einführung aus entscheidungstheoretischer Sicht. Berlin.

DOSI, G., NELSON, R. R., WINTER, S. G. (Hrsg.) (2002): The nature and dynamics of organizational capabilities. Oxford.

DOZ, Y. L. (1996): The evolution of cooperation in strategic alliances: Initial conditions or learning processes? In: Strategic Management Journal, Vol. 17, S. 55-83.

DUNCAN, R. B., WEISS, A. (1979): Organizational learning. Implications for organizational design. In: Staw, B. (Hrsg.): Research in organizational behaviour 1. Greenwich/Conn., S. 75-123.

DYER, J. (2000): Collaborative advantage. Winning through extended enterprise supplier networks. New York.

EBEL, B., HOFER, M. B., AL-SIBAI, J. (Hrsg.) (2004): Automotive Management. Strategie und Marketing in der Automobilwirtschaft. Berlin, Heidelberg.

EGLI, E., KOCHER, H., ZINNIKER, M (2002): Risikoanalyse und Krisenprophylaxe am Beispiel einer KMU. Bern.

EHRENSBERGER, S. (1993): Synergieorientierte Unternehmensintegration. Grundlagen und Auswirkungen. Wiesbaden.

EICKHOF, N. (1992): Marktstruktur und Wettbewerbsprozess. In: Ordo, 43. Jg., S. 173-192.

EISENFÜHR, F., WEBER, M. (2003): Rationales Entscheiden. 4. neu bearb. Aufl., Berlin.

EISENHARDT, K. M. (2001): Strategy as strategic decision making. In: Cusumano, M.A., Markides, C.C. (Hrsg.): Strategic thinking for the next economy. San Francisco, S. 85-102.

EISENHARDT, K. M., MARTIN, J. A. (2000): Dynamic capabilities: What are they? In: Strategic Management Journal, Vol. 21, S. 1105-1121.

ELFRING, T. (Hrsg.): Rethinking strategy. London.

ELFRING, T., BAVEN, G. (1996): Spinning-off capabilities: Competence development in knowledge intensive services. In: Sanchez, R., Heene, A., Thomas, H. (Hrsg.): Dynamics of competence-based competition. Theory and practice of a new strategic management. Oxford, S.209-225.

ELLINGER, T., BREUERMANN, G., LEISTEN, R. (2001): Operations Research. Eine Einführung. 5.durchges. Aufl., Heidelberg.

ERNST, R., HAUBELT, C., JERSAK, M., RICHTER, K., STREHL, K., TEICH, J., THILE, L., ZIEGENBEIN, D. (2005): SPI-Workbench – Modellierung, Analyse und Optimierung eingebetteter Systeme. In: GI-Press (Hrsg.): INFORMATIK 2005 – Informatik Briefe , Bd. P-68. Bonn.

ETHIRAJ, S., LEVINTHAL, D. (2004): Modularity and innovation in complex systems. In: Management Science, Vol. 50, S. 159-173.

EVANS, P., DOZ, Y. (1989): The dualistic organization. In: Evans, P., Doz, Y., Laurent, A. (Hrsg.): Human resource management in international firms. Change, globalization, innovation. Houndsmill, S. 219-242.

FARJOUN, M. (2002): Towards an organic perspective on strategy. In: Strategic Management Journal, Vol. 23, S. 561-594.

FEHL, U., OBERENDER, P. (1994): Grundzüge der Mikroökonomie. Einführung in die Produktions-, Nachfrage- und Preistheorie. 6. verb. Aufl., München.

FEHL, U., OBERENDER, P. (2004): Grundlagen der Mikroökonomie. Wiesbaden.

FEICHTINGER, G., KORT, P. M., HARTL, R. F., WIRL, F. (2001): The dynamics of a simple relative adjustment cost framework. In: German Economic Review, Vol. 2, S. 255-268.

FELS, G. (1999): Globalisierung und Tertiärisierung: Herausforderungen an den Standort Deutschland. Berlin.

FEURER, R., CHAHARBAGHI, K. (1995): Dynamic strategy formulation and alignment. In: Journal of General Management, Vol. 20, S. 76-90.

FITZROY, P., HULBERT, J. (2005): Strategic Management. Creating Value in turbulent times. Chichester.

FLECK, A. (1995): Hybride Wettbewerbsstrategien: Zur Synthese von Kosten- und Differenzierungsvorteilen. Wiesbaden.

FOSS, N. J. (1999): Research in the strategic theory of the firm: "Isolationism" and "integrationism". In: Journal of Management Studies. Vol. 36, S. 725-755.

FOURNIER, C. von (2005): Die 10 Gebote für ein gesundes Unternehmen: Wie Sie langfristigen Erfolg schaffen. Frankfurt/M.

FRANKE, J. (1985): Grundzüge der Mikroökonomik, 2. Aufl. München.

FRESE, E. (2000): Grundlagen der Organisation. 8. Aufl. München.

FUBINI, D., PRICE, C., ZOLLO, M. (2007): Mergers: Leadership, performance & corporate culture. Houndsmill.

GASKINS, D. W. (1971): Dynamic limit pricing. Optimal pricing under the threat of entry. In: Journal of Economic Theory, Vol. 3, S. 306-322.

GERKE, W. (2003): Das Pflichtheft des Risikomanagements. Für eine vollständige Erfassung und Steuerung der Gesamtrisikoposition eines Unternehmens. In: Frankfurter Allgemeine Zeitung vom 28.4.2003, S. 26.

GERPOTT, T. J. (2005): Strategisches Technologie- und Innovationsmanagement. 2. überarb. u. erw. Aufl., Stuttgart.

GERYBADZE, A. (1995): Strategic alliances and process redesign. Effective management and re-structuring of cooperative projects and networks. Berlin.

GERYBADZE, A. (2004): Technologie- und Innovationsmanagement: Strategie, Organisation und Implementierung. München.

GHEMAWAT, P. (1991): Commitment. The dynamics of strategy. Toronto.

GHOSHAL, S., NOHRIA, N. (1993): Horses for courses. Organizational forms for multinational corporations. In: Sloan Management Review, Vol. 34, S. 23-35.

GLAKE, C., FRED, R., LEC, R, DWIGHT, R. (1981): Microeconomics. New York.

GLEISSNER, U. (1994): Konzernmanagement. Ansätze zur Steuerung diversifizierter internationaler Unternehmen. München.

GLOBAL INSIGHTS (Hrsg.) (2003): Ragtops, race cars, and movie stars. The "nicheification" of the U.S. auto industry. Frankfurt/M.

GOOLD, M., CAMPBELL, A. (1998): Desperately seeking synergy. In: Harvard Business Review, Vol. 76, S. 131-143.

GOOLD, M, CAMPBELL, A., ALEXANDER, M. (1994): Corporate-level strategy. Creating value in the multi-business company. New York.

GOTTINGER, H.W. (2003): Technological races in global industries. In: International Journal of Technology, Policy and Management, Vol. 3, S. 22-37.

GRANT, R. M. (1988): Research notes and communications on `dominant logic´, relatedness and the link between diversity and performance. In: Strategic Management Journal, Vol. 9., S. 639-642.

GRANT, R. M. (1991): The resource-based theory of competitive advantage. Implications for strat-egy formulation. In: California Management Review, Vol. 33, S. 114-135.

GRANT, R. M., NAPPA, M. (2006): Strategisches Management. Analyse, Entwicklung und Imple-mentierung von Unternehmensstrategien. 5. aktuali. Aufl., München.

GRIFFITHS, A., WALL, S. (1991): Applied economics. 4. Aufl., London.

GROSSMAN, S., HART, O. (1986): The costs and benefits of ownership: A theory of vertical and lateral integration. In: Journal of Political Economy, Vol. 94, S. 691-719.

GRUBEL, H. G. (1968): Internationally diversified portfolios. Welfare gains and capital flows. In: American Economic Review, Vol. 58, S. 1299-1314.

GRUNDLACH, E., NUNNENKAMP, P. (1996): Falling behind or catching up. Developing countries in an era of globalization. Kiel (= Kieler Diskussionsbeiträge 263).

HAMEL, G. (2001): Strategy innovation and the quest for value. In: Cusumano, M. A., Markides, C. C. (Hrsg.): Strategic thinking for the next economy. San Francisco, S. 181-195.

HAMEL, G., PRAHALAD, C. K. (1993): Strategy as a stretch and leverage. In: Harvard Business Review, Vol. 71, S. 75-84.

HANNAN, M. T., FREEMAN, J. (1993): Organizational ecology. Cambridge/Mass.

HART, O., MOORE, J. (1990): Property rights and the nature of the firm. In: Journal of Political Economy, Vol. 98, S. 1119-1158.

HAUSCHILDT, J. (2004): Innovationsmanagement. 3.Aufl., München.

HAX, A. C., WILDE, D. L. II (2001): The delta model. Adaptive management for a changing world. In: Cusumano, M. A., Markides, C. C. (Hrsg.): Strategic thinking for the next economy. San Francisco, S. 57-83.

HAY, D. A., MORRIS, D. J. (1991): Industrial economics and organization. Theory and evidence. New York.

HAYES, R. H., PISANO, G. P. (1994): Beyond world-class. The new manufacturing strategy. In: Harvard Business Review, Vol. 72, S. 77-86.

HELFAT, C. E., RAUBITSCHEK, R. S. (2000): Product sequencing: Co-evolution of knowledge, capabilities and products. In: Strategic Management Journal, Vol. 21, S. 961–979.

HELMSTÄDTER, E. (1995): Zeit in der Ökonomie und wie geht die Ökonomik damit um? In: Biervert, B., Held, M. (Hrsg.): Zeit in der Ökonomik. Frankfurt/M., S. 33-47.

HENNEMANN, C. (1997): Organisationales Lernen und lernende Organisation. Entwicklung eines praxisbezogenen Gestaltungsvorschlags aus ressourcenorientierter Sicht. München.

HEPPNER, K. (1997): Organisation des Wissenstransfers. Grundlagen, Barrieren und Instrumente. Wiesbaden.

HERRMANN, A., BAUER, H. H., HUBER, F. (1997): Wenn Käufe auch verkaufen. Preispolitische Implikationen der "prospect"-Theorie. In: Marketing ZFP, 19. Jg., S. 5-14.

HEUSKEL, D. (1999): Wettbewerb jenseits von Industriegrenzen: Aufbruch zu neuen Wachstumsstrategien. Frankfurt/M.

HEUSS, E. (1965): Allgemeine Markttheorie. Tübingen.

HILL, C. W. (2002): International Business. Competing in the global marketplace. Postcript 2002. 3. Aufl., New York.

HINTERHUBER, A., HINTERHUBER, H. H. (2002): Die Orchestrierung von Wertschöpfungsketten. In: Albach, H., Kaluza, B., Kersten, W. (Hrsg.): Wertschöpfungsmanagement als Kernkompetenz. Wiesbaden, S. 277-301.

HIRSCH, S. (1976): An international trade and investment theory of the firm. In: Oxford Economic Papers, Vol. 28, S. 258-270.

HOLLER, M. J., ILLING, G. (2005): Einführung in die Spieltheorie. 6. Aufl., Heidelberg.

HOLMSTRÖM, B., MILGROM, P. (1991): Multitask principal-agent analysis. Incentive contracts, asset ownership, and job design. In: Journal of Law, Economics & Organization., Vol. 7, S. 24-52.

HOLT, R. W. P. (2003): Investment and dividends under irreversibility and financial contraints. In: Journal of Economic Dynamics & Control, Vol. 27, S. 467-502.

HOLTBRÜGGE, D. (1996): Erfolgsfaktoren ausländischer Direktinvestitionen in Russland. In: Welge, M. K., Holtbrügge, D. (Hrsg.): Wirtschaftspartner Russland. Rahmenbedingungen – Kooperationsstrategien – Erfahrungsberichte. Wiesbaden, S. 19-43.

HOOPES, D., MADSON, T., WALKER, G. (Hrsg.) (2003): Why is there a resource-based view? Towards a theory of competitive heterogeneity. In: Strategic Management Journal, Vol. 24, special issue, S. 889-902.

HOPFENBECK, W. (2002): Allgemeine Betriebswirtschafts- und Managementlehre. Das Unternehmen im Spannungsfeld zwischen ökonomischen, sozialen und ökologischem Interessen. 14. Aufl., Landsberg/Lech.

HUFF, J. O., HUFF, A. S., THOMAS, H. (1992): Strategic renewal and the interaction of cumulative stress and inertia. In: Strategic Management Journal, Vol. 13, S. 55-75.

HUFF, J. O., HUFF, A. S., THOMAS, H. (1994): The dynamics of strategic change. In: Daems, H., Thomas, H. (Hrsg.): Strategic groups, strategic moves and performance. Oxford, S. 31- 62.

HUSELID, M. A., JACKSON, S. E. (1997): Technical and strategic human resource management effectiveness as determinants of firm performance. In: Academy of Management Journal, Vol. 40, S. 171-188.

HUTZSCHENREUTER, T., GRIESS-NEGA, T. (Hrsg.) (2006): Krisenmanagement. Grundlagen – Strategien – Instrumente. Wiesbaden.

JACOBS, H. (1990): Flexibilität und ihre Bedeutung für die Betriebspolitik. In: Adam, D., Backhaus, K., Meffert, H. Wagner, H. (Hrsg.): Integration und Flexibilität. Eine Herausforderung für die Allgemeine Betriebswirtschaftslehre. Wiesbaden, S. 15-60.

JÄNICKE, M. (1973): Krisenbegriff und Krisenforschung. In: Jänicke, M. (Hrsg.): Herrschaft und Krise. Beiträge zur politikwissenschaftlichen Krisenforschung. Opladen, S. 10-25.

JARILLO, C. (1988): On strategic networks. In: Strategic Management Journal, Vol. 9, S. 31-41.

JENSEN, M. C. (1989): Eclipse of the public corporation. In: Harvard Business Review, Vol. 67, S. 61-75.

JENSEN, O. (1996): Competence development by small firms in a vertically-constrained industry structure. In: Sanchez, R., Heene, A., Thomas, H. (Hrsg.): Dynamics of competence-base competition. Oxford, S. 165-181.

JOHNSON, G., SCHOLES, K., WHITTINGTON, R. (2005): Exploring corporate strategy. Text and cases. 7. Aufl., New York.

JONES, G. R., HILL, C. W. L (1988): Transaction cost analysis and strategy-structure choice. In: Strategic Management Journal, Vol. 9, S. 159-172.

JOSEPH, G. (1980): The many sciences and the one world. In: Journal of Philosophy, Vol. 77, S. 773-791.

JÜRGENS, U. (2003): Industriegovernance und Produktionskonzepte. In: Canzler, W., Schmidt, G. (Hrsg.): Das zweite Jahrhundert des Automobils. Technische Innovation, ökonomische Dynamik und kulturelle Aspekte. Berlin, S. 15-41. (= Wissenschaftszentrum Berlin für Sozialforschung, WZB).

JUNG, R. H., BRUCK, J., QUARG, S., KLEINE, M. (2006): Allgemeine Managementlehre. Lehrbuch für die angewandte Unternehmens- und Personalführung. 2., vollst. neu bearb. u. wes. erw. Aufl. Berlin.

JUNG, R. H., KLEINE, M. (1993): Management. Personen – Strukturen – Funktionen –Instrumente. München.

KFW-BANKENGRUPPE (Hrsg.) (2005): Krisenmanagement. Strategien gegen die Insolvenzgefahr in kleinen und mittleren Unternehmen. Frankfurt/M.

KAPLAN, R. S., NORTON, D. P. (1996a): Using the balanced scorecard as a strategic management system. In: Harvard Business Review, Vol. 74, S. 75-85.

KAPLAN, R. S., NORTON, D. P. (1996b): The balanced scorecard. Translating strategy into action. Boston.

KAPLAN, R. S., NORTON, D. P. (2004): Strategy maps. Converting intangible assets into tangible outcomes. Boston.

KAPLAN, R. S., NORTON, D. P. (2006): Alignment: Using the balanced scorecard to create corporate synergies. Boston.

KARAKAYA, F., STAHL, M. J. (1991): Entry barriers and market entry decision. A guide for marketing executives. New York.

KASPAR, W., STREIT, M. E. (1994): Institutional economics. Cheltenham.

KLEIN, B., LEFFER, K. B. (1981): The role of market forces in assessing contractual performance. In: Journal of Political Economy, Vol. 89, S. 615-641.

KNYPHAUSEN-AUFSESS zu, D. (1995): Theorie der strategischen Unternehmensführung: State of the Art und neue Perspektiven. Wiesbaden.

KOJIMA, M., MEGIDDO, N., NOMA, T., YOSHISE, A. (1991): A unified approach to interior point algorithms for linear complementarity problems. Berlin.

KOLBE, C. (1991): Eintrittsbarrieren und Eintrittsfähigkeit potentieller Konkurrenten. Göttingen. (= Wirtschaftswissenschaftliche Studien, Bd. 85).

KORUNA, S. (1999): Kernkompetenzdynamik: Überleben im Hyperwettbewerb mit strategischen Allianzen, Zürich.

KRAUT, C. (1996): Die Mehrproduktfirma. Eine produktions- und kostentheoretische Untersuchung unter besonderer Berücksichtigung der Marktkonfiguration. Münster.

KREIKEBAUM, H. (1997): Strategische Unternehmensplanung. 6. Aufl., Stuttgart.

KRYSTEK, U. (1981): Krisenbewältigungs-Management und Unternehmungsplanung. Wiesbaden.

KRYSTEK, U. (1987): Unternehmungskrisen. Beschreibung, Vermeidung und Bewältigung überlebenskritischer Prozesse in Unternehmungen. Wiesbaden.

KRYSTEK, U. (1989): Führung in Ausnahmesituationen. Akute Krisen und Chancen als Führungsaufgabe. In: Zeitschrift Führung + Organisation, 58. Jg., S. 30-37.

KUNZ, A. H. (2003): Strategic budgeting and slack in the context of product and capital market competition. In: Die Unternehmung, 57. Jg., S. 331-248.

KUREK, R. (2004): Erfolgsstrategien für Automobilzulieferer. Heidelberg.

KUTSCHKER, M., SCHMID, S. (2005): Internationales Management. 4. bearb. Aufl., München.

LAFFONT, J.-J., TIROLE, J. (1991): Privatization and incentives. In: Journal of Law, Economics and Organization, Vol. 7, S. 84-105.

LANGLOIS, R. N., ROBERTSON, P. L. (1995): Firms, markets and economic change: A dynamic theory of business institutions. London.

LAUX, H. (2005): Entscheidungstheorie. 6. durchges. Aufl., Berlin.

LAUX, H., LIERMANN, F. (1997): Grundlagen der Organisation. 4. vollst. überarb. Aufl., Berlin,

LAWRENCE, P. R., LORSCH, J. W. (1967a): Organization and environment. Managing differentiation and integration. Homewood/Ill.

LAWRENCE, P. R., LORSCH, J. W. (1997b): Differentiation and integration in complex organizations. In: Administrative Science Quarterly, Vol. 12, S. 1-47.

LEE, K., LIM, C., SONG, W. (2005): Emerging digital technology as a window of opportunity and technological leapfrogging: Catch-up in digital TV by the Korean firms. In: International Journal of Technology Management, Vol. 29, S. 40-63.

LEIBLEIN, M. J., MILLER, D. J. (2003): An empirical examination of transaction- and firm-level influences on vertical boundaries of the firm. In: Strategic Management Journal, Vol. 24, S. 839-859.

LEKER, J. (2000): Die Neuausrichtung der Unternehmensstrategie. Tübingen.

LEONHARD-BARTON, D. (1992): Core capabilities and core rigidities. A paradox in managing new product development. In: Strategic Management Journal, Vol. 13, special issue (summer), S. 111-125.

LESSARD, D. R. (1995): Principles of international portfolio selection. In: Lessard, D. R. (Hrsg.): International financial management. Theory and application. 2. Aufl., New York, S. 16-30. (Giddy, G. (Hrsg) (1983): International Finance Handbook. New York).

LEVIS, M. W., GRIMES, A. J. (1999): Metatriangulation: Theory building from multiple paradigms. In: Academy of Management Review, Vol. 24, S. 672-690.

LIEBERMAN, M. (1987): The learning curve, diffusion, and competitive strategy. In: Strategic Management Journal, Vol. 8, S. 441-452.

LINDE, F. (1994): Krisenmanagement in der Unternehmung: Krisenbewältigung zur Erfolgssteigerung. Berlin.

LIPPMAN, S. A., RUMELT, R. (1982): Uncertain imitability. An analysis of interfirm differences in efficiency under competition. In: Bell Journal of Economics, Vol. 13, S. 418-438.

LORANGE, P. (1998) : Strategy implementation : the new realities. In: Long Range Planning, Vol. 31, S. 18-29.

LUCHS, K., MECKL, R. (2002): Internationale Mergers & Acquisitions. Der prozessorientierte Ansatz. Berlin.

LUO, Y. (2000): Dynamic capabilities in international expansion. In: Journal of World Business, Vol. 35, S. 355-378.

MacDuffie, J. P., Sethuraman, K., Fischer, M. L. (1996): Product variety and manufacturing performance: Evidence from the international assembly plant study. In: Management Science, Vol. 42, S. 350-369.

Macharzina, K., Wolf, J. (2005): Unternehmensführung. Das internationale Managementwissen. Konzepte – Methoden – Praxis. 5. grundl. überarb. Aufl., Wiesbaden.

Machlup, F. (1966): Wettbewerb im Verkauf. Modellanalyse des Anbieterverhaltens. Göttingen.

MacMillan, I. C., Putten, A. B. van, McGrath, R. G. (2003): Global gamesmanship. In: Harvard Business Review, Vol. 81, S. 62-71.

Mahoney, J. T. (1995): The management of resources and the resources of management. In: Journal of Business research. Vol. 33, S. 91-101.

Mansfield, E. (1986): How rapidly does new industrial knowledge leak out? In: Journal of Industrial Economics, Vol. 34, S. 217-223.

Markides, C. C. (2000): A dynamic view of strategy. In: Cusumano, M.A., Markides, C. C. (Hrsg.): Strategic thinking for the next economy. San Francisco, S. 229-248.

Maxton, G. P., Wormald, J. (2004): Time for a model change. Re-engineering the global automotive Industry. Cambridge.

McEvily, S. K., Eisenhardt, K. M., Prescott, J. E. (2004): The global acquisition, leverage, and protecttion of technological competencies. In: Strategic Management Journal, Vol. 25, special issue, S. 713-722.

McGaham, A. M. (2000): How industries evolve? In: Business Strategy Review, Vol. 11, S. 1-16.

McGaham, A. M., Porter, M. E. (1999): The persistence of shocks to profitability. In: The Review of Economics and Statistics, Vol. 81, S. 143-153.

McGaham, A. M., Porter, M. E. (2000): What do we know about variance in accounting profitability? In: Management Science, Vol. 48, S. 834-851.

McGrath, R. G., MacMillan, I. C., Venkatraman, S. (1995): Defining and developing competence. A strategic process paradigm. In: Strategic Management Journal, Vol. 16, S. 251-275.

McGregor, P., Swales, K., Ping Yin, Y. (1996): A long-run interpretation of regional input-output analysis. In: The Journal of Regional Science, Vol. 36, S. 479-501.

McKee, D. O., Varadarajan, P. R., Pride, W. M. (1989): Strategic adaptability and firm performance. A market-contingent perspective. In: Journal of Marketing, Vol. 53, S. 21-35.

McKinsey&Company/Institut für Produktionsmanagement, Technologie und Werkzeugmaschinen (PTW) (2003): HAWK 2015 – Wissensbasierte Veränderungen der automobilen Wertschöpfungskette. Frankfurt/M. (= Verband der Automobilindustrie (VDA) (Hrsg): Materialien zur Automobilindustrie, Bd. 30).

Meffert, H., Wagner, H. (Hrsg.): Integration und Flexibilität. Eine Herausforderung für die Allgemeine Betriebswirtschaftslehre. Wiesbaden, S.15-60.

Meier, P. (2005): Risikomanagement im Technologieunternehmen. Grundlagen, Methoden, Checklisten und Implementierung. Weinheim.

Mercer Management Consulting, Fraunhofer-Gesellschaft (Hrsg.) (2003): Future automotive industry structure 2015. Struktureller Wandel, Konsequenzen und Handlungsfelder für die Automobilentwicklung und –produktion. München.

Merkle, M. (1999): Bewertung von Unternehmensnetzwerken. Eine empirische Bestandsaufnahme mit der Balanced Scorecard. Bamberg.

Mette, M. (1999): Strategisches Management im Konjunkturzyklus. Wiesbaden.

Meyer, M., Lehnerd, A. (1997): The power of product platforms. New York.

Mikkola, J. (2003): Modularity, component outsourcing, and inter-firm learning. In: R&D Management, Vol. 33, S. 439-454.

Miles, R. E., Snow, C. C. (1986): Unternehmensstrategien. Hamburg. (= Organizational strategy, structure and process).

MILGROM, P., ROBERTS, J. (1990): The economics of modern manufacturing. Technology, strategy, and organization. In: The American Economic Review, Vol. 80, S. 511-528.

MILGROM, P., ROBERTS, J. (1992): Economics, organization and management. New York.

MILLER, A., DESS, G. G. (1993): Assessing Porter's (1980) model in terms of its generalizability, accurancy and simplicity. In: Journal of Management Studies, Vol. 30, S. 553-585.

MINTZBERG, H. (1978): Patterns in strategy formulation. In: Management Science, Vol. 24, S. 934-948.

MODIGLIANI, F. (1958): New developments on the oligopoly front. In: Journal of Political Economy, Vol. 66, S. 215-232.

MÜLLER, R. (1984): Krisenmanagement als organisatorisches Gestaltungsproblem. In: Zeitschrift Führung + Organisation, 53. Jg., H. 4, S. 229-237.

MÜLLER, R. (1986): Krisenmanagement in der Unternehmung: Vorgehen, Maßnahmen und Organisation. 2. überarb. Aufl., Frankfurt/M.

MURTY, K. G. (1988): Linear complementarity, linear and nonlinear programming. Berlin.

NAGL, A. (1997): Lernende Organisation. Entwicklungsstand, Perspektiven, Gestaltungsansätze in deutschen Unternehmen. Eine empirische Untersuchung. Aachen.

NANDA, A. (1996): Resources, capabilities and competencies. In: Moingeon, B., Edmondson, A. (Hrsg.): Organizational learning and competitive advantage. London, S. 93-120.

NELSON, R. R., WINTER, S. G. (1982): An evolutionary theory of economic change. Cambridge/Mass.

NEUBAUER, M. (2002): Krisenmanagement in Projekten. Handeln, wenn Probleme eskalieren. Berlin.

NEUBERGER, D. (1993): Das Stackelberg-Gleichgewicht im Oligopol. In: Wirtschaftswissenschaftliches Studium, 22. Jg., S. 617-623.

NEUMANN, J. V. VON, MORGENSTERN, O. (1961): Theory of games and economic behaviour. Princeton.

NORTH, D.C. (1994): Economic performance through time. In: The American Economic Review, Vol. 84, S. 359-367.

NOWAK, A.S., SZAJOWSKI, K. (2005): Advances in dynamic games. Applications to economics, finance, optimization, and stochastic control. Basel.

NOY, E., ELLIS, S. (2001): Risk: A neglected component of strategy formulation. Tel Aviv. (= Working Paper, Faculty of Management, Tel Aviv University).

OECD (1997): The world in 2020. Paris.

OHMAE, K. (1985): Macht der Triade. Die neue Form des weltweiten Wettbewerbs. Wiesbaden. (= Triad power 1984).

OSBORNE, D. K. (1973): On the rationality of limit pricing. In: Journal of Industrial Economics, Vol. 22, S. 71-80.

OSTER, S. (1994): Modern competitive analysis. Cambridge.

O. V. (2005): Outsourcing treibt Umsatz: Expertenwissen Sitze. In: Automobilproduktion, August, S. 90-95.

PAVITT, K. (1985): Technology transfer among multinationally diversified advanced countries. An overview. In: Rosenberg, N., Frischtak, C. (Hrsg.): International technology transfer. New York, S. 3-5.

PASCALE, R. T. (1990): Managing on the edge. How successful companies use conflict to stay ahead. London.

PENROSE, E. T. (1959): The theory of the growth of the firm. Oxford.

PERLITZ, M. (2004): Internationales Management. 5. bearb. Aufl., Stuttgart.

PERLMUTTER, H. V. (1969): The tortuous evolution of the multinational corporation. In: Columbia Journal of World Business, Vol. 4, S. 9-18.

PETERAF, M. A. (1993): The cornerstones of competitive advantage. A resource-based-view. In: Strategic Management Journal, Vol. 14, S. 179-191.

PETERAF, M. A., Barney, J. B. (2003): Unraveling the resource-based triangle. In: Managerial and Decision Economics, Vol. 24, S. 309-332.

PHILLIPS, L. W., CHANG, D. R., BUZZELL, R. D. (1983): Product quality, cost position and business performance. A test of some key hypotheses. In: Journal of Marketing, Vol. 47, S. 26-43.

PICOT, A., REICHWALD, R., WIGAND, R. T. (2003): Die grenzenlose Unternehmung. 5. Aufl., Wiesbaden.

PILLER, F. T. (2006): Mass customization. Ein wettbewerbsstrategisches Konzept im Informationszeitalter. 4. Aufl., Wiesbaden.

POAPONGSAKORN, N., FULLER, B. (1998): The role of foreign direct investment and production networks in the development of Thai auto and electric industries. In: Institute of Developing Economics (Hrsg.): Can Asia recover vitality? Tokio, S. 43-61.

POOLE, M. S., VAN DE VEN, A. H. (1989): Using paradox to build management and organization theories. In: Academy of Management Journal, Vol. 14, S. 562-578.

PORTER, M. E. (1980): Competitive strategy. Techniques for analyzing industries and competitors. New York.

PORTER, M. E. (1985): Corporate advantage. Creating and sustaining superior performance. New York.

PORTER, M. E. (1987): From competitive advantage to corporate strategy. In: Harvard Business Review, Vol. 65, S. 43-59.

PORTER, M. E. (1989): Wettbewerb auf globalen Märkten. Ein Rahmenkonzept. In: Porter, M. E. (Hrsg.): Globaler Wettbewerb. Strategien der neuen Internationalisierung. Wiesbaden, S. 17-68.

PORTER, M. E. (1991a): Towards a dynamic theory of strategy. In: Strategic Management Journal, Vol. 12, S. 95-117.

PORTER, M. E. (1991b): Nationale Wettbewerbsvorteile, Düsseldorf.

PORTER, M. E. (1996): What is strategy? In: Harvard Business Review, Vol. 74, S. 61-78.

PORTER, M. E. (1999a): Wettbewerbsstrategie. Frankfurt/M.

PORTER, M. E. (1999b): Wettbewerbsvorteile. Frankfurt/M.

PRAHALAD, C. K., BETTIS, R. A. (1986): The dominant logic. A new linkage between diversity and performance. In: Strategic Management Journal, Vol. 7, S. 485-501.

PRAHALAD, C. K., HAMEL, G. (1990): The core competence of the corporation. In: Harvard Business Review. Vol. 68, S. 79-91.

PRICE WATERHOUSE COOPERS (Hrsg.) (2004): Autofacts. Executive perspectives. Managing risk in the automotive planning process. London.

PROBST, G. J. B., BÜCHEL, B. (1998): Organisationales Lernen. Wettbewerbsvorteil der Zukunft. 2. aktual. Aufl., Wiesbaden.

PROFF, H. (1997): Bedeutung der zunehmenden Regionalisierung in der Weltwirtschaft für die Gesamtunternehmensstrategien international diversifizierter Unternehmen. In: Zeitschrift für Betriebswirtschaft, 67. Jg., 5-6, S. 601-623.

PROFF, H. (2000): Hybrid strategies as strategic challenge. The case of the German automotive industry. In: Omega. The International Journal of Management Science. Vol. 28, S. 514-553.

PROFF, H. (2002a): Konsistente Gesamtunternehmensstrategien. Wiesbaden.

PROFF, H. (2002b): Grundlagen einer dynamischen Theorie der Kompetenzentwicklung zur Sicherung von Kompetenzvorteilen im Zeitablauf. In: Bellmann, K., Freiling, J., Hammann, P., Mildenberg, U. (Hrsg): Aktionsfelder des Kompetenz-Managements. Wiesbaden, S. 179-194.

PROFF, H. (2004a): Outline of a theory of competence development. In: Sanchez, R., Heene, A. (Hrsg.): Competence perspectives on managing internal processes. Oxford, S. 229-255. (= Advances in Applied Business Studies. Vol. 7).

PROFF, H. (2004b): Internationales Management in Ostasien, Lateinamerika und Schwarzafrika. München.

PROFF, H. (2004c): Export competition as a challenge for the European automotive industry. In: management international review, Vol. 44, S. 397-416.

PROFF, H. (2005): Die Orchestrierung von Wertschöpfungsketten in externen Unternehmensnetzwerken am Beispiel der Versorgungswirtschaft. In: Stahl, H.K., Friedrich von den Eichen, S. (Hrsg.): Vernetzte Unternehmen. Wirkungsvolles Agieren in Zeiten des Wandels. Berlin, S. 201-219.

PROFF, H. (2006): Beitrag der Theorie der Kompetenzentwicklung zur Erklärung des kompetenzgestützten Wettbewerbskampfs in der Automobilindustrie. In: Burmann, C., Freiling, J., Hülsmann, M. (Hrsg.): Strategisches Kompetenz-Management. Wiesbaden, S. 67-95.

PROFF, H. (2007): Dynamic strategies. An attempt at a comprehensive explanation. In: Journal of Learning and Intellectual Capital (im Druck).

PROFF, H., PROFF, H. V. (1997): Möglichkeiten und Grenzen hybrider Strategien – dargestellt am Beispiel der deutschen Automobilindustrie. In: Die Betriebswirtschaft, 57. Jg., S. 796-809.

PROFF, H., PROFF, H. V. (2000): Preispremien-Management im Rahmen von Differenzierungsstrategien. Dargestellt am Beispiel der deutschen Automobilindustrie. (= Arbeitspapier Nr. 102 des Instituts für Volkswirtschaftslehre der Technischen Universität Darmstadt).

PROFF, H., PROFF, H. V. (2007): Internationales Automobilmanagement. Handlungsoptionen für Automobilhersteller und –zulieferer. Wiesbaden (im Druck).

PÜTZ, T. (1983): Die Theorie der rationalen Wirtschaftspolitik. Kritik und Antikritik. In: Woll, H. (Hrsg.): Aktuelle Wege der Wirtschaftspolitik. Berlin, S. 9-49.

RAFF, D. M. (2000): Superstores and the evolution of firm capabilities in American bookselling. In: Strategic Management Journal, Vol. 21, S. 1043-1059

RAJAGOPALAN, N., SPREITZER, G. M. (1996): Towards a theory of strategic change: A multi-lens perspective and integrative framework. In: Academy of Management Review, Vol. 22, S. 48-79.

RAMOS-RODRÍGUEZ, A.-R., Ruíz-Navarro, J. (2004): Changes in the intellectual structure of strategic management research: A bibliometric study of the Strategic Management Journal, 1980-2000. In: Strategic Management Journal, Vol. 25, S. 981-1004.

RAO, A., MONROE, K. B. (1996): Causes and consequences of price premiums. In: Journal of Business, Vol. 69, S. 437-547.

RAPPAPORT, A. (1995): Shareholder Value. Wertsteigerung als Massstab für die Unternehmensführung. Stuttgart. (= creating shareholder value, 1986).

RASCHE, C. (1994): Wettbewerbsvorteile durch Kernkompetenzen. Ein ressourcenorientierter Ansatz. Wiesbaden.

RAUBITSCHEK, R. S. (1987): A model of profit proliferation with multi-product firm. In: The Journal of Industrial Economics, Vol. 35, S. 269-279.

RAUPACH, A. (1998): Wechselwirkungen zwischen Organisationsstruktur und der Besteuerung multinationaler Konzernunternehmen. In: Theisen, M. R. (Hrsg.): Der Konzern im Umbruch: Organisation, Besteuerung, Finanzierung und Überwachung. Stuttgart, S. 59-167.

RAUTENSTRAUCH, T., GENEROTSKY, L., BIGALKE, T. (2003): Kooperationen und Netzwerke. Lohmar.

REED, R., DEFILLIPPI, R. (1990): Causual ambiguity, barriers to imitation, and sustainable competitive advantage. In: Academy of Management Review, Vol. 15, S. 88-102.

REICHWALD, R., MÖSLEIN, K. (2000): Nutzenpotential und Nutzenrealisierung in verteilten Organisationsstrukturen. In: Albach, H., Specht, D., Wildemann, K. (Hrsg.): Virtuelle Unternehmen. Zeitschrift für Betriebswirtschaft, Ergänzungsheft 2, S. 117-136.

REITSPERGER, W. D., DANIEL, S. J., TALLMAN, S. B., CHRISMAR, W. G. (1993): Product quality and cost leadership. Compatible strategies. In: Management International Review, Vo. 33, special issue, S. 7-21.

REMER, A., SNETHLAGE, T, WYGODA, S. (2005): Prävention und Eindämmung von Ad-hoc-Krisen durch strukturelle Flexibilität. In: Burmann, C., Freiling, J., Hülsmann,M. (Hrsg.): Management von Ad-hoc-Krisen. Grundlagen - Strategien - Erfolgsfaktoren. Wiesbaden, S. 311-327.

RENZ, T. (1999): Management in internationalen Unternehmensnetzwerken. Wiesbaden.

RIORDAN, M., WILLIAMSON, O. (1985): Asset specifity and economic organization. In: International Journal of Industrial Organization, Vol. 3, S. 365-378.

ROSE , K., SAUERNHEIMER, K. (1999): Theorie der Außenwirtschaft. 13. überarb. Aufl., München.

ROTH, K., RICKS, D. A. (1994): Goal configuration in a global industry context. In: Strategic Management Journal, Vol.34, S. 103-120.

ROXIN, J. (1992): Internationale Wettbewerbsanalyse und Wettbewerbsstrategie. Wiesbaden.

RÜHLI, E. (2001): Führungsforschung im Lichte amerikanischer Spitzenzeitschriften. In: Zeitschrift für Betriebswirtschaft, 71. Jg., S. 7-20.

RUGMAN, A. M. (1986): Risk reduction in international diversification. In: Journal of International Business Studies, Vol. 7, S. 75-80.

RUIZ-NAVARRO, J., RAMOS-RODRIGUEZ, A.-R. (2004): Changes in the intellectual structure of strategic management reasearch: A bibliomet of the strategic management journal, 1980-2000. In: Strategic Management Journal, Vol. 25, S. 981-1004.

RUMELT, R. P. (1980): The evaluation of business strategy. In: Glueck, W. (Hrsg.): Business policy and strategic management. New York, S. 359-367.

RUMELT, R. P. (1984): Towards a strategic theory of the firm. In: Lamb, R.B. (Hrsg.): Competitive strategic management. Englewood Cliffs, S. 556-570.

SACHS, J. D., Larrain, F. (1995) : Makroökonomik. München.

SAMPLER, J. L. (1998): Redefining industry structure for the information age. In: Strategic Management Journal, Vol. 19, S. 343-355.

SANCHEZ, R. (1995): Strategic flexibility in product competition. In: Strategic Management Journal, Vol. 16, S. 135-159.

SANCHEZ, R. (1997): Managing articulated knowledge in competence-based competition. In: Sanchez, R., Heene, A. (Hrsg.): Strategic learning and knowledge management. Chichester, S. 163-187.

SANCHEZ, R., HEENE, A. (1996): A systems view of the firm in competence-based competition. In: Sanchez, R., Heene, A., Thomas, H. (Hrsg.): Dynamics of competence-based competition. Theory and practice of a new strategic management. Oxford, S. 39-62.

SANCHEZ, R., HEENE, A. (Hrsg.) (1997): Strategic learning and knowledge management. Chichester.

SANCHEZ, R., HEENE, A. (2004): The new strategic management. Organization, competition and competence. New York.

SANCHEZ, R., HEENE, A., THOMAS, H. (1996): Introduction. Towards the theory and practice of competence-based competition. In: Sanchez, R., Heene, A., Thomas, H. (Hrsg.): Dynamics of competence-based competition. Theory and practice of a new strategic management. Oxford, S. 1-35.

SANCHEZ, R., MAHONEY, J. (1996): Modularity, flexibility, and knowledge management in product and organization design. In: Strategic Management Journal, Vol. 17, special issue (winter), S. 63-76

SATO, K. (1975): Production function and aggregation. Oxford.

SCHARPER-RINKEL, W. (1998): Akquisitionen und strategische Allianzen. Alternative externe Wachstumswege. Wiesbaden.

SCHENDEL, D. (1991a): Introduction to the special issue on global strategy. In: Strategic Management Journal, Vol. 12, special issue (summer), S. 1-3.

SCHENDEL, D. (1991b): Editor's comment on the winter special issue. In: Strategic Management Journal, Vol 12, special issue (winter), S. 1-3.

SCHERER, A. G. (1997): Zum Theoriepluralismus im Strategischen Management. Das Inkommensurabilitätsproblem und Perspektiven zu seiner Überwindung. In: Kahle, E. (Hrsg.): Betriebswirtschaftslehre und Management. Selbstverständnis - Herausforderungen - Konsequenzen. Tagung der Kommission Wissenschaftstheorie. Wiesbaden, S. 55-97.

SCHERER, A. G. (1999): Kritik der Organisation oder Organisation der Kritik? Wissenschaftstheoretische Bemerkungen zum kritischen Umgang mit Organisationstheorien. In: Kieser, A. (Hrsg.): Organisationstheorien. 3. überarb. u. erw. Aufl., Stuttgart, S. 1-37.

SCHERER, M. F. (1970): Industrial pricing. Theory and evidence. Chicago.

SCHERM, E. (1995): Internationales Personalmanagement. München.

SCHIERENBECK, H. (2003): Grundzüge der Betriebswirtschaftlehre. 16. vollst. überarb. u. erw. Aufl., München.

SCHMIDT, B. T. (1993a): Integrierte Konzernführung. Konzept und empirische Untersuchung von 75 großen und mittelständischen Konzernen. Aachen.

SCHMIDT, B. T. (1993b): Grundkonzept der Konzernführung. In: Hofmann, F. (Hrsg.): Konzernhandbuch, Recht, Steuern, Rechnungslegung, Führung, Organisation, Praxisfälle. Wiesbaden, S. 59-91.

SCHNEEWEIß, C., KUHN, M. (1990): Zur Definition und gegenseitigen Abgrenzung der Begriffe Flexibilität, Elastizität und Robustheit. In: Schmalenbachs Zeitschrift für betriebswirtschaftliche Forschung, 42. Jg., S. 378-395.

SCHNEIDER, U. (Hrsg.) (1996): Wissensmanagement. Die Aktivierung des intellektuellen Kapitals. Frankfurt/M.

SCHREYÖGG, G. (1984): Unternehmensstrategie. Grundfragen einer Theorie der strategischen Unternehmensführung. Berlin.

SCHREYÖGG, G., CONRAD, P. (HRSG.) (1996): Managementforschung. 6. Wissensmanagement, Berlin.

SCHREYÖGG, G., EBERL, P. (1998): Organisationales Lernen. Viele Fragen, noch zu wenig neue Antworten. In: Die Betriebswirtschaftslehre, 58. Jg., S. 516-536.

SCHREYÖGG, G., KLIESCH, M. (2006): Zur Dynamisierung organisationaler Kompetenzen. "Dynamic capabilities" als Lösungsansatz? In: Zeitschrift für betriebswirtschaftliche Forschung und Praxis. 58. Jg., S. 455-476.

SCHUH, G., FRIEDLI, T., KURR, M. A. (2005): Kooperationsmanagement. Systematische Vorbereitung, gezielter Auf- und Ausbau, entscheidende Erfolgsfaktoren. München.

SCHULTE, W. (1984): Defizite der Handlungsorientierung in der Oligopoltheorie. Marburg.

SCHULTZ, M., HATCH, M. J. (1996): Living with multiple paradigms: The case of paradigm inter-play in organizational culture studies. In: The Academy of Management Review, Vol. 21, S. 529-557.

SCHUMANN, J. (1992): Grundzüge der mikroökonomischen Theorie. 6. überarb. u. erw. Aufl., Berlin.

SCHUMANN, J., MEYER, U., STRÖBELE, W. (1999): Grundzüge der mikroökonomischen Theorie. Berlin.

SHAY, J. P., ROTHAERMEL, F. T. (1999): Dynamic competitive strategy. Towards a multi-perspective conceptual framework. In: Long Range Planning, Vol. 32, S. 559-572.

SHEFFI, Y. (2006): Worst-case-szenario. Wie Sie Ihr Unternehmen auf Krisen vorbereiten und Aus-fallrisiken minimieren. Landsberg/Lech.

SHIELDS, M. D. (2005): Operating budgets and budgeting: Benefits and costs. In: Weil, R., Maher, M.W. (Hrsg.): Handbook of cost management. 2. Aufl., Hoboken, S. 539-572.

SHOEMAKER, P. J. H. (1992): How to link strategic vision to core capabilities. In: Sloan Management Review, Vol. 34, S. 67-81.

SIEBERT, H. (1997): Weltwirtschaft. Stuttgart.

SIMANEK, A. (1998): Markt- und kompetenzorientierte Geschäftsfeldplanung. Wettbewerbs- und Integrationsstrategien in divisional organisierten Unternehmen. Wiesbaden. (= Neue be-triebswirtschaftliche Forschung, Bd. 251).

SIMON, H. (2000): Das große Handbuch der Strategiekonzepte. Ideen, die die Businesswelt verän-dert haben. Frankfurt/M.

SIMON, H. (2004): Strategien absoluter Spitzenreiter. In: Unternehmermagazin, Vol. 52, S. 16-17.

SMITH, A. (1993): Strategic investment, multinational corporation and trade policy. In: Robson, P. (Hrsg.): Transnational corporations and regional economic integration. London. (= United Nations, United Nations Library on Transnational Corporations, Vol. 9).

SPECHT, D., FRISCHKE, S., BEHRENS, S. (2002): Roadmapping als Instrument der Technologiefrüh-aufklärung. In: Albach, H., Kaluza, B., Kersten, W. (Hrsg.): Wertschöpfungsmanagement als Kernkompetenz. Wiesbaden, S. 67-85.

STACEY, R. D. (1993): Strategic Management and organizational dynamics. London.

STAEHLE, W. H. (1998): Management. Eine verhaltenswissenschaftliche Perspektive. 8 Aufl., Mün-chen.

STALK, G., EVANS, P., SHULMAN, L. E. (1992): Kundenbezogene Leistungspotentiale sichern den Vorsprung. In: Harvard Business Review, Vol. 70, S. 57-69.

STEAD, R., CURWEN, P., LAWER, K. (1996): Industrial economics. Theory application and policy. London.

STEHN, J. (1992): Ausländische Direktinvestitionen in Industrieländern. Theoretische Erklärungen und empirische Evidenz. Tübingen. (= Kieler Studien am Institut für Weltwirtschaft).

STEIDL, B. (1999): Synergiemanagement im Konzern. Organisatorische Grundlagen und Gestal-tungsoptionen. Wiesbaden.

STEIN, I. (1998): Die Theorien der multinationalen Unternehmung. In: Schoppe, S. (Hrsg.): Kom-pendium der internationalen Betriebswirtschaftslehre. 4. Aufl., München, S. 135-153.

STEINMANN, H., SCHREYÖGG, G. (2005): Management. Grundlagen der Unternehmensführung. Konzepte – Funktionen – Fallstudien. 6. vollst. überarb. Aufl., Wiesbaden.

STOBBE, A. (1987): Volkswirtschaftslehre III: Makroökonomie, Heidelberg.

STRAUCH, M. (1993a): Lobbying. Die Kunst des Einwirkens. In: Strauch, M. (Hrsg.): Lobbying. Wirtschaft und Politik im Wechselspiel. Frankfurt/M. S. 17-60.

STRAUCH, M. (1993b): Lobbying in Bonn und Brüssel. In: Strauch, M. (Hrsg.): Lobbying. Wirt-schaft und Politik im Wechselspiel. Frankfurt/M. S. 61-89.

STYLOS-LABINI, P. (1962): Oligopoly and technical progress. Cambridge/Mass.

SYDOW, J., (1992): Strategische Netzwerke. Evolution und Organisation. Wiesbaden.

SYDOW, J., WELLS, B. VAN (1996): Wissensintensiv durch Netzwerkkommunikation – Strukturationstheoretische Analyse eines wissensintensiven Netzwerkes. In: Schreyögg, G., Conrad, P. (Hrsg.): Managementforschung 6. Berlin, S. 191-234.

TAKEISHI, A. (2002): Knowledge partitioning in the interfirm division of labor. The case of automotive production development. In: Organizational Science, Vol. 13, S. 321-338.

TAKEISHI, A., FUJIMOTO, T. (2001): Modularization in the auto industry. Inter-linked multiple hierarchies of product, production, and supplier systems. In: Tokyo's International Journal of Automotive Technology and Management, Vol. 1, S. 379-396.

TAN, J., TAN, D. (2005): Environment-strategy co-evolution and co-alignment: A staged model of Chinese SOEs under transition. In: Strategic Management Journal, Vol. 26, S. 141-157.

TEECE, D. J. (1981): Internal organization and economic performance. An empirical analysis of the profitability of principal firms. In: The Journal of Industrial Economics, Vol. XXX, S. 173-199.

TEECE, D. J. (1982): Towards an economic theory of the multiproduct firm. In: Journal of Economic Behavior & Organization, Vol. 17, S. 39-63.

TEECE, D. J. (1996): Firm organization, industrial structure, and technological innovation. In: Journal of Economic Behavior & Organization, Vol. 31, S. 193-224.

TEECE, D. J., PISANO, G., SHUEN, A. (1997): Dynamic capabilities and strategic management. In: Strategic Management Journal, Vol. 18., S. 509-533.

THIELE, M. (1997): Kernkompetenzorientierte Unternehmenstrukturen. Ansätze zur Neugestaltung von Geschäftsbereichsorganisationen. Wiesbaden.

THIEMT, F. (2003): Risikomanagement im Beschaffungsbereich. Göttingen.

THOMAS, H. (2001): The state of art of the dynamic capability school. Commentary. In: Volberda, H. W., ELFRING, T. (Hrsg.): Rethinking strategy. London, S. 191-197.

THOMKE, S., REINERTSEN, D. (1998): Agile product development: Managing development flexibility in uncertain
environments. In: California Management Review, 41. Jg., S. 8-30.

THOMPSON, J. D. (1967): Organizations in action. Social science bases of administrative theory. New York.

THOMPSON, J. L. (2001): Understanding corporate strategy. Oxford.

TILLES, S. (1963): How to evaluate corporate strategy. In: Harvard Business Review, Vol. 41, S. 111-121.

TIROLE, J. (1995): Industrieökonomik. München.

TOPKIS, D. M. (1978): Minimizing a submodular function on a lattice. In: Operations Research, Vol. 26, S. 305-321.

TOPKIS, D. M. (1998): Supermodularity and complementarity. Princeton.

TRIPSAS, M., GAVETTI, G. (2000): Capabilities, cognition, and inertia: Evidence from digital imaging. In: Strategic Management Journal, Vol. 21, S. 1147-1161.

TUSHMAN, M. L., ANDERSON, P. (1987): Technological discontinuities and organization environments. In: Pettigrew, A. (Hrsg.): The management of strategic change, Oxford, S.89-122.

VAHS, D. (2001): Organisation: Einführung in die Organisationstheorie und –praxis. 3. überarb. u. erw. Aufl., Stuttgart.

VIZJAK, A. (1990): Wachstumspotentiale durch strategische Partnerschaften. Bausteine einer Theorie der externen Synergie. München. (= Münchener Schriften zur angewandten Führungslehre, Bd. 61).

VOLBERDA, H. W., BADEN-FULLER, C. (1998): Strategic renewal and competence building: Four dynamic mechanisms. In: Hamel, G., Prahalad, C. K., Thomas, H., O'Neil, D. (Hrsg.): Strategic flexibility. Managing in a turbulent environment. Chichester u. a., S. 371-389.

VOLBERDA, H. W., ELFRING, T. (HRSG.) (2001): Rethinking strategy. London.

VOLBERDA, H. W., BADEN-FULLER, C., VAN DEN BOSCH, F. A. J,. (2001a): Mastering strategic renewal. Mobilizing renewal journeys in multiunit firms. In: Long Range Planning, Vol. 34, S. 159-178.

VOLBERDA, H. W., VAN DEN BOSCH, F. A. J., FLIER, B., GEDAJLOVIC, E. R. (2001b) Following the herd or not? Patterns of renewal in the Netherlands and the UK. In: Long Range Planning, Vol. 34, S. 209-229.

WARREN, K. (1999): The dynamics of strategy. In: Business Strategy Review, Vol. 10, S. 1-16.

WEGNER, G. (1996): Wirtschaftspolitik zwischen Selbst- und Fremdsteuerung. Ein neuer Ansatz. Baden-Baden.

WEIGELT, K., MACMILLAN, I. C. (1988): An interactive strategic analysis framework. In: Strategic Management Journal, Vol. 9, special issue, S. 27-40.

WELGE, M. K., AL-LAHAM, A. (2004): Strategisches Management. Grundlagen – Prozess – Implementierung. 4. aktual. Aufl., Wiesbaden.

WELGE, M. K., HOLTBRÜGGE, D. (2006): Internationales Management. Theorien, Funktionen, Fallstudien. 4. Aufl., Stuttgart.

WERNERFELT, B. (1984): A resource-based view of the firm. In: Strategic Management Journal, Vol. 5, S. 795-815.

WHEELEN, T. L., HUNGER, J. D. (2002): Strategic management and business policy. 8. Aufl., Upper Saddle River.

WIESE, H. (2002): Entscheidungs- und Spieltheorie. Berlin.

WILDEMANN, H. (HRSG.) (1998): Das agile Unternehmen: Kostenführerschaft und Service. München.

WILLAMSON, O. E. (1975): Markets and hierarchies. Analysis and antitrust implications. New York.

WILLIAMSON, O. E. (1985): The economic institutions of capitalism. Firms, markets, relational contracting. New York.

WINDSPERGER, J. (1991): The meaning of adjustment costs in the theory of firm. In: Zeitschrift für Wirtschafts- und Sozialwissenschaften, 111 Jg., S. 425-435.

WINTER, S. G. (1987): Knowledge and competence as strategic assets. In: Teece, D.J. (Hrsg.): The competitive challenge. Strategies for industrial innovation and renewal. Cambridge/Mass. S. 159-184.

WOLFENSTEINER, W. D. (1995): Das Management von Kernfähigkeiten. Ein ressourcenorientierter Strategie- und Strukturansatz. Hallstadt.

WOO, C. Y., COOPER, A. C. (1984): Erfolg trotz kleinen Marktanteils. In: Harvard Manager, 6. Jg., S. 2-75.

WORRAN, N., MOORE, K., CARDONA, P. (2002): Modularity, strategic flexibility, and firm performance: A   study of the home appliance industry. In: Strategic Management Journal, Vol. 23, S. 1123-1140.

ZIRFAS DE MORÓN, H. (1996): Transnationale Besteuerung im Kontext der Globalisierung. Bielefeld.

ZOLLO, M., WINTER, S. G. (2002): Deliberate learning and the evolution of dynamic capabilities. In: Organizational Science, Vol. 13, S. 339-351.

ZOTT, C. (2003): Dynamic capabilities and the emergence of interindustry differential firm performance: Insights from a simulation study. In: Strategic Management Journal, Vol. 24, S. 97-125.

Stichwortverzeichnis

GPSR Compliance

The European Union's (EU) General Product Safety Regulation (GPSR) is a set of rules that requires consumer products to be safe and our obligations to ensure this.

If you have any concerns about our products, you can contact us on ProductSafety@springernature.com

In case Publisher is established outside the EU, the EU authorized representative is:

Springer Nature Customer Service Center GmbH
Europaplatz 3
69115 Heidelberg, Germany

The manufacturer's authorised representative in the EU is Springer
Nature Customer Service Centre GmbH, Europaplatz 3, 69115 Heidelberg,
Germany. If you have any concerns regarding our products, please
contact ProductSafety@springernature.com

Printed and bound by CPI Group (UK) Ltd, Croydon, CR0 4YY

23/04/2026

02095649-0001